카네기 자기관리론

카네기 자기관리론

2021년 4월 15일 1쇄 발행
2024년 1월 7일 3쇄 발행

저   자 | 데일 카네기
편   역 | 이승원
발 행 인 | 이규인
발 행 처 | 도서출판 창
교   정 | 조동림
편   집 | 뭉클
등록번호 | 제15-454호
등록일자 | 2004년 3월 25일
주   소 | 서울특별시 마포구 대흥로4길 49, 1층(용강동 월명빌딩)
전   화 | (02) 322-2686, 2687 팩시밀리 | (02) 326-3218
e - m a i l | changbook1@hanmail.net

ISBN : 978-89-7453-453-0 (03320)
정가 14,000원

ⓒ 도서출판 창

Dale Carnegie

자기 자신을 발견하고 자기 자신이 되라.
이 세상에서 자기와 똑같은 사람은 자기밖에 없다.
인생에 있어서 가장 중요한 것은 이로운 조건에서
덕을 보는 것이 아니다. 그것은 어리석은 자도 할
수 있는 일이다. 참으로 중요한 것은 불리한 조건에
서 이익을 보는 것이며 그것은 지혜를 요구한다. 따
라서 슬기 있는 사람과 어리석은 인간의 차이가 거
기에 있는 것이다.

카네기 자기관리론

데일 카네기 지음 | 이승원 편역

How To
Stop Worrying
& Start Living

창
Chang
Books

이 책은 저자의 말에 의하면 7년간의 세월을 걸쳐 준비하였다고 한다. 카네기의 책이 어느 것이나 그러하듯이 이 책에서도 그는 절대로 어떠한 가상적 이야기나 교훈적 설교를 늘어놓지 않고 어디까지나 사실에 의거하여, 상담하거나 실화를 현상 모집하여 생동감 있게 제시하는 한편, 우리가 현재 그것을 이 자리에서 그대로 실행할 수 있는 여러 가지 수단과 방법을 제시하여 주고 있다. 따라서 그는 이 책에서 어떠한 인생 철학을 말한 것이 아니고 우리에게 가장 유효적절한 생활 기술을 일러 주고 있다.

예수는 십자가에 못 박혔고 석가는 산으로 들어갔으며 마호메트는 사막을 헤매었던 것이다. 그러나 카네기는 우리에게 십자가에 올라가기를 강요한 것도 아니요, 산으로 들어가거나 사막을 헤매라고 한 것도 아니다. 그가 우리에게 요구한 것은 일상생활에 있어서 사람을 대하거나 사물을 처리하는 데 있어서 마음의 눈을 잠깐 이쪽에서 저쪽으로, 암흑에서 광명으로,

악에서 선으로, 나쁜 것에서 좋은 것으로 돌려보라고 권한다. 이렇게 마음의 방향을 슬쩍 돌려 걱정 근심을 정복하는 데서 모든 문제가 해결된다는 것이다.

우리의 행복과 건강, 우리의 사업이 우리 자신에게서 빚어나오는 걱정 근심으로 말미암아 여지없이 파괴되어 간다. 이 무서운 사실을 이 책을 통하여 새삼스럽게 알게 될 때 우리는 단번에 소리쳐 놀라지 않을 수 없다. 과연 그렇다. 카네기는 이렇게 외치고 있다. '걱정을 없애자! 근심을 이겨내자!'

이 책을 반 정도까지 읽었을 때, 그때까지도 당신이 걱정 근심을 잊고 인생을 행복하게 지내기 위한 새로운 어떤 힘과 영감을 얻지 못했다면, 이 책을 쓰레기통에 던져 버려라. 당신에게 아무런 이익도 가져다주지 못할 책이기 때문이다.

차례

차례

차례

DALE CARNEGIE

1

성공의 불길이 계속 타오르게 하라

- 건강한 정신의 4가지 요소

- 성취감은 인생의 활력소이다

1. 성공의 불길이 계속 타오르게 하라

> 인생의 궁극적 목표는 인간의 정신을 보다 좋은 방향으로 계발시키고 보다 훌륭하게 하는 것이다. 인간의 궁극적인 성공은 물질적인 결과에 있지 않다.

벤자민 프랭클린은 그의 장엄한 생을 마치면서 다음과 같이 말했다.

> 66 이 말은 나 자신에게 자주 사용하는 말이지만, 나는 내 삶을 다시 한번 살고 싶다. 내가 필요로 하는 것은 어떤 최초의 재판에서 잘못을 저질렀을지라도 두 번째 재판에서는 그것을 고치는 저자의 특권이 있어야 한다는 생각이다."

그것은 당신이 삶을 사는 동안 잘못을 적게 저지르고 밝은 길을 가도록 그 방법을 제시하는 것이었다. 이 방법은 당신에게 정말로 중요한, 즉 자부심·평화·만족·성취감의 길로 인도하는 것이다.

당신은 지금까지 다음의 두 가지 중요한 문제를 알지 못했을지도 모른다. 그 첫째는 하느님께서 당신에게 주신 재능과 당신의 삶을 통하여 얻은 지식을 결합, 열심히 노력한다면 반드시 원하는 성공과 부를 얻을 수 있다는 사실이다.

그리고 둘째는 행복이 없는 성공은 무가치한 것이라는 사실이다. 성공은 참으로 얻을 만한 가치가 있는 것인가? 이제 당신이 이 문제에 답할 차례이다. 이제 당신은 다음과 같이 자문을 해보라. "만약 내가 여기서 들은 모든 교훈을 이용한다면 지금부터 5년 후에 나는 어느 위치에 있을 것인가?"

최근 한 신문에서 특이한 광고 하나를 보았다. "당신은 앞으로 43일 만에 당신이 그토록 원하는 담배를 끊을 수 있습니다. 그러나 어떤 의지도 필요하지 않습니다." 그것은 오늘날의 보편적인 현상을 나타내고 있다. 의지는 이제 점점 무관심의 대상이 되고 있다. 21세기를 살고 있는 우리들은 어떤 인간적이 아닌 것을 배우고 있다. 그래서 과거를 무시하고 미덕은 무용지물이 되어 버렸다.

성공에 대한 사고방식도 어떤 특수한 방법을 생각하고 그것만이 가치있는 것으로 생각하고 '노력'이라든가 '의지' 같은 미덕을 하찮은 것으로 생각한다. 근면·인내·철저함·성실함·영감, 또는 야망과 같은 것이 무시되고 있다.

그래서 복잡한 세상, 야망에 불타는 젊은이가 많지 않다. 오히려 그러한 젊은이가 있으면 '지나치게 열심인 사람'으로 낙인이 찍히고, 그 '열심'을 잘못된 것으로 치부해 버린다.

몇 년 전 한 젊은이가 언론계에 투신하고자 뉴욕으로 왔다. 그는 뉴욕의 어느 잡지사에 일자리를 구했다. 얼마 동안은 많은 발전을 해서 다른 사람들과 아주 잘 어울리고 또 그들로부터 칭찬을 듣기도 했다. 그런데 몇 달이 지나자 상황은 바뀌었다. 어느 날 그는 힘없이 말했다. "해고당했습니다." 나는 납득이 가지 않았다. 그래서 그 이유를 물었고, 이유를 듣고 난 후 너무나 놀랐다.

"너무 열심히 일한 것이 잘못이라면 잘못이지요." 그 때 나는 그의 어깨를 두드리며 말했다. "너무 염려하지 말게, 자네는 훌륭해. 아주 잘 했어. 자네의 유일한 문제점이란 너무 열심히 일한다는 것이네."

오늘날처럼 평범한 보통의 노력이 칭찬받는 시대에는 열심히 일한다는 것이 인기가 없는 것은 너무나 당연하다. 당신은 지나치게 열심인 사람은 아니다. 평범하게 보통으로 일하고 있다. 성공이라는 낡은 이미지를 추구하기 위한 야망이 당신에게는 없다.

그런데 성공을 비웃는 바로 그들이 성공을 위해 필사적으로 노력하고 있다는 사실을 당신은 모르는가? 참으로 아이러니컬한 이야기이다. 학생들이 성적을 올리기 위해 열심히 노력하는 것을 원하지 않는 교사도 있다. 그럼에도 불구하고 그 교육자는 매년 2천 달러의 과외 수입을 올릴 수 있는 교육위원회의 감투를 쓰기 위해 온갖 노력을 다하고 있다.

현대 심리학을 배운 20대의 젊은 부부가 있다. 그들은 자신의 자녀들이 너무나 물질적으로 야심에 가득 차기를 원하지 않았다. 그러면서도 자녀들이 커서 좋은 결혼을 하고 으리으리한 저택에서 살 수 있기를 희망한다. 오늘날의 40대의 부모들이 가진 소망과 별로 다를 바가 없는 것이다. 이와 같이 우리가 입으로 말하는 것과 실제의 생각과는 많은 거리가 있다. 물론 거기에는 그럴 말한 이유도 있다.

최근 몇십 년 동안 성공에 대한 지나친 강조는 참된 성공의 방향을 제대로 제시하지 못하고 있다. 오히려 성공에 대한 잘못된 생각만 심어주는 결과가 되었다. 우리는 어린아이를 목욕물과 함께 버리는 오류를 범하고 있다. 그러면서도 양자의 차이를 알지 못하고 있다.

물론 우리는 모두 행복이 없는 성공은 잘못된 것임을 알고 있다. 참다운 성공 법칙은 항상 불변이다. 그것은 좋은 법을 어기는 사람이 있다 할지라도, 역시 좋은 법인 것과 같은 이치이다. 성공 역시 때로 진실이 가려질 때가 있다. 하지만 성공은 믿을 만한 목표이다. 많은 사람들이 거짓에 속아서 참된 성공에 이르지 못할 뿐이다.

건강한 정신의 4가지 요소

미국의 심리협회가 한 세미나를 개최했다. 그 세미나의 주제는 건강한 정신이었다. 즉 '건강한 정신'이란 무엇인가에 대한 올바른 정의를 내리고자 했던 것이다.

그 세미나에서 캘리포니아 대학의 프랭크 바론 박사는 이렇게 정의를 내렸다. "건강한 정신이란 다음 4가지 요소가 있어야 한다. 첫째 인격과 성실, 둘째 지성, 셋째 목표 설정의 능력과 그 목표를 향해 지속적으로 노력하는 능력, 넷째 현실 가능성을 판단하는 능력이다."

인간에게는 최선의 노력을 다하고 그것을 잘한 데 대한 만족감을 느끼는 능력이 있다. 우리는 자신의 가치를 느끼고, 우리의 자존심을 성공이나 직장에서의 능력이나 지위와 연결시키려고 한다. 아마 그러한 것이 없다면 우리 인류는 아직도 우마차를 타고 다니며, 지팡이를 짚고 동물 가죽을 입고 다녔을지도 모른다. 내적 만족은 성취감에 대한 보상이다. 바로 그것이 우리로 하여금 최선을 다하게 하는 에너지이다.

요즘은 보통 사람의 시대이다. 그것은 금세기 초 전쟁과 불황, 그리고 사회의 재편성에서 비롯된 말이다. 그러나 남은 후반은 능력 있는 사람들이 우대를 받는 것이다. 능력은 사회적인 지위나 특권을 갖게 하는 요소이다. 그러나 부의 부속물은 아니다. 돈으로 살 수 있는 것도 아니다. 능력은 모든 인간이 태어날 때부터 갖고 있었던 것도 아니다. 지위가 높다고 해서 지위가 낮은 사람보다 더 능력이 많은 것도 아니다. 능력은 모든 사람에게 공평하게 주어진다.

성취감은 인생의 활력소이다

우리는 지금까지 성공을 회피해 왔고, 실제로 우리 시대와 문명의 위기에 집착하여 잘못 인식하고 있다. 우리는 민주주의를 평범한 것으로 잘못 생각하고 있다. 민주주의의 가장 멋진 부분을 상실해 가고 있다. 그리고 개개인에게 최선을 다할 수 있는 자유와 기회를 상실하고 얻을 수 있는 최선의 것을 얻지 못하고 있다. 아니 어쩌면 사실조차도 깨닫지 못하고 있다.

프랑스의 작가였으며 철학자인 안드레 말라우스(Andre Malraux)는 우리 시대의 새로운 척도로서 다음과 같은 말을 제시했다. "인간은 성취하는 존재이다." 사실 성취감은 인생의 활력소가 되고 있다. 만약 우리가 진정으로 추구하고자 하는 목표를 선택하고 그 목표를 계속 밀고 나갈 만한 동기와 의욕을 불러일으킬 수 있다면 그것은 참된 성공이 될 것이다. 이 경우 그 목표는 우리 자신의 정직함과 올바른 생각에서 나온 것이어야 한다.

시인 칼 샌드버그는 이렇게 말했다. "당신은 자기 전에 이렇게 자문해 보십시오. '나는 아직 나의 목표에 도달하지 못했다. 이제 나는 목표에 도달할 때까지 어느 정도나 불안하고 불행하게 될 것인가?' 당신이 그 목표에 도달하고 나면 다른 목표를 찾으십시오."

그 말은 당신의 인생에 좋은 길잡이가 되며, 성공을 위한 귀중한 조언이 될 것이다. 성공은 결코 배타적인 것이 아니다. 자신의 목표를 선택하고 그 목표를 계속 밀고 나가는 사람에게는 성공의 문이 열려 있다. 그런 확신을 가질 때 인간은 성장하고 거기에서 새로운 인격이 탄생된다.

인생의 궁극적 목표는 인간의 정신을 보다 좋은 방향으로 계발시키고 보다 훌륭하게 하는 것이다. 인간의 궁극적인 성공은 물질적인 결과에 있지 않다. 왜냐하면 물질적인 것은 모래와 먼지 속에 묻히고 새로운 것이 다시 거기에 세워지기 때문이다.

그러면 뒤에 남는 것은 무엇이겠는가? 바로 올바른 인간의 정신 상태이다. 그것이 바로 핵심이다. 당신은 자신의 생애에서 인간의 본질을 상실해서는 안 된다. 그 본질이 태어나서 죽을 때까지 계속 마음속에서 영원히 존재하도록 노력해야 한다.

당신은 부자입니까? 당신은 삶의 활력소가 되는 올바른 정신을 가지고 있습니까? 당신은 성공했습니까? 당신은 성공의 불길이 계속 타오르게 하고 있습니까?

DALE CARNEGIE

2

상대를
변화시키는 방법

2. 상대를 변화시키는 방법

> 셰익스피어는 '덕이 없어도 덕이 있는 듯이 행동하자.'고 말했다. 상대의 아름다운 점을 계발해 주고 싶다면, 그가 그 아름다운 점을 갖추고 있다고 전제하고 장점을 이야기해 주면 그 사람은 당신의 기대에 어긋나지 않도록 노력할 것이다.

먼저 칭찬부터 하라

언젠가 대통령의 초대를 받고 주말을 백악관에서 보낸 일이 있는 친구가 있었다. 그가 대통령의 집무실로 들어서자 대통령은 비서에게 이렇게 말했다. "오늘은 아주 잘 어울리는 좋은 옷을 입고 왔군. 당신은 정말 미인이야." 평소에 말수가 적은 대통령이 이만큼 찬사를 보내는 일은 아주 드문 일이었다. 느닷없이 칭찬을 들은 여비서는 몹시 당황하여 얼굴이 붉어졌다. 그러자 대통령은, "그렇게 굳어질 것 없어요. 기분 좋으라고 한 말이니까. 그리고 이제부터는 문장 구두점을 찍을 때 조금 더 주의를 해야겠어요." 라고 말했다.

그의 방법이 약간 노골적이었는지 모르지만, 인간의 심리에 대한 이해의 정도는 훌륭한 것이었다. 우리는 칭찬받은 뒤에 약간의 잔소리를 들어도 그다지 기분이 나쁘지 않은 것이다.

이발사는 면도를 하기 전에 근육을 풀려고 얼굴에 비누 거품을 바른다. 맥킨리가 1896년 대통령 선거에 입후보했을 때 이발사의 이 방법을 그대로 흉내냈다. 어느 유명한 공화당원이 선거 연설의 초고를 써 일대의 명연설이라고 자부하고 자신만만하게 맥킨리에게 들려 주었다. 들어보니 잘된 곳도 있지만, 전체적으로 쓸 만하지 않았다. 맥킨리로서는 그 사람의 자존심을 상하지 않게 하고 또 그 열의를 존중해 주지 않을 수 없었다. 그러나 이 연설에 대해서는 '아니오'라고 말하지 않으면 안 되었다. 그러나 그는 다행스럽게도 이 난처한 일을 보기 좋게 처리했다.

"참 잘됐소. 훌륭한 연설이야. 이만한 연설 원고를 쓸 수 있는 사람은 그리 많지 않아. 적당한 경우에 쓰면 1백 퍼센트의 효과가 있겠어. 그러나 이번 경우에는 조금 적당치 않다고 생각하는데. 물론 자네의 입장에서 보면 이만큼 훌륭한 것은 없겠지만, 내 입장에서 생각해 보지 않으면 안 되는데, 어떨까? 자, 당의 노선에 따라 다시 한번 써 줄 수 없겠는가? 다 되거든 수고롭지만 내게 좀 보내 줄 수 있겠지."

상대는 그 말을 알아듣고 맥킨리가 말한 대로 고쳐 써왔다. 그리고 그는 선거운동 기간 중에 가장 영향력 있는 연사 가운데 한 사람으로 대활약을 했다.

링컨의 편지 가운데 두 번째로 유명한 것을 소개하고자 한다. 가장 유명한 것은 빅스비 부인 앞으로 그녀의 다섯 아들이 전사한 데 대한 조문 편지이다.

링컨은 이 편지를 꽤 급하게 쓴 것으로 생각된다. 그러나 그것이 경매에서 1만 2천 달러에 팔렸는데, 1만 2천 달러라면 링컨이 50년간 일해 저축한 돈보다도 많은 액수이다. 이 편지는 남북전쟁에서 북군이 가장 어려운 상황이었을 즈음인 1863년 4월 26일에 써진 것으로 조셉 후커 장군에게 보낸 것이다. 북군은 작전상의 잘못으로 18개월간 계속 패배의 쓴잔만 마셔왔다. 사상자 수만 늘어나고 국민은 절망의 구렁텅이에 빠져 있었다. 탈주병은 수천 명으로 늘어났으며 공화당 상원의원조차 링컨을 퇴진시키려고 했다.

이때 링컨이, "바야흐로 우리의 운명은 파멸의 위기에 부딪혔소. 하느님조차도 이제는 우리를 버리신 것 같소. 한 가닥의 희망의 빛조차 찾아볼 수 없게 되었다오."라고 한탄하던 시기에 쓰여진 것이다.

이 편지는 국가의 운명이 한 장군의 어깨에 걸려 있는 위급한 시기에 링컨은 어떻게 해서 그 완고한 장군의 생각을 고치게 했던가, 그간의 사정을 알려주고 있다. 이 편지는 그의 대통령 취임 이후에 쓴 편지 중에서 가장 통렬한 것이다. 그러나 후커 장군의 중대한 과실을 책망하기에 앞서 그를 칭찬하고 있다는 점을 무심히 보아 넘길 수 없다.

그 과실은 중대한 것이었다. 그러나 링컨은 그런 말투를 쓰지 않고 있다. 될 수 있는 한 신중하게 외교적으로 온건한 마음으로 쓰고 있었다. "귀관이 하는 방법에 대하여 나에게는 약간 만족하게는 생각할 수 없는 점이 있소."라고 말하고 있는 것으로 보아, 실로 '아' 다르고 '어' 다르다는 점을 여실히 알려준다. 다음은 후커 장군에게 보낸 편지이다.

66 나는 귀관을 포토맥 전선의 지휘관으로 임명하였습니다. 물론 나는 확신을 가지고 그것을 결정하였습니다만, 귀관이 하는 방법에 대하여 나에게도 약간 만족하게는 생각할 수 없는 점이 있다는 것을 생각하여 주었으면 합니다. 나는 귀관이 용맹하고 훌륭한 군인이라는 것을 굳게 믿고 있습니다. 물론 나는 그런 군인을 좋아합니다. 귀관은 또 정치와 군사를 혼동하지 않는 인물이라고 확신합니다. 그것은 올바른 일입니다.

귀관은 절대적인 자신을 가지고 있습니다. 그것은 불가결한 요소는 아니더라도 중요한 점이라고 생각합니다. 귀관에게는 야심에 찬 의욕이 있습니다. 정도를 넘지 않으면 매우 좋은 일입니다.

그러나 귀관이 번사이드 장군의 지휘하에 있을 때 초조하게 공을 생각한 나머지 명령을 어기고 마음대로 행동하여, 국가에 커다란 공훈을 세운 명예로운 상관에게 중대한 과실을 저질렀습니다. 들리는 바에 의하면 귀관은 정치 및 군대에 모두 독재자를 필요로 한다는 이야기를 역설하고 있다고 들었습니다. 물론 나는 그것을 알고 귀관을 지휘관으로 임명했습니다. 그러나 그것은 결코 귀관의 의견에 동의한 결과는 아닙니다.

독재자로 추대를 받으려면 전쟁에서 성공을 거둬야만 합니다. 내가 귀관에게 희망하는 것은 먼저 군사적으로 성공하는 것입니다. 그러기 위해서는 독재권을 걸고 도전하는 것도 좋다고 나는 생각합니다. 앞으로도 정부는 전력을 다해서 다른 지휘관과 같이 귀관에게도 원조하겠습니다. 이런 노력은 귀관뿐만 아니라, 모든 지휘관에게 모두 동일하게 행해졌고 앞으로도 그렇게 될 것입니다.

귀관의 언동에 영향을 받아 군대 내에서 상관을 비난하는 풍조가 생겨나고, 그것이 귀관 자신에게로 다시 향하는 것이 아닌가 나는 두려워하고 있습니다. 될 수 있는 한 귀관을 원조해서 그와 같은 사태 발생을 막으려고 합니다. 그러한 경향이 나타나면, 귀관이나 아니 나폴레옹이라도 우수한 군대를 만들기 어려울 것입니다. 경거망동은 엄격히 삼가 주십시오. 경거망동을 삼가시고 최후의 승리를 얻도록 전력을 다해 주십시오."

우리는 캘빈 쿨리지도 아니고, 맥킨리도 링컨도 아니다. 우리가 알고 싶은 것은 이 방법이 일상생활에서 어떠한 효과를 가져올 것인가 하는 점이다.

그러면 필라델피아의 와크 건설 W. P. 가우 씨의 예를 들어 보자. 가우 씨는 우리들과 조금도 다름없는 보통시민이다. 필라델피아에서 열린 내 강습회에 참여한 회원 중 한 사람이다. 와크 회사에서는 어느 건축공사를 청부받아 지정 기일까지 완성하기 위해 공사를 서두르고 있었다. 만사가 순조롭게 진행되고 있었으나 준공 일보 직전에 돌연 건물의 외부 장식에 쓰이는 청동 세공의 하청업자로부터 기일내에 납품할 수 없다는 통지를 받았다. 큰일이 아닐 수 없었다. 얼마만큼의 손해를 입었는지 알 수가 없었다. 단 한 사람의 업자 때문에 공사 전체가 중단되는 것이다. 장거리 전화를 걸어서 떠들어 보았지만 아무리 해도 어쩔 도리가 없었다. 그래서 가우 씨는 범의 굴에 들어가는 역할을 맡아 뉴욕으로 떠났다.

가우 씨는 그 회사의 사장실에 들어서자 먼저 이렇게 말했다. "브룩클린에는 당신과 같은 성을 가진 분은 한 사람도 없더군요." "그렇습니까? 그것은 나도 미처 몰랐습니다." 사장이 놀라는 것을 보고 가우 씨는 설명하기 시작했다. "오늘 아침 이곳에 도착하자 바로 당신의 주소를 찾으려고 전화번호부를 들추어 보았습니다. 그러나 부룩클린의 전화 번호부에는 당신과 동성의 사람은 한 사람도 없었습니다." "그랬어요?" 이렇게 말하며 사장은 열심히 전화번호부를 펼쳐 보고 있었다. "네. 흔하지 않은 성이에요. 저희 조상은 2백년쯤 전에 아일랜드에서 이 뉴욕으로 건너왔습니다."

그는 자랑스럽게 자기 가족과 조상의 이야기를 시작했다. 이야기가 끝나자 가우 씨는 상대 공장의 규모와 설비에 대해 극구 칭찬했다. "정말 훌륭한 공장입니다. 잘 정돈되어 있을 뿐만 아니라 청동공장으로서는 일류입니다." "나는 사업에 평생을 걸고 살았습니다. 조금은 자랑을 해도 좋으리라 생각합니다. 어떻습니까? 공장을 한 번 둘러보지 않겠습니까?"

공장을 둘러보면서 가우 씨는 그 시설과 제도를 칭찬하고 다른 업자에게서는 볼 수 없는 우수한 것이라고 말했다. 그가 신기한 기계를 보고 감탄하니까 사장은 그 기계는 자기가 발명한 것이라고 신이 나서 오랫동안 그 기계를 조작하여 보았다. 점심도 같이 했다. 그때까지 가우 씨는 한 마디도 용건에 대하여 언급하지 않았다는 점에 유의하여 주기 바란다.

점심을 마치고 난 사장은 이렇게 말을 꺼냈다. "자, 그러면 사업 이야기로 넘어갑시다. 물론 당신이 오신 목적은 충분히 알고 있습니다. 당신과 이렇게 즐거운 이야기를 하리라고는 생각지 못했습니다. 다른 회사의 주문을 늦추더라도 당신 것은 꼭 제 시간에 맞추어드릴 터이니 안심하시고 돌아가

십시오."

가우 씨 편에서는 아무 부탁도 하지 않았지만, 목적은 완전히 달성한 것이다. 약속대로 제품은 도착하였고 건물은 예정 기일 안에 완성되었다. 만약 가우 씨가 강경책을 취했다면 과연 어떤 결과가 되었을 것인가?

타이를 때는 간접적으로 하라

어느 날 찰스 슈왑은 정오에 공장을 돌아보고 있을 때, 여러 종업원들이 담배를 피우고 있었다. 그들 머리 위에는 '금연' 표시가 붙어 있었다. 슈왑은 그들에게 다가서서 한 사람 한 사람에게 담배까지 나눠 주고, '금연' 푯말을 손으로 가리키며, "모두 밖에 나가서 피우고 오면 참 고맙겠네, 여보게들."이라고 말했다. 결국 그에 관해서 한 마디의 말도 하지 않고 담배까지 주면서 체면을 세워주었기에 그들이 복종하는 것은 당연한 일이다.

존 워너메이커도 이 같은 방법을 썼다. 워너메이커는 하루 한 번 필라델피아의 그의 점포를 둘러보고 있는데 어느 날 한 고객이 카운터 앞에서 기다리고 있는 것을 발견했다. 그 부인이 서 있는 것을 아무도 모르고 있는 것 같았다. 점원들은 저편 구석에 모여 잡담이 한창이었다. 워너메이커는 아무 말도 없이 슬그머니 판매장으로 들어가서 손님을 직접 받고나서는 점원에게 물건 포장을 부탁해놓고 그대로 나가버렸다.

설교 잘하기로 널리 알려진 헨리 워드 비처가 죽은 것은 1887년 3월 8

일이었다. 다음 일요일에는 비처의 후임으로 라이먼 애보트가 교회에 초빙되어 첫 설교를 하게 되었다. 그는 열심히 설교의 초고를 쓰고 세심하게 주의를 기울여 거듭 원고를 고쳤다. 다 된 후에 그것을 부인에게 읽어 들려주었다. 원고를 읽는 듯한 연설은 본래 재미가 없는 것처럼 이것도 마찬가지였다.

그러나 그 아내는 현명했다. "틀렸어요. 재미없어요. 듣는 사람이 잠들겠어요. 마치 백과사전을 읽는 것 같아요. 오랫동안 설교를 하셨으면 그런 것쯤은 아셔야죠. 더 자연스럽게 할 수 없어요?" 이렇게는 말하지 않았다.

"노스 아메리칸 리뷰 지에 실리면 훌륭한 논문이 될 거예요." 그녀는 그저 그렇게 말했을 뿐이었다. 결국 칭찬과 함께 연설에는 적당치 않다는 의견을 교묘하게 전달하였다. 헨리 워드 비처도 그 의미를 알아차렸다. 결국 설교의 초고는 휴지통으로 들어갔고 그는 메모도 없이 설교하였다.

자신의 실수를 인정하라

몇 년 전 나는 내 조카를 비서로 두었다. 3년 전에 고향에서 고등학교를 졸업한 19세로 사회 생활 경험이 없는 상태였다. 지금이야 능숙한 비서라고 할 수 있지만, 처음에는 많은 실수를 저질렀다. 어느 날 나는 잔소리를 하려고 했다. 그러나 생각을 고쳐 내 자신에게 이렇게 타일렀다.

잠깐 기다려. 데일 카네기, 너는 조세핀보다 훨씬 나이가 많지 않냐? 그리고 업무 경험은 그녀의 몇만 배는 가지고 있어. 그녀에게 너와 같은 능력을 기대한다는 것은 근본적으로 무리야. 더욱이 너의 능력이라고 해봤자 대단한 것도 아니잖느냐. 첫째, 너는 19세 때 어떤 일을 했나 생각해 봐. 실수만 저지르지 않았는가 말이야.

정직하고 공평하게 생각해 보면 당시의 나보다도 그녀가 야구에서 말하면 타율이 높다는 결론에 도달했다. 나보다 타율이 높다는 것은 너무 칭찬할 일은 아니다. 그 후부터 나는 그녀에게 잔소리를 할 때는 다음과 같이 하기로 했다.

"조세핀, 이건 실수를 했구나. 그러나 내가 지금까지 저지른 실패에 비하면 이 정도는 아주 적은 거야. 처음에는 틀리는 것이 당연하지. 경험을 쌓아야 비로소 잘못이 없어지는 거야. 내가 젊었을 때에 비하면 지금의 네가 훨씬 낫다. 나는 많은 실수를 저지른 기억이 있기 때문에 너에게 잔소리할 마음은 없다. 어떠냐? 이렇게 해보면……."

사람에게 잔소리를 할 경우 겸허한 태도로, 자기는 결코 완전하지 못하고 자주 실수를 한다고 전제하고서 상대의 잘못에 대해 주의를 주게 되면 상대는 그다지 불쾌한 생각을 하지 않을 것이다.

독일 제국 최후의 황제로 거만했던 빌헬름 2세 밑에서 수상직을 맡았던 베른하르트 폰 뷜로 왕자도 이 방법의 필요성을 절실하게 느꼈다. 당시의 빌헬름 황제는 방대한 육해공군을 통수하는 천하무적의 권력을 가지고 있었다.

그러던 어느 날 큰 소동이 일어났다. 영국 방문 중에 황제가 대단한 폭언을 했는데, 그것이 '데일리 텔레그래프'지에 그대로 실린 것이었다. 순식간에 영국 전체의 공분을 샀고 독일 본국의 정치가들도 황제의 독선적인 언동에 아연실색하고 말았다. 그는 영국에 호의를 갖는 유일한 독일인이라고 한다든가, 일본의 위험에 대비하여 대해군을 건설하였다든가, 영국이 러시아와 프랑스로부터 굴욕을 당할 뻔했을 때 황제 자신이 구해주었다거나, 또 보어 전쟁에 영국의 로버트 경이 승리를 얻게 된 것도 역시 그의 덕분이라고도 말했다.

문제가 예상외로 커지자 황제도 놀랐다. 결국 황제는 폰 뷜로의 말대로 지껄였을 뿐이니 책임은 폰 뷜로에게 있다고 선언하라는 것이다. "폐하, 저는 폐하를 움직여 그와 같은 말을 하게 할 수 있는 힘을 가지고 있는 자는 영국에도 독일에도 아무도 없다고 생각합니다만……." 폰 뷜로는 이렇게 대답했으나 그 순간 '아차' 하고 생각했다. 황제는 노하기 시작했다.

"당신은 나를 바보 취급하는가. 당신 같으면 절대로 저지르지 않을 실수를 내가 했다고 말하는가!" 폰 뷜로는 '책망하기 전에 먼저 칭찬을 하는 것을 잊었구나,' 하고 깨달았으나 이미 쏟아진 물과 같았다. 그는 최선의 대책을 강구했다. 책망하고 난 후에 칭찬한 것이다. 이것이 훌륭하게 기적을 낳았다.

그는 공손하게 이렇게 말했다. "저는 결코 그러한 뜻으로 말씀드린 것이 아닙니다. 현명하신 폐하를 어찌 저 같은 자와 비교하겠습니까. 육해공군의 일은 말씀드릴 필요조차 없고 자연 과학의 깊은 조예는 놀라지 않을 수 없습니다. 폐하는 기압계나 무선 전신, 또는 뢴트겐 선 등에 대해서 설명을 해주셨습니다. 저는 그때마다 감탄할 따름입니다. 저는 그 방면에 대해서는 부끄럽게도 아무것도 아는 것이 없습니다. 단순한 자연 현상조차 설명하지 못합니다. 오직 역사의 지식을 조금 알고 정치나 특히 외교에 필요한 지식을 약간 가지고 있을 뿐입니다.”

황제의 얼굴에는 미소가 감돌았다. 폰 뵐로가 칭찬하였기 때문이다. 폰 뵐로는 황제를 치켜 올리고 자신을 깎아내린 것이다. 이렇게 되니까 황제는 어떠한 일이라도 용서하여 주었다. “언제나 내가 말하고 있는 대로 서로 돕고 힘을 합하여 잘해 나가는 게 좋지 않겠나. 굳세게 손을 맞잡고 앞으로 전진하세.” 황제는 폰 뵐로의 손을 몇 번이고 굳게 잡았다. 마지막에는 진심으로, “폰 뵐로를 욕하는 자는 혼을 내주겠다.”라고까지 말했다.

폰 뵐로는 가까스로 위험한 처지에서 살아났다. 그러나 그 사람만큼 빈틈이 없는 외교가도 역시 실수를 한 것이다. 처음에 먼저 자기의 단점과 황제의 장점을 말했어야 할 것인데 거꾸로 황제를 바보 취급하는 실수를 범했던 것이다. 이 예를 보더라도 확실히 겸손과 칭찬은 우리들의 일상 생활에서도 커다란 효과를 발휘할 수 있다. 바르게만 응용한다면 인간관계에 기적을 낳을 수도 있을 것이다.

명령조로 말하지 말라

얼마 전 나는 미국의 일류 전기 작가 아이다 타벨 여사와 같이 식사를 했다. 내가《사람을 움직인다》라는 책을 쓰고 있는 중이라고 그녀에게 말했더니, 화제는 인간 관계의 여러 문제로 옮겨가며 활발한 의견을 교환하였다.

그녀는 오웬 D. 영의 전기 소설을 쓰고 있을 때 영과 3년간 같은 사무실에 근무하고 있다는 사람을 만나 영에 대한 이야기를 여러 가지 들었다고 말했다. 그 말에 의하면 영은 누구에게나 결코 명령조로 말하지 않았다고 한다. 명령이 아니라 제안을 했다는 것이다.

"이것을 하시오.""그렇게 해서는 안 되오."라고 하지 않았다. "이렇게 생각하면 어떨까?" "이것으로 잘 될지 모르겠는데." 등과 같이 상대에게 의견을 구한다. 편지를 구술하여 쓰게 한 후 그는, "이것을 어떻게 생각하는가?"라고 묻고 있었다. 그의 부하가 쓴 편지를 한 번 훑어보고, "이 부분은 이러이러한 말투로 한다면 더 좋아질 것 같은데 어떨까?"라고 말하는 때도 자주 있다. 그는 언제나 자주적으로 일을 할 기회를 준 것이다. 결코 명령하지 않고 자주적으로 하게 만든다. 그리고 실패를 통해서 배우게 했다. 이러한 방법을 쓰면 상대는 자기의 잘못을 쉽게 고치게 된다. 또 상대의 자존심을 상하지 않고 중요한 사람이라는 인식을 갖게 해주면 반감 대신에 협동심을 일으키게 한다.

상대방의 체면을 살려줘라

제너럴 일렉트릭 회사는 찰스 스타인메츠 부서장의 이동이라는 미묘한 문제에 부딪혔다. 그는 전기에 관해서는 일류 기술자였으나 기획부장으로서는 적임자가 아니었다. 회사로서는 그의 감정을 상하게 하고 싶지 않았다. 사실 그는 없어서는 안 될 인물이긴 하지만 한편 매우 신경질적인 사람이었다. 그래서 회사는 새로운 직책을 신설해서 그를 임명했다. 그 직책은 '제너럴 일렉트릭 회사 고문기사'이다. 그렇다고 업무에는 별로 변한 게 없었다. 그리고 기획부장에는 다른 사람을 임명했다. 스타인메츠도 기뻐했다. 중역들도 좋아했다. 그만큼 다루기 어려운 자의 체면을 세워줌으로써 무사히 이동하게 한 것이다.

상대의 체면을 세워준다. 이것은 매우 중요한 일이다. 더구나 그 중요함을 이해하고 있는 사람은 과연 몇이나 될 것인가? 사람들은 자칫 잘못하면 자기의 기분을 살리기 위하여 타인의 감정은 짓밟고 지나간다. 상대의 자존심 같은 것은 전혀 생각지 않는다. 사람들 앞에서 사정없이 고용인이나 어린이들을 나무란다. 조금 더 생각해서 한두 마디 동정 어린 말을 걸어 상대의 심정을 이해해 주면 그쪽이 훨씬 잘 될 것을 배려하지 못한다. 사원이나 종업원들을 어쩔 수 없이 해고해야 될 경우에는 이 일을 잘 생각해 주기 바란다.

마셜 A. 글렌저라고 하는 공인회계사로부터 나에게로 온 편지의 한 구절을 소개하자.

종업원을 해고하는 일은 아무리 생각해도 유쾌한 일은 아닙니다. 해고당하는 입장이 되면 더욱 그러할 것입니다. 우리가 하는 일은 일정한 시기를 타는 일이 많습니다. 계절에 따라 수요가 달라지는 경우가 많아요. 매년 3월이 되면 많은 인원을 해고할 지경에 처합니다. 해고 담당자에게는 결코 유쾌한 일이 아니죠. 따라서 우리들 사이에는 될 수 있는 대로 일을 간단하게 처리하는 습관이 생겼습니다.

통상적으로 다음과 같이 일을 처리합니다.

"스미스 씨 앉으세요. 아시다시피 세금을 납부하는 철도 지났으므로 당신의 일도 이제 끝났어요. 처음부터 바쁜 동안에만 봐주신다고 약속했었지요."

이런 말을 들으면 상대는 꽤 타격을 받을 것입니다. 마치 내동댕이쳐진 기분이 들 것입니다. 그들 대부분은 계산하는 일을 하며 일생을 보내는 사람들인데 이렇게 단숨에 목을 자르는 회사에는 조금의 애정도 느껴지지 않을 것입니다. 그래서 나는 임시 고용인들을 해고할 때에는 좀 더 동정 어린 방법을 취해 보아야겠다고 생각했어요. 각자의 성적표를 자세하게 조사한 뒤에 그 사람을 불러 다음과 같이 말했습니다.

"스미스 씨, 당신의 일하는 솜씨에는 정말 감동했습니다." 실제로 그가 일을 잘 했다고 전제하고 말합니다. "지난번 뉴욕에 출장 가셨을 때 정말 애쓰셨지요. 그렇게 훌륭하게 일을 잘 해주셔서 회사의 위상도 높아졌습니다. 당신은 그렇게 실력이 있으니까, 어디에 가시든 걱정 없겠습니다. 우리들도 당신을 믿고 있고, 또 훌륭하게 될 수 있는 힘을 충분히 가지고 있다고 생각합니다. 나중에라도 제발 우리도 잊지 말아 주십시오.”

그 결과 상대방은 해고당한 것을 그다지 괴롭게 여기지 않고 밝은 기분으로 떠나갔습니다. 밀려서 쫓겨나는 듯한 기분이 들지 않았던 것입니다. 회사에 일만 있으면 계속해서 고용해 줄 것이 틀림없다고 생각하기 때문이죠. 회사가 다시 그들을 필요로 할 경우에는 기쁘게 다시 와 줄 것입니다.

조그마한 일에도 신경을 써줘라

내 친구 중에는 피트 발로라는 서커스 단장이 있다. 그는 개와 말을 끌고 동물 쇼를 하면서 서커스와 곡마단을 따라 돌아다녔다. 나는 피트가 개에게 묘기를 가르치는 것을 보고 퍽 재미있게 생각했다. 개가 조금이라도 잘하면 어루만져 주고 고기를 주고 지나치게 칭찬해 준다. 이 방법은 절대로 새로운 것이 아니다. 예로부터 동물조련사들은 훈련할 때는 이 방법을 쓰고 있다.

우리 모두가 뻔히 알고 있는 이 방법을 왜 인간에게 응용하지 않는 것일까? 왜 회초리 대신 쇠고기를, 비난 대신 칭찬을 하지 않는가? 가령 조금이라도 발전을 보이면 진정으로 마음에서 우러나는 칭찬을 해주면 좋지 않은 가? 그 칭찬에 힘을 얻어 상대는 더욱더 스스로를 발전시켜 나갈 것이다.

싱싱형무소의 소장 루이스 E 로즈에 의하면, 상습 범죄자까지도 약간의 발전, 향상한 것을 칭찬해 주면 대단한 효과를 보였다고 한다. 실은 이 단원을 집필 중에 그로부터 편지를 받은 것인데, 그 가운데에 이렇게 씌여 있었다. "죄수들은 노력을 적당하게 칭찬해 주면 그들은 갱생하려는 마음을 일으킨다. 비행을 엄하게 책망하는 것보다 훨씬 효과가 있다."

적어도 지금까지 나는 싱싱형무소에 들어갔던 일은 없다. 그러나 나 자신이 지금까지 걸어온 길을 되돌아보면 칭찬하는 말이 나의 생애에 대전환을 가져온 기억은 확실히 있다. 누구에게나 생각나는 일이 있을 것이다. 역사에서도 칭찬의 효과가 두드러진 예를 얼마든지 찾아볼 수 있다.

지금부터 50년 전 10세쯤의 소년이 나폴리의 어느 공장에서 일하고 있었다. 그 아이는 성악가가 되고 싶었다. 그러나 처음 만난 교사는, "너에게 노래는 합당치 않아. 마치 문틈으로 새어나오는 바람소리 같아."라고 말해 그를 실망시켰다. 그러나 그의 어머니는 가난한 농부의 아내였으나 그를 끌어안고 온화하고 애정 어린 말로 격려했다.

"너는 꼭 훌륭한 성악가가 될 거야. 엄마는 확실히 알 수 있거든. 그 증거로 너는 점점 잘 부르고 있지 않니?"

그녀는 얼굴이 새까맣게 되도록 열심히 일을 해서 아들에게 음악공부를 시켜 주었다. 그 어머니의 칭찬과 격려가 소년의 생애를 변화시켰다. 그는 바로 독자 가운데도 아실 분이 많으리라 여겨지는 유명한 엔리코 카루

소였다.

꽤 오래된 이야기인데, 런던에 작가를 지망하는 젊은이가 있었다. 그에게는 유리하다고 생각되는 조건은 무엇 하나 없었다. 학교도 4학년까지밖에 다니지 않았고 아버지는 빚에 쪼들리다 못해 교도소로 갔다. 하루 세 끼니의 밥도 거르기 일쑤였다. 그러는 중에 그에게 일자리가 생겼다. 쥐구멍 같은 창고 속에서 구두약 용기에 상표를 붙이는 일이었다. 밤에는 으슥한 골방에서 두 소년과 함께 잤다. 그 두 소년이란 빈민가의 부랑아들이었다. 그는 자신이 없었기 때문에 남의 웃음거리가 되지 않으려고 사람들이 잠든 틈을 타자리에서 빠져나와 열심히 쓴 그의 처녀 작품을 우송하였다. 차례로 계속해서 작품을 보내 보았으나 모두 되돌아왔다.

그러다가 드디어 그에게도 기념할 만한 날이 찾아왔다. 어떤 작품이 채택된 것이다. 원고료는 한 푼도 받지 못했으나 편집자에게서 칭찬을 들었다. 그는 인정받은 것이다. 그는 감격한 나머지 흐르는 눈물을 닦지도 않고 거리를 돌아다녔다. 자기의 작품이 활자화되어 세상에 나온다는 것이 그의 생에 커다란 변화를 가져왔다. 만일 그것이 없었다면 그는 일생 움막 같은 곳에서 지냈을지도 모른다. 이 소년이 바로 찰스 디킨스이다.

한 소년이 런던의 어느 식품 상점에서 일하고 있었다. 아침 5시에 일어나 청소와 심부름으로 하루 14시간이나 혹사당했다. 그는 이 중노동에 견딜 수 없을 정도로 괴로워하고 있었다. 그렇지만 2년간이나 참고 견디었으나, 그 이상은 도저히 참을 수가 없어 어느 날 아침 식사도 하지 않고 상점을 빠져나와 가정부로 일하고 있는 엄마의 품으로 15마일이나 되는 길을 걸어서 돌아갔다.

그는 미친 듯이 울면서 지금의 상점에서 일하는 것보다는 차라리 죽어버리는 것이 낫겠다고 흐느꼈다. 그리고 그는 모교의 교장 선생 앞으로 곤경을 호소하는 긴 편지를 보냈다. 곧 회답이 왔다. '너는 상당히 두뇌가 명석하여 그러한 중노동은 적당치가 않다. 좀 더 지적인 일을 하도록 하라'라고 말하고 그를 위하여 학교의 교사직을 제공해 주었다. 이 칭찬은 소년의 장래를 변화시켜 영문학 사상에 불멸의 공적을 남겼다. 77권의 책을 저술하여 1백만 달러 이상의 부를 펜으로써 누린 이 사람은 H. G. 웰스이다.

기대를 걸어라

내가 아는 사람 중에 어네스크 전트라고 하는 부인이 있다. 어네스크는 어느 날 가정부를 고용하기로 정하고 어떤 가정부를 다음 주 월요일부터 오라고 말하였다. 그리고 전 주인이었던 부인에게 전화를 걸어 물어보았더니 그 가정부에게는 다소의 결점이 있다는 것을 알았다. 약속한 날에 가정부가 오자 어네스크는 이렇게 말했다.

"넬리, 나는 지난 번 전 주인에게 전화를 해서 넬리에 대해 물어보았어요. 어린애도 잘 돌봐준다고 들었어요. 하지만 청소는 잘못한다고 하던데 아니겠지요? 나는 믿어지지 않아요. 넬리가 입고 있는 옷이 깨끗한 것을 보면 알 수 있어요. 넬리는 그 옷매무새와 똑같이 집안도 깨끗하게 해줄 게 틀림없어요. 우리 서로 잘해 나갈 수 있을 거예요." 두 사람은 잘해 나갔다. 넬리는 부인의 기대에 어긋나지 않으려고 열심히 일했다. 집안은 언제나 깨끗하게 청소되어 있었다. 부인의 기대에 보답하려고 시간 외의 청소도 마다하지 않았다.

볼드윈 기관 제조회사의 사무엘 버클렌 사장은 이렇게 말했다. "무엇이든 장점을 발견하여 그것을 칭찬해 주면, 대부분의 사람들은 이쪽이 마음 먹은 대로 쫓아온다." 요컨대 상대의 어떤 점에 대하여 교정하고 싶다고 생각한다면, 그 점에 대하여 그는 이미 다른 사람에 비해 월등하다고 말해 줄 일이다. 셰익스피어는 '덕이 없어도 덕이 있는 듯이 행동하라.'고 말했다. 상대의 아름다운 점을 계발해 주고 싶다면, 그가 그 아름다운 점을 갖추고 있는 것으로 하고 공공연하게 그와 같이 취급하여 주는 것이 좋다. 장점을 이야기해 주면 그 사람은 당신의 기대에 어긋나지 않도록 노력할 것이다.

헨리 클레이 리스너는 프랑스에 주둔 중인 미국 병사들의 품행을 좋게하기 위해 그 방법을 썼다. 그는 명성이 높은 제임스 G. 하버드 대장으로 '프랑스 주둔 중의 2백만에 이르는 미국 병사들은 가장 청렴결백하고 가장 이상적인 군인'이라고 했다. 지나치게 칭찬한 것이지만 리스너는 이것을 잘 이용했다. 그는 이렇게 말하고 있다.

"나는 대장의 말을 전 병사들에게 철저히 교육했다. 그것이 들어맞았는지 아닌지는 문제가 아니다. 가령 맞지 않았더라도 장군이 이 같은 의견을 가지고 있다는 것을 알고 있기만 해도 병사들은 감격하고 장군의 기대에 따르려고 노력할 것이다."

속담에, '개를 죽이려면 먼저 미친개라고 외쳐라'라는 말이 있다. 한 번 악평이 나면 다시는 회복되기 어렵다는 의미이지만 거꾸로 호평이 나면 어떻게 될 것인가? 부자·가난뱅이·도둑, 그 외 어떠한 인간이라도 좋은 평판이나면, 대개는 그 평판에 부끄럽지 않도록 노력할 것이다.

악인과 교제하지 않으면 안 될 때는, 그를 존경해야 할 신사로 보고 취급할 것이다. 그 이외에 그들에게 맞설 방법은 없다. 신사 취급을 받으면 그는 신사로서 부끄럽지 않도록 비상한 노력을 아끼지 않을 것이다. 그리고 사람에게서 신뢰받은 것을 대단한 자랑으로 여기게 된다. 이것은 싱싱형무소장의 경험에서 나온 말이다.

격려를 아끼지 말라

내 친구 중에는 사십이 넘은 독신자가 있다. 그런데 그 친구가 최근 어느 여성과 약혼을 했다. 그런데 상대 여성은 그에게 댄스를 배우라고 했다. 그 남자에 대해 그녀는 나에게 이렇게 말했다.

"나는 젊었을 때 댄스를 배운 그대로 20년간을 똑같은 방법으로 추고 있으니, 언젠가는 다시 고쳐 배울 필요가 확실히 있다. 맨 처음에 찾아간 교사는 나의 댄스를 엉망이라고 했다. 그건 사실일 것이다. 처음부터 고쳐 배우지 않으면 안 된다기에 나는 마음이 내키지 않아 그 교사에게 배우는 것을 포기했다.

다음 교사는 진실을 말하지 않는 것 같았으나 나는 그편이 마음에 들었다. 나의 댄스는 다소 시대에 뒤떨어졌으나 기본이 착실히 되어 있으므로 새로운 스텝은 문제가 없을 것이라고 말하였다.

첫번째 교사는 나의 결점을 강조해서 나를 맥 풀리게 했는데 이 교사는 그와는 반대였다. 장점을 칭찬하고 결점에 대해서는 별말이 없다. 리듬을 잘 알고 소질도 보통 이상이라고 말해 주었다. 그렇게 말해 주니까 자기는 서투르다는 것을 알고 있으면서도 자칫 그렇지 않은 것 같은 마음도 들게 마련이다. 물론 교습료를 지불했으니까, 속 빈 인사말 정도도 이상할 것은 없으나 그런 것을 생각할 필요는 없다. 어쨌든 칭찬받은 덕택으로 나의 댄스는 확실히 숙달되었다. 교사의 말에 용기가 나고 희망이 솟았다. 향상심이 생긴 것이다."

어린이나 남편이나 종업원을 바보라든가, 무능하다든가, 재능이 없다든가 하는 등등의 말로 나무라는 것은 향상심의 싹을 자르는 것이나 마찬가지이다. 자주 기운을 북돋우고, '하기만 하면 쉽게 할 수 있다.'는 생각을 갖게 하고, 상대의 능력을 이쪽은 믿고 있다고 알려 주는 것이다. 그렇게 하면 상대는 자신의 우수함을 나타내 보이려고 부지런히 노력한다.

로웰 토머스는 이 방법을 쓰고 있다. 그는 이 방면에 도가 트인 사람이다. 사람을 분발시키고 자신감을 주고 용기와 신념을 심어주는 일에 능하다. 이런 일이 있었다. 며칠 전 나는 토머스 부처와 함께 주말을 보냈다. 그 토요일 밤, 훨훨 타오르는 난로 옆에서 나에게 브리지를 하지 않겠느냐고 물었다.

"브리지를 하자고? 천만의 말씀을! 브리지는 나에게 영원의 수수께끼 같은 것이야. 전혀 할 줄 몰라." 나는 정말 자신이 없었다.

"데일, 브리지 같은 거 아무것도 아니야. 따로 비결이 있는 것도 아니야. 그저 기억력과 판단력의 문제야. 자네는 기억력에 대한 책을 저술한 일도 있잖은가? 자네에게는 안성맞춤인 게임이거든."

그러다 보니 나는 태어나서 처음으로 브리지 테이블에 마주앉아 있었다. 멋지게 추켜세우는 바람에 쉽사리 할 수 있을 것 같은 마음이 생겨 이러한 결과가 된 것이다.

브리지라면 엘리 칼바트슨을 생각하게 된다. 브리지를 할 만한 정도의 사람이면 누구든 그의 이름을 알 것이다. 그가 쓴 브리지에 관한 책은 여러 나라의 언어로 번역되어 이미 1백만 부는 팔리고 있다고 한다. 그도 어느 젊은 여성으로부터 "당신에게는 훌륭한 브리지의 소질이 있다."라는 말을 듣지 않았더라면 이 방면에서 밥을 먹고 살아가지는 못했을 것이다.

칼바트슨이 미국에 온 것은 1922년으로 처음에는 철학과 사회학의 교사가 되려고 하였으나 적당한 근무처가 없었다. 그래서 그는 석탄 판매를 했으나 실패했다. 계속해서 커피 판매를 시도했으나 역시 그도 여의치 않았다.

당시 그는 브리지의 교사가 되겠다는 생각은 더욱 없었다. 트럼프 놀이는 서툴기만 할 뿐 아니라, 다른 사람에게까지 피해가 갔다. 처음부터 끝까지 질문만으로 끝낸 꼴이 됐다. 그리고 승부가 끝나면 게임의 경과를 다른 사람은 아랑곳없이 귀찮으리만큼 검토하기 때문에 모두들 그와 함께 하기를 싫어할 정도였다.

그러던 어느 날, 조세핀 딜론이라는 미모의 브리지 교사와 사귀게 되어, 급기야 결혼까지 했다. 그녀는 그가 면밀하게 카드를 분석하고 생각하는 것을 보고 그에게 트럼프 경기에 대한 선천적인 소질이 있다고 칭찬했다. 칼바트슨에게 브리지의 대권위자가 되게 한 것은 그녀가 해준 격려의 말이었다고 한다.

항상 협력하도록 하라

제1차 세계대전이 한창일 때 미국도 가만히 보고만 있을 수 없게 되었다. 과연 평화를 회복할 수 있을지 어떨지는 어느 누구도 알 수 없었으나 우드로 윌슨 대통령은 어쨌든 노력해 보겠다고 결심하고 전쟁 당사국의 지도자들과 협의하기 위하여 평화 사절단을 파견하기로 했다.

평화주의를 표방하는 국무장관 윌리엄 제닝스 브라이언은 이 임무를 맡고 싶어했다. 자기의 이름을 후세에 남기는 절호의 기회라고 보았다. 그러나 윌슨은 브라이언이 아닌 그의 친구 하우스 대령을 임명했다. 평화 사절단으로 임명받은 하우스 대령에게 중대한 문제가 생겼다. 브라이언의 감정을 다치지 않도록 주의하며, 그에게 이 일을 털어놓지 않으면 안 되었다. 당시의 상황을 하우스 대령은 일기에 이렇게 쓰고 있다.

"브라이언은 내가 대통령의 평화특사로 유럽에 가게 되었다는 이야기를 듣고 얼굴에 분명히 실망의 빛을 나타냈다. 그는 자기가 갈 생각이었다고 말했다. 그래서 나는 대통령 입장으로서는 이번의 사절 파견을 공식적으로 하는 것이 현명한 방법이 아니라고 생각했을 것이고, 국무장관인 브라이언이 가게 되면 세간의 주목을 끌게 되어 형편이 좋지 않을 것 같다고 말했다."

이렇게 말하는 방법도 있다. 즉 브라이언은 너무 지나칠 정도로 대단한 거물이어서 이 임무에 적당하지 않다고 생각했다는 것이다. 이렇게 전달해 주니 브라이언도 완전히 만족해했다. 하우스 대령은 이쪽의 제안에 '기쁘게 협력하게 하라'는 인간관계의 중요한 법칙을 지킨 것이다.

윌슨 대통령은 윌리엄 G. 맥아더를 각료로 입각시킬 때도 이 방법을 적용했다. 각료는 누구에게나 명예로운 지위이다. 그 명예스러운 지위를 줄 때도 윌슨은 상대의 중요성을 배가시켜 주는 방법을 썼다.

맥아더 자신의 말을 인용해보기로 하자. "윌슨은 '지금 개각 중이니 재무부 장관을 맡아 주면 참으로 고맙겠다'라고 나에게 말했다. 참으로 즐거움을 주는 말하는 방식이었다. 이 명예로운 자리를 맡는다면 그것으로 내가 은혜를 베푸는 것이 아닌가 하는 마음이 든다."

그러나 불행하게도 윌슨은 언제나 이와 같은 방법을 쓴 것은 아니었다. 그가 이 방법을 계속해서 쓰고 있었더라면 아마 역사도 많이 달라졌을 것이 틀림없다. 예를 들면 국제연맹 가입 문제로 그는 상원을 노엽게 하고, 공화당을 무시했다. 인간관계를 생각지 않은 이 방법 때문에 윌슨은 실각했고, 그는 건강을 해치게 되었고 수명을 줄여 미국을 연맹 불참국으로 만들었고, 세계 역사를 바꾸어 놓고 말았다.

〈더블데이 페이지〉라는 유명 출판사의 사례를 들어보자. 이 회사는 항상 이 법칙을 실행하고 있다. 오 헨리(1863~1910, 미국 단편작가)가 전하는 바에 따르면 이 회사는 출판을 거절하는 경우 대단히 정중해서 다른 출판사가 출판을 맡아 주는 것보다도 이 회사에서 거절당하는 것이 오히려 더 즐겁기까지 하다는 것이다.

내가 아는 사람 중에 강연을 부탁받으면 대부분 거절하는 사람이 있었다. 그러나 그가 거절하는 방법이 아주 교묘해서 거절당한 쪽도 그리 기분이 상하지 않는다. 거절하는 방법은 바쁘다든가 어쨌다든가 하는 등 핑계를 대는 것이 아니라, 먼저 의뢰받은 것에 대해 진심에서 우러나오는 감사의 뜻을 표하고 '아쉽지만 형편이 여의치 않으니 도저히 시간을 낼 수가 없다'라고 말한다. 그 대신 얼른 다른 강연자를 추천해준다. 결국 상대에게 실망을 느낄 여유를 주지 않고 다른 강연자의 일을 생각하게 만든다는 것이다.

"나의 친구 중에 〈브루클린 이글〉의 편집장으로 클리브랜드 로저스라고 하는 사람이 있는데, 그에게 부탁하는 게 어떻겠습니까? 그렇지 않으면 히콕이 좋을지 모르겠군요. 그는 유럽 특파원으로 파리 주재원 15년의 경험이 있으니까 깜짝 놀랄 만한 화제가 풍부합니다. 혹은 인도에서 맹수 사냥을 한 경험을 가진 리빙스턴 롱펠로는 어떻습니까?"라는 식으로 말하는 것이다.

뉴욕 일류 인쇄회사 사장인 J. A 윈트는 언젠가 한 기계공의 태도를 바꾸게 할 필요성이 있었다. 그런데 상대의 감정을 상하지 않게 하지 않으면 안되었다. 이 기계공의 일은 타이프 라이터와 그 외 밤낮의 구별 없이 혹사당하고 있는 기계를 조종하는 일이다. 그는 입버릇처럼 노동시간이 길고 일의 양이 과중해 조수가 필요하다고 말했다.

J.A 윈트는 조수도 안 붙여주고 시간도 단축해 주지 않고 일의 양도 줄여 주지 않고서도 그를 만족시켰다. 그에게 전용으로 사용할 방 하나를 주었다. 출입문에는 그의 이름을 써 붙이고 '수리 계장'이라는 직함을 붙여주었다. 이렇게 되니 그는 이미 말단 직원이 아니다. 회사에 없어서는 안 될 중요한 수리 계장이다. 그렇게 권위를 부여해 주고 사장에게 인정을 받으니 자기의 중요한 존재감이 충족된 것이다. 그러니까 지금까지의 불평을 잊고 그는 만족해서 일을 열심히 했다. 이것은 마치 어린애 달래는 방법과 같다고 해야 할지 모른다.

그러나 나폴레옹 1세도 이와 같은 일을 했다. 그는 자기가 제정한 '레종 도뇌르' 훈장을 1만 5천 명의 병사에게 수여하고, 장군 가운데서 18명의 대장에게 '대원수'의 칭호를 주었고, 자기 군대를 '1등 군대'라고 불렀다. 전장의 역전 용사를 장난감으로 속이고 있다고 비난을 받으면 그는 간단하게 대답했다. "병사들은 장난감에 의해 움직인다."

나폴레옹이 하던 방법, 즉 직함이나 권위를 부여해 주는 방법은 우리가 써도 효과가 있다. 그 예로 나의 친구 겐트 부인의 경우를 소개해 보겠다. 부인은 근처의 개구쟁이들 때문에 골치를 앓는 일이 있었다. 정원의 잔디를 못 쓰게 만드는 것이다. 어르고 달래도 보았지만 효과가 없었다. 그래서 그는 그 악동들의 대장에게 직함을 주고 권위를 주었다. '탐정'이라는 직함이다. 그리고 잔디의 불법 침입자를 단속하는 직책을 주었다. 이 방법은 주효했다. '탐정'은 뒷마당에 모닥불을 피워 철봉을 벌겋게 달구어 그것을 휘두르며 불법 침입자들을 위세 있게 몰아내고 있었다.

DALE CARNEGIE

3

즐거운 가운데
성공적으로 일을
구하는 법

- 인생에서 두 가지 가장 주요한 결단

3. 즐거운 가운데 성공적으로 일을 구하는 법

학교 교육을 제대로 받지 못하고 신문 판매원부터 시작하여 전 세계를 돌변시킨 에디슨. 그는 연구소에 기거하면서 하루 18시간을 일했지만, 그것은 노동이라기보다는 모두 자신을 위한 위안이었다.

인생에서 두 가지 가장 중요한 결단

이 단원은 아직 무언가를 도전하고자 생각한 일을 발견하지 못한 젊은이들을 위한 말이다. 만일 그대가 그런 사람 중 하나라면, 여기에서 일생의 커다란 전환점을 발견하게 될 것이다.

만일 그대가 20세 이하라면, 주저 없이 그대는 인생에서 두 가지 가장 중요한 결단을 해야 한다. 그것은 그대의 일생을 좌우하는 동시에, 그대의 행복과 수입, 건강에도 영향을 주는 큰 좌우명이 될 것이다. 그럼 그 두 가지의 결단이란 무엇인가?

첫째, 어떻게 생계를 이어갈 것인가? 그대는 농부가 될 것인가? 우편배달

부인가? 공무원, 평범한 샐러리맨, 기술자, 디자이너, 전문직업인 의사, 학자로서 대성할 것인가 아니면 그보다 전문 음식점을 경영할 것인가? 둘째, 아이들에게 부모로서 어떠한 점을 본받게 할 것인가? 이 두 가지 커다란 결단을 위해 우리는 자주 도박을 하게 된다.

포스테그는 《인생의 달관력》이란 저서에서, "직업을 선택하는 청소년들은 도박사와 같다. 그는 그것에 일생을 맡기지 않으면 안 된다."라고 했다. 직업을 선택할 때, 어떻게 하면 도박적 요소를 줄일 수 있을까? 먼저 즐거운 일을 발견하도록 노력할 것이다. 나는 B. F. 구리치 회사의 회장 구리치에게 "사업에 성공할 때 제일 중요한 요건이 무엇이냐"고 물어보았다. 그러자 그는 "일을 즐거워해야 할 것이다. 일이 즐거우면 오랜 시간 일을 해도 그 일이 즐거운 놀이같이 생각된다."고 말했다.

에디슨의 경우도 좋은 예이다. 학교 교육을 제대로 받지 못하고 신문판매원부터 시작하여 전 세계를 놀라게 만든 에디슨. 그는 연구소에 기거하면서 하루 18시간을 일했지만, 그것은 노력이라기보다 그저 즐거운 놀이에 지나지 않았다. "나는 일생 동안 하루도 일한 적이 없다. 모두 자신을 위한 놀이였다."고 말했다. 그가 성공한 것은 불사의한 일이 아니다.

찰스 슈와프도 비슷한 의미의 말을 들려준 적이 있었다. 그는 이렇게 말했다. "인간은 무한한 정열을 가지고 도전하는 일에는 반드시 성공한다." 그러나 그대가 무엇을 하고 싶은지 아직 모르기 때문에, 어떤 일에 대해 정열을 가질 수 있을 것인가?

듀폰사로 수천 명의 사원을 고용한 에드나 가 부인은 이렇게 말했다. 대학 졸업생들이 에드나 가 부인에게 그녀의 사무실에 찾아와서 말하기를, "나는 어느 대학의 문학 학위를 가지고 있는데, 이 사회에서 어떤 일을 하면 좋을까요?"라고 말했다. 그들은 자기가 어디에 잘 적응할 수 있을지? 또는 무엇을 하고 싶은지 모르고 있었다.

유능한 지성과 푸른 꿈을 가지고 인생의 첫 출발을 하는 많은 젊은이가 40세에 모두 좌절하거나 신경쇠약에 걸려 불행하게 일생을 마치는 경우도 있는데, 이는 특별히 불사의한 일이 아니다. 우리가 각자 자기에게 알맞은 직업을 발견하는 것은 건강을 지키는데도 매우 중요하다.

존스홉킨스 의과대학의 레이몬드 바르 박사는 모 보험회사와 공동으로 장수의 비결에 대하여 연구한 결과 '알맞은 직업관'을 가장 중요한 제1항목으로 선정하였다. 에드나 가 부인은 "자기가 할 일을 발견한 인간은 축복을 받았다. 더 이상 그 이외의 축복을 바랄 필요가 없다."고 했다. 바르 박사도 이와 동감의 뜻을 나타냈다.

최근 나는 석유회사의 인사부장과 이야기를 나눈 적이 있었다. 그는 최근 20년간 7만5천 명 이상의 구직자와 면담을 했다. 그는 《일을 얻기 위한 여섯 가지 방법》이란 책도 저술했다. "일을 찾고 있는 젊은이들이 범하고 있는 최대의 과실은 무엇인가?"라는 질문에 대해서 그는 이렇게 대답했다.

"그들은 자기가 하고 싶은 일을 모르고 있다. 겨우 2,3년밖에 입지 못하는 옷을 살 때는 충분한 주의를 기울이지만, 오히려 자기 일생의 문제, 미래의 행복과 평화를 얻을 수 있을지 없을지 모르는 직업을 선택하는 데는 너무 무관심하다."

그러면 이 문제를 어떻게 해결하면 좋을까? 거기에는 '적합한 직업군 검사'라는 새로운 자료를 이용하는 수밖에 없다. 첫째, 적합한 직업군을 조사한 사람의 능력과 성격이 그 직업을 가짐으로써 이익이 될 수도 있고 해가 될 수도 있다. 그 직업은 현재 그리 널리 보급되어 있지 않지만, 미래성은 있다. 이러한 지표를 참고로 따져보면 좋다. 이러한 데이터를 어떻게 해서 이용하면 좋은가? 그것은 능력 테스트 자료에 따른 적합한 직업군을 참고로 찾아보면 된다.

미국 여러 곳에 다양한 종류의 서비스 센터가 있다. 만약 당신이 군인이라면 소속부대에 문의하면 알게 된다. 군인이 아니라면 공공도서관 지방교육위원회에, 고교·대학에도 직업 지도부가 구성되어 있다. 그 외에 기독교 청년회·적십자·소년구락부·구세군 등등의 전국적 공공단체에는 모두 직업 알선지도부가 있어서 당신에게 가장 합리적이고 알맞은 지도를 해 줄 것이다.

그러나 거기에서는 제시만 해줄 뿐이지 결단은 당신 자신이 해야 하는 일이다. 그들 지도원이 절대적으로 확실하다고 생각해서는 안 된다. 그들 간에도 의견이 다르며, 때에 따라서는 어처구니없는 실수를 범할 수도 있다.

어느 직업 알선 지도원은 나의 동급생인 한 여학생에게, 단지 고사성어와 명언을 많이 알고 있다는 이유로 작가가 되라고 권했다. 실은 바보 같은 말이었다. 작가가 쓰는 작품은 작가의 사상·감정을 독자에게 전하는 것이어야만 된다. 그러기에 많은 명언과 고사성어 등은 그리 필요치 않다.

필요한 것은 사상·경험·신념·다양한 감정 등등이다. 명언을 매우 중요하게 생각하고 이 소녀에게 충고해준 직업 지도원은, 한 가지만을 성공시켰을 뿐이다. 그것은 고사성어와 명언을 많이 알고 있는 정도로, 어휘력이 풍부한 소녀를 자칭 작가로 만든 결과이다.

내가 말하고 싶은 점은, 직업 알선 지도전문가들이나 우리들이 결코 절대적으로 오류가 없을 수 없다는 것이다. 그러므로 당신은 여러 사람에게서 의견을 듣고, 상식적인 수준에서 스스로 현명한 판단을 내려야 한다.

존 스튜어트 밀은 "산업 현장에서 잘 적응하지 못하는 것은 사회의 최대 손실의 하나이다."라고 말했다. 그리고 세상에서 제일 불행한 사람은 자기가 매일 하는 일을 혐오하고 있는 사람이다.

군대 생활에서 '제대로 적응하기 어려웠다.'는 남자를 알고 있는가? 잘못 적응한 사람들이다. 전쟁에서 다친 부상자가 아니다. 보통 군무에 복무하고 있으면서 '제대로 적응하지 못한' 사람들이다.

위대한 정신병 의사인 윌리엄 메니커 박사는, 전쟁 중 육군 신경정신병동의 책임자였는데 그는 이렇게 말했다. "우리는 군대에서 선택과 배치의 중요성이 크다는 사실을 알고 있다. 따라서 적재적소에 얼마나 적합한 인물을 잘 배치하는가 하는 일이 결과에 절대적인 영향을 미친다는 사실을 깨우쳤다. 그것은 우리가 쉽게 접할 수 있는 일상적인 일이다. 일에 흥미를 갖지 못하고 있을 때, 자기의 재능이 발휘되지 않는다고 생각하고 있을 때, 제대로 적합한 일을 만나기만 했어도 무언가 그 사람의 가능성을 발현해낼 수 있다는 점이다." 그리고 같은 이유로 산업 현장에서도 자기의 일을 경멸한다면 하는 일마다 잘못될 것이다.

휠 존슨의 일을 살펴보자. 그의 부친은 세탁소를 경영했다. 부친은 자식에게 가업을 물려주려고 일을 가르쳤으나 휠은 세탁업을 매우 싫어했다. 그는 게으를 대로 게을러져서 겨우 항상 재촉을 하지 않으면 안 될 정도의 일만 했다. 집을 비울 때도 있었다. 부친은 결국 상심한 채, 야심이 없는 방종한 자식을 데리고 있는 것을 한탄했다. 어느 날 휠은 부친에게 엔지니어가 되고 싶다고 말했다.

"뭐라고? 기름때 절은 작업복을 입고서 일하겠다고?" 노인은 쇼크를 받았다. 그러나 휠은 초지일관되게 엔지니어가 되고 싶어했다. 그는 기름이 말라 붙은 작업복을 입고 일을 했다. 그는 집에서 일할 때보다 아주 열심히 일을 했다. 그는 공업기술을 배우기 시작했고, 엔진이나 여러 기계 부속을 만지기 시작했다. 그리고 휠 존슨이 사망했을 때 휠은 보잉항공기회사의 사장이 되어, 전쟁을 승리로 이끄는 데 커다란 공헌을 한 '하늘의 요새'를 제작하고 있었던 것이다.

만일 그가 묵묵히 세탁업에 종사하고 있었다면 어떻게 되었을까? 특히 부친이 사망한 후에는? 틀림없이 그는 가업을 망치고 파산했을 것이라 생각했다. 예를 들면, 가정에서 자식의 장래 직업 선택에 대한 갈등이 생긴다고 해도 나는 젊은 사람에게, "가족들이 그 직업을 원하고 있기 때문이란 이유로 어떤 특정된 직업을 갖는 것은 좋지 않다."고 경고한다. 자기가 하고 싶지 않은 일에 종사하는 것은 좋지 않다. 물론 선친의 의견을 무시해도 된다는 것은 아니다. 그들은 그대보다 두 배나 오래 살았으며, 오랜 세월의 경험에서 얻은 지식을 가지고 있기 때문이다. 그러나 최후의 분석과 최종적인 결단을 하지 않으면 안 되는 것은 그대 자신이다. 일로 행복해지는 것이나 불행해지는 것은 오로지 그대 자신의 선택에 달렸다.

이렇게 말이 나왔으니, 나는 일을 선택할 때 중요시하는 교시와 경고를 참고 삼아 서술하려고 한다.

1 직업 상담원을 선정할 때

다음 다섯 가지를 읽고 연구해야 한다. 이것은 미국의 지도적인 직업 상담지도 전문가 하리 기도슨 교수가 작성한 것이다.

❶ 인간의 직업 적성을 명백히 알 수 있다거나 마술적 시스템이 있다고 말하는 사람이 있는 곳에는 가지 말 것. 그들은 대부분 골상학자·점성술사·성격분석가·수상가들이다. 그들이 말하는 시스템은 신용할 수 없다.

❷ 어떤 직업을 선택할 것인가를 명시하는 테스트를 해 준다고 말하는 사람에게 가지 말 것. 그런 사람은 직업 상담원과 상담하기 위해 오는 사람을 가로채고 육체적·사회적·경제적 조건을 고려하지 않으면 안 되는 원칙을 무시하고 있다. 그들은 상담하러 오는 사람에 대해서 열려 있으리라 생각되는 직업적 기회에 따라 지도하고 있다.

❸ 직업에 관하여 풍부한 자료를 구비하고 상담 중에 그것을 유효하게 이용하는 지도자를 선정할 것.

❹ 완전한 직업 상담지도는 1회 이상의 면회가 필요하다.

❺ 결코 통신에 의한 직업지도는 받지 말 것.

2 먼저 인원이 넘치고 있는 사업이나 직업은 피하라

미국에는 2만 개 이상의 색다른 생활 방법이 있다. 2만 개 이상이! 그러면 젊은이들은 이런 사실을 알고 있는 것일까? 천만에! 그 결과, 어느 고등학교 남학생의 3분의 2는 다섯 가지 직업에 집중하고 말았다. — 2만 개 중의 다섯 개, 그리고 여학생의 5분의 4도 같았다. 소수의 사업과 직업이 만원인데 불안정·번민·불안 노이로제가 '화이트 칼라'족 간에 유행하고 있는 것도 괴이한 일이 아닐 수 없다. 특히 법률·세대 관계·라디오·영화 등 초만원인 분야에 돌입하려는 것은 생각해 볼 일이다.

3 살아남을 확률이 10분의 1밖에 안 되는 일은 멀리 하라

그 하나의 예로 생명보험회사의 세일즈이다. 매년 무수한 사람들이(그 중에는 실업자도 있다). 어떻게 되는가도 생각지 않고 생명보험회사의 세일즈맨이 된다. 그러나 어떻게 되는가?

필라델피아의 후란그린 베드가에게 "어떻게 되는 것이냐?"고 물어보기로 하자.

20년간 베드가 씨는 미국에서 굴지의 생명보험 세일즈맨이었다. 그는 생명보험 세일즈를 시작한 사람의 90%는 실망한 나머지 1년 이내에 그만두고 만다. 남아 있는 10명 중 한 사람은 10명이 계약한 보험 전부인 90%를 흡수한다. 그리고 나머지 9명은 겨우 10%를 가지게 된다. 다시 말하면, 만일 그대가 생명보험의 세일즈를 시작한다면 그대가 1년 이내에 실패할 확률은 9

대 1인데 일 년간 일할 확률은 100분의 1이다. 그러므로 그대가 그것을 계속해 나간다 해도 그 생활 이상의 것을 얻을 확률은 10에 1밖에 없는 것이다.

4 선배들에게 물어보라

그대의 일생을 이끌어나갈 일을 선택하는 것이기 때문에 몇 주일 몇 달이 걸려도 그 직업에 관하여 사전에 상세히 조사해 둘 필요가 있다. 이는 10년, 20년, 30년 그 일에 종사한 선배들에게 알아보는 일이다. 이러한 견해는 당신의 장래에 중대한 영향을 줄 것이다. 나는 그것을 경험해서 알고 있다. 나는 20을 갓 넘었을 때, 두 사람의 연장자에게 직업상의 조언을 구한 적이 있었는데, 지금에 와서 보니 그것이 나의 일생의 전기였다는 것을 알게 되었다. 사실, 내가 그때 그들과 대화하지 않았다면, 나의 일생은 어떻게 되었을까? 상상하기도 곤란하다.

그럼, 어떠한 방법으로 직업상담 면담을 할 수 있는 것일까? 만약 당신이 건축기사가 되겠다고 한다면 그대는 결심하기 전에 그대가 살고 있는 마을에서 가까운 마을에 있는 건축기사와 면담하는 일로 몇 주일을 보내라. 전화번호에서 주소와 이름을 확인하고 방문하는 것도 좋다. 면담 약속을 받고 싶다면 다음과 같은 이메일을 보내도 좋다.

보잘 것 없는 소원이 하나 있습니다만, 나는 당신의 높은 견해를 듣고 싶습니다. 저는 18세인데 장래 건축기사가 되려고 노력하고 있습니다. 그런 결심을 하기 전에 저는 당신의 충고를 듣고 싶습니다. 만일 바쁘신 일정 관계로 사무실에서 면담이 허락되지 않는다면, 실례가 되는 줄 알지만, 자택에서 30분간만 만나 뵈었으면 합니다.

제가 알고 싶은 것은 다음과 같은 것입니다.

❶ 당신이 다시 한 번 태어난다면 그래도 건축기사가 되시겠습니까?

❷ 이 면담이 끝난 다음, 제가 건축기사가 될 자격이 있는가? 없는가? 알고 싶습니다.

❸ 건축기사라는 직업을 가진 사람이 넘쳐나지는 않는지요?

❹ 앞으로 4년 동안이나 건축학을 공부하고서 취직하기는 어렵지 않은지요? 처음에는 어떤 일을 하게 되나요?

❺ 만일 나에게 보통의 재능이 있다면 최초 5년 간은 어느 정도의 수입이 들어오는가요?

❻ 건축기사라는 직업은 어떠한 장점과 단점이 있나요? 그리고 어떤 이익과 손해가 있나요?

❼ 만일 내가 당신의 자식이라 한다면 당신은 저에게 건축기사가 되라고 권고하실런지요?

만일 당신이 수줍어서 그와 마주 앉아 면담을 할 수 없다면 여기에 두 가지의 방법이 있다.

▶ 당신과 같은 꿈을 갖고 있는 친구를 동반하는 것도 좋다. 만일 동행할 친구가 없을 때는 부친에게 의논하고 동행하는 것이 좋다.

▶ 그의 조언을 듣고자 하는 것은 그에게 경의를 표하고 있다는 것을 잊지
말라. 상대는 그대의 요청에 득의만만한 기분일 것이다. 그들은 젊은 남녀
에게 충고하는 것을 만족하게 여기고 있다. 그 건축기사는 반드시 당신과
의 면담을 유쾌하게 생각하고 있는 것이 틀림없다. 만일 그대가 면담시간
을 결정해 달라는 메일을 보내기가 어려우면, 그의 사무실로 찾아가 무엇
이든 몇 마디 조언을 듣고 싶다고 청해 볼 일이다. 그래서 그대가 다섯 명
의 건축기사를 방문한 결과, 다섯 명이 모두 바쁘다고 한다면(그럴 리는 없
겠지만) 그때는 다른 다섯 명을 방문하면 된다. 그들 중에 누군가는 그대를
맞아들여 면담을 해줄 것이다. 그리고 오랫동안 실의에 잠겨 있거나 시간
낭비로부터 그대를 구해 줄 귀중한 조언을 들려줄 것이다.

그대는 인생에서 가장 절실한 장래에 영향을 미칠 두 가지 결단 중의 하나
를 하고자 한다는 것을 잊어서는 안 된다. 그러므로 행동하기 전에 확실한
사실을 알기 위해 시간을 갖지 않으면 안 된다. 만일 그렇게 하지 않으면
후회에 가득한 상태로 나머지 세월을 헛되게 보내게 될지도 모른다. 또 그
렇게 된다면 시간을 내주어 조언해 주신 것에 대해 사례를 하는 것도 좋다.

5   자기에게 반드시 한 가지 직업만 적합하다는 그릇된 관념을 버려라

정상적인 인간이라면 누구든 많은 직업에 성공할 수도 있고 실패할 수
도 있다. 나의 예를 보시오! 만일 내가 다음에 표시한 직업에 종사하였다고
한다면 나는 어느 정도 성공하고 그 일을 즐겁게 해 나갔으리라 자신한다.

그 직업이란 농업·과수원·과학적 농업·의사·판매업·광고업·성직자 등이

다. 한편 그와 반대로 은행원·회계·기사·호텔경영·공장경영·건축업, 또는 모든 기계 관계의 사업을 하였다면 나는 분명히 실패하여 불행해졌을 것이 틀림없다.

DALE CARNEGIE

4

경제적 번민을
줄이는 법

- 모든 번민의 70%가 경제

4. 경제적 번민을 줄이는 법

> 수입 증가는 또 낭비의 증가를 초래하는 두통거리를 종종 보게 된다. 대부분 사람들의 번민의 원인이 되는 것은 금전의 부족 때문이 아니고 가지고 있는 돈의 사용 방법을 모르고 있는 데 있다.

모든 번민의 70%가 경제

만일 내가 모든 사람의 경제적 번민을 해결할 수 있는 방법을 알고 있다면 나는 이 책을 쓰고 있지는 않으리라. 그러나 내가 할 수 있는 일이 하나 있다. 나는 이 문제에 관하여 그 방면에 권위 있는 말을 인용하여 몇 가지 실제적인 조언을 할 수가 있다. 〈레디스 홈 채널〉지의 조사에 의하면, 인간의 번민의 70%가 금전 관계에 있다고 한다. 케라프 여론 조사원인 조지 케라프의 조사에 의하면, 대체로 사람은 수입이 10% 증가되면 경제적 번민은 없어질 수 있다고 말했다. 그러나 그것은 커다란 잘못이다. 그것이 진실일지도 모르지만, 일방적으로 그렇게 말하는 데는 문제가 있다. 그것은 진실이 아니기 때문이다.

다시 말하자면, 나는 이 단원을 집필 중에 예산 관계에 정통한 사람과 면담을 했다. 뉴욕의 와나메카 백화점의 고객 경제고문으로 오랫동안 일하고 있는 엘시 스데브르든 부인이었다. 그녀는 개인 상담을 하면서 금전상으로 번민하는 사람들에게 조언을 해 주고 있었다.

그녀는 여러 가지 종류의 소득세에 관하여, 최하 1년에 1천 달러 정도의 소득밖에 없는 하역 인부에서부터 최고로는 1년에 10만 달러를 벌어들이고 있는 경영인까지 다양한 사람들에게 조언해 주었다. 그리고 그녀는 이렇게 말했다. "수입이 크게 증가한 사람들의 경제적 번민에 대한 해답은 없습니다. 사실 나는 수입 증가는 또 낭비의 증가를 초래하는 두통거리를 종종 보게 됩니다. 대부분 사람들의 번민의 원인이 되는 것은 금전의 부족 때문이 아니고, 가지고 있는 돈의 사용 방법을 모르고 있는 데 있습니다."

아니, 누가 의문이 생긴다는 듯이 고개를 갸우뚱하고 있는가? 왜냐하면 스데브르든 부인은 모든 사람이 그렇다고는 말하지 않았다는 것을 기억해 주기 바란다. 분명히 그녀는 '대부분의 사람'이라고 말했다. 그대의 일을 말한 것이 아니다.

물론 나도 경제적 번민을 경험해 보았다. 나는 미주리의 옥수수밭이나 초목먹이 밭에서 일부러 10시간이란 격한 노동을 해왔다. 마치 녹신녹신 지쳐서 어떻게 하면 몸의 고통을 잊을 수 있을까 하는 단 한 가지 소원밖에 없을 정도였다. 이 중노동에 대해서 1시간에 5센트를 받았다. 나는 20년간 창문이나 수도도 없는 집에서 생활하는 것이 얼마나 괴로운지 잘 알고 있다.

영하 15도나 되는 추운 침실에서 잠자는 것이 얼마나 고통스러운 일인지 잘 알고 있다. 5센트의 전철값을 절약하기 위하여 10마일을 걸어다니고, 구두와 속옷에 구멍이 뚫려도 버리지 못하고 입어야 되는 상황이 어떤 것인가를 알고 있다.

그러나 그런 시절부터 나는 평생, 자기 수입에서 어떻든 조금의 저축을 하지 않은 것을 탓하고 있었기 때문이다. 그런 경험의 결과는 나는 우리가 빚이나 경제적 빈곤을 넘겨주고 싶다면 사업가와 같은 일을 해야겠다는 사실을 깨달았다. 미리 돈을 소비할 계획을 세우고 그에 따라서 돈을 쓰는 것이다. 그러나 대부분의 사람들은 그렇게 하지 않는다.

얼마 전 나는 어느 회계과의 일을 들은 적이 있다. 그 남자는 회사의 일에 있어서는 숫자의 귀재였으나, 자기 개인적 경제를 다룰 때는 모두 말뿐이고 실천이 없었다. 만약에 금요일 오후에 급료를 받았다고 하자. 그는 백화점 쇼윈도를 걸어가다가 마음에 든 코트가 있다고 하면 바로 구입한다. 그는 집세와 전기세 그 밖에 여러 가지 고정된 비용을 우선 지출해야 한다는 것을 생각지 않고 있다. 주머니에 돈이 있다는 사실만 머릿속에 남아 있다. 만약 이 남자가 근무하는 회사의 회계를 이런 식으로 했다면 회사는 파산되고 말 것이다.

여기서 고려해야 할 것이 있다. 당신의 금전관계는 당신의 비지니스라는 점이다. 실지로 당신이 어떻게 돈을 소비하느냐는 문자 그대로 당신의 비즈니스이다. 그러나 우리들의 돈을 지배하는 원칙은 무엇일까? 어떻게 하면 우리는 예산을 짜고 세워서 시작할 것인가. 그 1법칙은 다음과 같다.

아놀드 베네드가 50년 전 런던에서 소설가로서 데뷔할 당시 그는 생활고
로 어려움을 겪고 있었다. 그래서 아무리 적은 돈이라도 소비할 금액 수를
종이에 기록해 두었다. 그는 자기의 돈이 어디에 소비되어 버리는가 의문스
러웠다. 그는 종이에 매번 기록함으로써 그것을 알게 되었다. 그는 이를 깊
이 깨달음으로써 나중에 대부호가 되고, 세계에서 유명해지고 요트를 소유
한 신분이 되었어도 그것을 계속했다고 한다. 존 D. 록펠러도 출납표를 만
들었다. 그는 밤 기도를 드리고 침상에 들기 전에 자신의 대차대조표가 어
떻게 되었는가 살펴보고 그것을 모두 기억하고 있었다.

우리들도 금전출납의 기록을 해야 하지 않겠는가. 노후 대비해서만이 아
니라, 평상시에도 꾸준하게 결산표를 작성하라고 권고하고 있다. 만일 된다
면 3개월을 다시 계속하라고 말한다. 이것으로 해서 돈이 어디에 소비되고
있는가를 정확히 알게 된다. 그러므로 예산을 세우게 되는 것이 아닌가. 그
때는 자기의 돈의 행방을 알고 있다고 말하리라. 스데브르슨 부인은 말하
고 있다. 종이에 기입하라고. 그 결과를 보면 그들은 하나같이, "어머, 내 돈
이 이런 데에 사용되고 있었나?" 하고 놀라게 된다.

스데브르슨 부인은 교외의 같은 주택지에 두 가족이 전부 동일한 집에
기거하고 있었고 아이들 수도 같고 수입도 같은 액수라고 하였다. 하지만

두 집의 예산 집행은 전혀 다르다는 것이다. 예산은 개인적인 습성이라고 한다. 예산은 인간의 생활 중에서 모든 기쁨을 가져다주는 것은 아니다. 그 것은 인간에게 물질적 안정감을 부여해 주는 것뿐이다. 감정적 안정감과 번 민에서의 해방을 의미하는 것이다. "예산을 세워서 생활하고 있는 사람들은 한층 행복한 사람들이다."라고 스데브르슨 부인이 말하고 있다.

그러나 어떤 방법으로 그것을 실행하고 있는가. 앞에서 서술한 바와 같 이 모든 지출을 써서 기록해야 한다. 그리고는 전문가의 조언을 구하는 것이 다. 워싱턴에 있는 미국 농무성에는 소비에 대한 팸플릿을 내고 있듯이 대도 시의 일류 은행에서는 전문가가 있어 상담에 응하고 있다.

2만 명 이상이 거주하는 도시에는 대개 '가정복지협회'가 있어서 무료로 조언을 해주는 등 예산 작성도 대신해 준다. 이 문제에 관하여 가장 좋은 안 내자로서 《가정에서의 돈의 융통》이라는 책이 있다. "만일 당신이 작은 마 을이나 농촌에 거주하고 있으면서 예산을 세우는 데 조언자가 필요한 때는 어떻게 합니까?"하고 나는 스데브르슨 부인에게 물었다. 그러자 그녀는 이 렇게 대답했다. "그때는 내가 거주하고 있는 지방에서 제일 유력한 신문사 에 편지를 내서, 예산을 세우기 위한 개인적 지도를 어디에서 구하면 되겠 는가 지도를 받습니다."

법칙 3 돈을 가장 적절하게 사용하는 방법을 배워라

돈에 대하여 최대의 가치를 갖는 방법을 배우라는 것이다. 모든 큰 회사 에는 전문 분야로 구매과가 있어 그들의 회사에 유리한 인출을 하려고 노력

하고 있다. 왜 그대로 그대의 재산의 관리인 겸 책임자로서 그와 같은 일은 하지 않는가? 두세 가지의 비결을 살펴보자.

첫째, 워싱턴의 공문서 관리국에 편지를 써서 구매자와 소비자에 대한 주의사항을 기재한 공보의 리스트를 청구하는 것이 좋다. 수수료는 10센트다. 둘째, 당신의 돈의 활용법을 배우려면 1년에 5달러를 내고 소비자 동맹에 가입하는 것도 좋은 일이다. 무언가 뜻있는 역할을 맡게 될 것이다. 셋째, 1달러 50센트를 내면 시트니 마고리아스가 지은《여러 물건을 사는 방법》이란 책을 살 수 있다. 물건을 사는 안내서로서는 가장 좋은 출판물의 하나이다. 칫솔로부터 보험에 이르기까지 수백의 상품에 관해서 기록되어 있다.

법칙 4 **수입도 하나의 번민거리가 된다**

스데브르슨 부인의 말에 의하면 그녀가 상담을 할 때 가장 큰 두통거리는 연수입이 5천 달러라는 가족의 예산 작성이었다고 했다. "왜냐하면 1년 수입이 5천 달러라면 대부분의 미국 가정에서 환상적인 목표입니다. 그 사람들은 매년 건실한 생활을 계속하고 있었으나, 마침내 연 수입이 5천 달러가 되자 '목표에 도달했다'고 생각한 모양입니다. 그래서 살림이 변화되었습니다. 교외에 집을 사고, 새로운 자동차를 사고, 새로운 가구와 많은 의복 등을 샀습니다. 그러다가 어느 순간 '앗차!'하고 정신이 들었을 때는 모두가 적자였습니다. 그래서 전보다 불행해지는 것입니다. 수입이 불어나자 사치스러워진 것이 원인이었습니다."라고 말했다.

이런 행동은 매우 자연스러운 일이다. 인간은 누구든지 인생을 한층 더 즐기고 싶다. 그러나 어디까지나 자제해서 예산의 범위 내에서 생활한다면 불쾌한 독촉장과 차용금 등에 번민하지 않을 것이니 어느 쪽이 더 행복한 생활이라 할 수 있을 것인가.

법칙 5 신용을 얻도록 노력하라
차용금이 필요한 경우가 있다

만일 그대가 차용금을 쓰지 않으면 안 되는 급박한 입장일 경우 생명보험증서와 증권은 현금과 같은 것이다. 그러나 보험증서를 담보로 하여 차용금을 쓰려거든 그것이 저축채권인가 아닌가를 확인할 필요가 있다. 정기보험은 일정한 기간 동안의 보증인 만큼, 저축적인 성질을 갖고 있지 않은 것이다. 그러므로 이런 종류의 보증서는 차용금을 쓰는 데 담보로서는 아무런 역할도 할 수 없다.

그러므로 보험에 가입할 경우에는 반드시 차용금을 쓸 수 있는 담보가 되는가를 분명히 확인하고 계약서에 서명해야 한다. 그럼 당신에게는 담보로 할 수 있는 보험증서도 국고채권도 없으나, 가옥이라든가 자동차라든가 하는 저당물건을 소유하고 있다고 하자. 당신은 어디에 가면 좋을까? 물론 은행이다. 은행은 신용이 제일이니까 당신에게 부정한 짓은 하지 않는다. 만일 당신이 돈을 예금하려는 태도를 취하면 당신의 상담에 응해 주고 당신의 번민과 채무 해결에 조언해 주기도 한다. 그러므로 저당물건이 있으면 필히 은행으로 갈 것이다. 그러나 비록 당신이 세상의 모든 사람들처럼 저당물건도 그 외 아무런 물건도 없어서 담보를 제공할 것이 없다고 한다면? 생명이 아깝거든 다음 경고를 잊지 말라!

결심하고 소위 금융회사에 뛰어가지 않으면 안 된다. 거기에 가서 필히 정부로부터 공인받은 곳인가를 확인하는 것이 좋다.

만일 당신이 금융법이 시행되고 있지 않는 지방에 거주하고 있다고 한다면, 어느 금융회사에 찾아가기 전에 바로 가까운 은행에 가서 어느 회사가 가장 적합한가 확인할 일이다. 만일 그렇게 하지 않을 때에는 악덕 고리대금업자의 사슬에 걸려들지도 모르는 일이다.

법칙 6 질병·화재·불의의 사고에 대비하라

모든 종류의 사고·불행이나 갑자기 일어나는 일에 대해서 비교적 안심할 수 있는 것은 보험이라 하겠다. 나는 목욕탕에서 얻은 감기에 대해서까지 보험에 가입하라고 하는 것은 아니다. 우리는 언제나 돈이 준비되어 있는 것이 아니다. 그래서 뜻하지 않게 닥치는 커다란 불행에 대해서는 필히 보험에 가입하라고 말하는 것이다. 보험은 확실히 안전하다.

예를 들면 내가 알고 있는 부인이 지난해 병원에 10일간 입원해 있었다. 그녀가 퇴원하자, 뜻밖에 80달러의 보험안내 통지서가 와 있었다. 그녀는 상해보험에 가입되어 있었던 것이다.

법칙 7 생명보험은 미망인에게 현금으로 일시에 지불하지 못하게 해 두어라

만일 당신이 그대의 유족을 위하여 생명보험에 가입하고 있다면, 당신의 보험금이 현금으로 일시에 지불되게 하지는 말라는 것이다. '새로운 돈

을 수중에 넣은 새로운 미망인'에 대해 어떤 일이 일어나리라 생각되는가?

그것은 S. 에바리 부인에게 대답을 들어보기로 하자. 그녀는 뉴욕 보험 협회의 부인부장이었다. 그는 전 미국의 부인구락부에, '생명보험금으로 일시에 미망인에게 지불하는 것은 현명한 방법이 아니다. 차라리 그 돈으로 일생을 통하여 수입이 될 수 있는 길을 강구해 주는' 것이 옳다고 역설했다.

그녀는 현금으로 2만 달러를 받은 어느 미망인의 예를 들고 있다. 그 미망인은 그 돈으로 자식에게 자동차 부속품 판매업을 시켰다. 그런데 사업은 실패로 끝나고 미망인은 궁지에 처해 고생하고 있다고 말했다. 또 다른 한 부인은 말 잘하는 부동산 세일즈맨에게 구설로 넘어가서 보험금의 전부를 '1년 이내에 필히 값이 오를' 땅에 투자하였으나, 3년 후에는 산 값의 10분의 1의 가치밖에 되지 않았다는 것이다.

생명보험금을 1만 5천 달러를 받아서 1년 사이에 모두 탕진하고는 아이들의 양육을 아동복지협회에 의탁한 미망인도 있다. 이와 같은 비극은 모두 가치없는 무계획에서 오는 것이다. "부인의 손에 전해진 2만5천 달러의 돈의 생명은 평균 7년 정도이다."라고 〈뉴욕 포스트〉지의 경제부장 F. 포다가 〈레디스 홈 차넬〉지에 서술했다. 몇 년 전에 〈이브닝 포스트〉지에 다음과 같은 사설이 기재되어 있었다.

"어떤 실무에 관하여 교육도 받지 못하고 조언을 해 줄 은행가도 모르는 보통 미망인이 교활한 세일즈맨의 입에 현혹되어 생명보험금을 주식에 투자하고 만 실례가 많다. 많은 미망인이나 고아가 그들을 먹이로 하여 생활하고 있는 교활한 악한 자들을 믿은 나머지, 현명한 인간이 오랜 기간에 저축한 전 재산을 손쉽게 넘겨 줘버린 실례가 비일비재하다."

만일 당신이 미망인과 아이들을 지키고 싶다면 현명한 J. P 몰간의 방법을 배울 것이다. 그는 유언에서 재산을 16인의 유족에게 남겼다. 그 중의 12인은 부인이었는데 몰간은 그들에게 대해서 현금을 주지 않았다. 그는 그것을 신탁예금을 하고서 그들의 생존 기간 동안 매월 일정한 금액의 생활비가 지출되게 하였던 것이다.

법칙 8   돈에 대해서 책임지는 여성으로 교육시켜라

나는 예전부터 〈라이프〉 지상에서 읽은 하나의 창의적인 것을 잊어버릴 수가 없다. 그것을 생각해 낸 것은 웨스든 달드르라 하는 부인이었다. 그것은 그녀가 어떻게 어린 자식에게 돈에 대한 책임감을 심어주었는가를 서술한 것이었다.

그녀는 은행에서 받은 일정액을 아홉 살 된 딸에게 주었다. 어린 딸은 매주 용돈을 받았는데 그것을 어머니에게 맡겼다. 어머니는 딸로 인하여 은행 역할을 하게 된 것이다. 그래서 딸은 돈이 필요할 때는 어머니에게서 일정액을 받아갔다. 이렇게 하여 잔액이 얼마인가를 생각하게 되었다. 소녀는 이런 방법에 흥미를 느낀 것은 말할 필요도 없지만 동시에 자기의 돈에 대해서 책임감을 갖게 되었다는 것이다.

DALE CARNEGIE

5
정신과 원기를
얻는 법

- 무엇이 우리를 피로하게 하는가,
  그의 대책은?

- 언제나 젊게 살려면 고민하지 말라

- 피로와 고민을 예방하는 4가지 방법

- 피로와 고민을 가져오는 권태를
  없애는 방법

5. 정신과 원기를 얻는 법

하루가 끝날 때 자기에게 물어보라.
어떤 것이 나를 피곤하게 하는 것인가. 만일 피곤해 있다면 그것은 내가 한
정신적 노동 때문이 아니고 그것을 하는 방법이 나쁜 것이다.

무엇이 우리를 피곤하게 하는가, 그의 대책은?

여기에 놀랄 만하고 의미심장한 사실이 하나 있다. 그것은 다름이 아니라 정신적인 작업만으로는, 우리 인간은 피곤하지 않다는 것이다. 어쩌면 바보 같은 소리를 한다고 할는지 모르겠지만 사실은 과학자들이 인간의 두뇌가 피곤하려면 어느 정도 긴 시간을 필요로 하는가? 그것을 발견하려고 실험한 적이 있었다. 그들이 발견한 것은 뇌를 스쳐 가는 혈액이, 즉 활동 중에는 전연 피곤한 기색을 보이지 않았다는 것이다.

그날그날 힘든 일을 하는 노동자들의 몸에서 뽑은 혈액에서는 피곤을 유발하는 독소가 가득 차 있었으나 알베르트 아인슈타인의 뇌에서 뽑은 혈

액에서는 그것이 하루가 끝나는 시간에서도 피곤을 유발하는 독소는 보이지 않는다는 것이다. 뇌에서는 하루 8시간이나 12시간을 활동하고 난 후에도 처음 활동을 시작할 때와 마찬가지로 뇌는 조금도 피곤할 줄 모른다. 그러면 무엇 때문에 인간은 피곤해지는가, 피곤함을 느끼는 원인은 무엇인가?

정신병학자가 말하는 것을 인용하자면, 우리들이 피곤을 느끼는 대부분은 다름이 아니라 우리들의 정신적이며 감정적인 태도에 원인이 있다고 단언하고 있다. 영국의 유명한 정신병학자의 J. A 하터휠트는 그의 저서《힘의 심리》에서 말하기를, "우리의 괴로움인 피곤의 대부분은 정신적인 원인에서 온다. 순수한 육체적인 원인에서 오는 피곤은 실은 아주 적은 것에 불과하다."라고 서술했다.

미국의 저명한 정신병학자의 한 사람인 피릴 박사는 이보다 한층 발전적인 학술로, "건강한 사무원의 피로는 100% 심리적 요소로, 다시 말하면 감정적 요소가 원인이다."라고 단언했다.

그렇다면 어떤 종류의 감정적 요소가 사무원을 피곤하게 하는 것일까? 즐겁다든가, 만족하다든가, 또는 불쾌하다든가, 유쾌하다든가, 굴욕과 원한, 정당하게 평가받지 못하고 있다는 기분과 계속 일을 하고 있다는 기분·초조·불안·번뇌 등 이러한 감정적인 요소가 사무원들을 피곤하게 하여 감기에 걸리고 일의 능률이 낮아져서 신경질이 나고, 따라서 두통을 앓는 채 집으로 돌아가는 것이다. 우리는 자기의 감정이 신체 내에서 신경 세포를 긴장시킴으로써, 피곤해지는 것이다.

이러한 사실을 지적한 책자에 기술하기를,

66 격심한 업무에서 비롯된 피곤함을 종합해 보면 충분한 수면과 휴식을 취함으로써 회복된다. 번뇌와 긴장과 감정의 혼란이 피곤의 3대 원인이다. 육체나 정신적으로 부담을 자주 느끼고 있는 그 것 자체가 커다란 원인이다. 긴장해 있는 근육, 즉 활동하고 있는 근육이라는 것을 잊어서는 안 된다. 그러므로 우리는 많은 일을 하기 위한 에너지를 간직하여야 한다."

지금 즉시 일을 멈추고 자기 자신들을 검토해 보라.

이 책을 읽는 동안에 당신은 책을 뚫어지게 바라보고 있지 않은가? 눈과 눈 사이에 긴장을 느끼고 있지 않은가? 긴장한 자세로 의자에 앉아 있지 않는가? 어깨를 으쓱 올리고 있지는 않은가? 얼굴에 굳은 표정을 짓고 있지 않는가? 만일 당신은 전신이 헝겊으로 만든 인형처럼 자연스럽고 부드럽지가 않다면 당신은 이 순간에도 정신적인 긴장과 근육적인 긴장을 하고 있는 것이다. 다시 말하자면 당신은 신경적인 긴장으로 인한 피곤과 근육적인 긴장으로 인한 피곤을 느끼고 있다. 그렇다면 왜 우리는 정신적인 노동을 하는데, 긴장하는 것인가?

조스린은 말하기를, "어려운 일일수록 노력하는 정신이 필요하다. 그 노력이 없다면 뭔가 이루어지지 않는다는 것을 우리는 알고 있다. 노력이 필요하다는 것을 알고 있는 것 자체가 커다란 장애이다."라고 했다. 그러므로 우리들은 정신을 집중하여 책을 읽을 때는 얼굴 표정을 굳어 있고 어깨를 추켜세운다. 이 행동은 이미 노력을 하겠다는 동작이므로 근육에 힘을 주게 된다. 그러나 그것은 어디까지나 뇌 움직임의 도움이 없어서는 이루어지지 않는다. 즉 뇌의 활동이 동시에 일어난 것이다.

여기에 놀랍고도 가슴 아픈 진리가 있다. 돈을 낭비한다고는 꿈에도 생각지 못하는 대부분의 사람들이 술을 마시고 취해서 비틀비틀하는 것과 같이 그들은 또한 에너지를 낭비하고 있다는 것이다.

그렇다면 이 신경의 피곤에 대하여 어떠한 대책은 없는가! 그것은 바로 휴식이다. 휴식! "일을 하려거든 휴식하는 재주를 배워라!" 쉬운 일이라고? 천만에! 아마 당신은 당신의 습관을 크게 전환하지 않고서는 되지 않을 것이다. 그러므로 그것은 노력해야 할 가치가 있다. 그리하여 당신의 생애에 일대 혁명이 올지도 모르는 일이 아닌가.

윌리엄 제임스는 그의 〈휴양의 복음〉이라는 에세이에서 다음과 같이 서술하고 있다.

> 66 미국인은 지나치게 긴장하고, 작은 일에도 기를 쓰고 쉽게 탄식하고 강박감을 느끼고 통탄스런 표정을 짓는다. 이것은 실로 아주 나쁜 습관으로서 반드시 고쳐야 한다."

긴장은 습관이다. 휴식도 습관이다. 나쁜 습관은 버려야 하는 것과 마찬가지로 좋은 습관은 잘 키워야 한다.

그렇다면 나쁜 습관을 어떻게 버려야 하는가? 어떻게 고쳐야 하는가? 마음부터 고쳐 나가야 하는 것일까? 그러나 어느 쪽도 아니다. 항상 근육을 쉬게 하는 것부터 시작해야 한다.

그럼 어떻게 근육을 쉬어야 하는가? 한 가지 시도해 보기로 하자. 눈부터 시작하자. 이 구절을 다 읽고 나면 눈을 감아라. 그리고 조용하게 눈을 향하여 말하라. "쉬어라, 쉬어라. 긴장하지 말라. 얼굴을 찡그리지 말라. 그리고 쉬어라, 쉬어라." 1분간 몇 번이라도 이렇게 조용히 말을 계속하라. 2, 3초 계속하면 당신은, 눈의 근육이 그것으로 끝인지 시작인지 직감할 수 없지만, 또는 누구의 손이 와서 긴장을 가져갔는지 느낄 수 없지만, 아마 이런 것들을 믿지 않을지도 모르지만, 하여튼 당신은 1분간에 휴양하는 기술의 모든 핵심요소와 비결을 얻을 것이다. 턱과 얼굴의 근육, 목·머리·어깨 등도 똑같은 방법으로 휴식을 취하게 한다. 그러나 제일 중요한 곳은 눈이다.

시카코 대학의 에드먼드 자콥슨 박사는 모든 사람은 눈의 근육을 완전히 느슨하게 할 수만 있다면 모든 번뇌를 잊을 수 있다고까지 말하였다. 그렇다면 어째서 눈 신경 피곤을 없애는 것이 그렇게 대단히 어려운가? 눈은 우리 몸에서 소비하고 있는 전체 신경 에너지의 4분의 1을 소비하고 있다. 시력이 완전한 대부분의 사람들이 눈의 피로로 고민하는 이유도 여기에 있다. 그들은 눈을 긴장시키고 있다.

유명한 소설가 유기 흄이 어린 시절에 한 노인으로부터 아주 중요한 교훈을 얻었다. 그녀는 잘못하여 넘어져서 손목에 상처를 입었다. 그때 노인은 서커스단의 소품을 챙기는 일을 맡은 사람이었는데 그녀를 도와 일으켜 주고 그녀의 몸을 털어 주면서 이렇게 말했다. "네가 넘어져 다친 것은 몸을 편히 하는 방법을 모르고 있기 때문이에요. 다시 말하자면 몸을 고무줄이나 늘어나는 나일론 양말처럼 부드럽게 만들지 않은 탓이야. 그럼 내가 그 방법을 보여 줄 테니 잘 보도록 해요."

노인은 그녀와 다른 아이들에게 넘어지는 방법과 뛰어넘는 요령, 그리고 재빨리 일어나는 동작을 보여 주었다. "자기를 늘어나는 고무줄로 생각하는 것이다. 그리고 언제나 어깨를 편안히 해야 한다."라는 말을 들려 주었다. 당신은 언제 어디서든 어디를 가든지 아주 여유 있게 행동하라. 그러나 여유 있게 하려고 노력해서는 안 된다. 여유 있게 하고 일체의 긴장과 노력이 없게 할 것이다. 어떠한 잡념도 없는 상태에 이르는 것이다. 먼저 눈과 얼굴의 근육을 쉬게 하면서 몇 번이고, "쉬어라…… 쉬어라…… 아주 여유 있게 쉬어라."라는 말을 되풀이하는 것이다.

그렇게 하면 에너지는 얼굴의 근육으로부터 시작하여 몸 전체에까지 천천히 흘러 들어가는 것을 알게 된다. 그리고 갓난아기처럼 긴장으로부터 해방되는 것이 틀림없다.

대단히 유명한 소프라노 가수인 가리 구르즈도 그렇게 했다. 헤렌 제프슨이 내게 말하기를 언제나 그녀는 무대가 열리기 전에는 의자에 깊숙이 앉아 있었는데 몸의 모든 곳을 잠을 자듯이 축 늘어뜨리고 있었다고 했다.

다음으로 여유 있게 하는 방법을 알기 전에 우선 실효성 있는 다섯 가지를 서술하자.

❶ 이 문제에 관하여 가장 좋은 책 중의 하나인 힌크 박사의 《신경적 긴

장에서 해방》을 읽을 것. W. 조스린의 《왜 피곤해 있는가》를 읽어 볼 가치가 있다.

❷ 언제든지 여유 있으라. 몸을 고무줄처럼 탄력 있는 자세를 취하라. 나는 언제나 헌 나일론 양말 한 짝을 책상 위에 올려놓고 있다. 언제든지 누굴누굴하게 있는 것을 잊어버리지 않게 하려는 것이다. 양말이 없을 때는 고양이라도 좋다. 따뜻한 날 잠을 자고 있는 어린 고양이를 본 일이 있을 것이다. 그럴 때 고양이의 두 발은 아래로 축 늘어져 있을 것이다.

나는 오늘날까지 피곤한 고양이나 신경쇠약증에 걸린 고양이나 불면증·번뇌·위험 등에 처하는 고양이를 본 일이 없다. 당신이 고양이처럼 여유 있는 방법을 알았다면, 분명히 이와 같은 불행을 초래하지 않았을 것이다.

❸ 될 수 있는 한 편안한 자세에서 활동하라. 신체의 긴장은 어깨에 남아서 신경피로를 불러일으킨다는 것을 잊지 마라.

❹ 하루에 4, 5회씩 자기를 검토해 볼 것. "나는 이 일을 실제 이상으로 피곤하게 만들고 있지 않은가? 나는 이 일에 관계 없이 근육을 사용하고 있지는 않은가?"

하고 자기 자신에게 물어보라. 이것은 여유 있는 습관을 만드는 방법의 하나이다.

❺ 하루가 끝날 때 자기에게 물어보라. "어떤 것이 나를 피곤하게 하는가. 만일 피곤해 있다면 그것은 내가 한 정신적 노동 때문이 아니고 그것을 하는 방법이 나쁜 것이다."

다니엘 조스린은 말하고 있다. "나는 하루가 끝날 때 일의 결과로 얼마만큼 피곤해 있는가를 따지지 않고 얼마만큼 피곤해 있지 않은가를 따진다. 하루가 끝날 때, 이상하게 피곤을 느끼는 날이면, 그 날은 일한 양과 질이 전부 효과 이상이었다는 것을 알게 된다."

이와 같은 교훈을 배운다면, 지나친 긴장으로 인한 사망률이 상당히 줄어들 것이다.

그리고 피곤과 걱정에 찌들어 낙오되거나 지친 사람들로 요양소나 정신병원이 만원이 되는 일은 없을 것이다.

언제나 젊게 살려면 고민하지 말라

어느 해 가을 날이었다. 나의 친구 한 사람이 세계 최고 진료기구인 의학회에 참석하기 위하여 보스턴으로 갔다. 〈의학회〉 그것은 보스턴 의료원에서 주 1회 개원하는 것인데, 여기에 나올 수 있는 환자는 미리부터 정기적으로 철저한 건강진단을 받지 않으면 안 된다.

그러나 이 의학회는 실제로는 심리학 관련 진료소이다. 정식으로 〈응용심리학회〉라고 했으나, 그 본래 목적은 '번뇌로 인한 병'을 얻은 사람들을 다루는 곳이다. 그러므로 환자 대부분이 감정적으로 이상이 있는 주부들이었다.

이 의학회는 실제로 질병 증상을 찾기 어려운 환자들 때문에 생겨났다.

윌리엄 오즈라의 교육을 받은 조셉 프라트 박사가 〈보스턴 의료원〉에 오는 많은 환자들을 보았을 때 모두 육체적인 이상은 하나도 없는데, 실제로는 질병 증상을 보이는 사실에 놀랐다. 어느 부인의 손은 관절염으로 대단히 굽어서 전혀 자연스럽지 않았다. 또 다른 부인은 위암의 증후가 있어 고민하고 있었다. 다른 사람들도 등과 허리가 아프다든가, 두통으로 인한 만성적인 피곤을 느낀다든가, 하물며 막연히 통증을 호소하기도 하였다.

그들은 실제로 이렇듯 고통을 느끼고 있었다. 그러나 철저하게 건강진단을 한 결과를 살펴보면 육체적으로는 어느 곳이고 이상이 있는 것을 발견하지 못했다.

옛날 의사들이라면 '기분 탓이다, 상상에서 오는 것'이라고 말하고 말았을 것이다. 그러나 프라트 박사는 이 환자들에게 집에 돌아가서 그것을 잊어버리는 것이 제일 좋은 방법이라고 말했지만, 그들은 그것을 깨닫지 못했다. 물론 이 부인들도 모두 병에 걸리고 싶지는 않았다. 간단하게 병을 잊을 수 있는 것이라면 이미 자기들도 해본 터였다. 그러면 어찌해야 좋은가? 프라트 박사는 일부의 의사들과 관계자들의 반대를 무릅쓰고 이 〈의학회〉를 발족한 것이다. 그래서 이 의학회는 보이지 않는 업적을 세웠다.

의학회를 개설한 이래 18년간에 수천 명을 헤아리는 환자들이 이 학회에 출석하여 병을 고쳤다. 환자들 중에는 교회에 나가는 것처럼 종교적인 열의를 가지고 매년 출석하기도 했다. 나의 조수가 말하기를 9년 동안이나 빠지지 않고 출석한 어떤 부인이 있었다고 했다. 그녀는 처음으로 진료소에 있을 때 자기는 가슴앓이를 앓고 있었으며 무언가 심장병이 있다고도 확신했다. 그녀는 마음이 괴롭고 긴장한 나머지 때때로 눈앞이 캄캄해져서 아무것도 보이지 않을 때도 있다고 말했다. "나는 가정에서 말다툼으로 고민하여 일찍 죽고 싶다고 생각하였습니다. 그러나 이 진료소에서 번뇌의 무익함을 깨달았습니다. 나는 번뇌를 고치는 것을 알았습니다. 지금 나의 생활은 정말 평온해졌습니다."

이 의학회의 의학 고문인 로스 리라와디크 박사는 번뇌를 없애는 가장 좋은 방법은,

"누구든 신뢰하는 사람에게 고민을 털어버리는 것이다. 환자들은 이곳에 올 때는 상세히 자기의 번뇌를 털어버리면 그것을 마음속에서 완전히 추방할 수 있게 된다. 혼자서 생각하고, 혼자서만 가슴에 품고 있는 한 커다란 신경적 긴장을 초래한다. 우리는 자기가 가지고 있는 번뇌를 나누거나 합쳐야 한다. 이 세상에는 자기의 번뇌를 들어주는 사람이 있다는 것을 느끼지 않으면 안 된다."라고 말하고 있다.

나의 조수는 어떤 부인이 자기의 번뇌를 떨쳐내고 나니 청청히 맑은 날과 같은 기분이 되었다는 것을 입증했다. 그녀의 고민은 가정 문제였다. 처음 그녀가 이야기를 시작했을 때는 잠재적으로 상당한 긴장 상태였으나 차차 이야기를 이끌어나감으로써 그 긴장감이 풀리기 시작했다. 상담이 끝났을 때는 그녀의 얼굴에 미소가 떠올랐다.

그럼 문제가 해결된 것인가? 아니다. 그렇게 간단하지는 않다. 그녀의 기분이 변화된 것은 '누구에게 털어버렸기' 때문이다. 작은 것이지만 충고와 동정을 받아들였기 때문이다. 그녀의 심경을 변화시킨 커다란 치료의 효과는 말의 뜻에 포함되어 있는 것이다.

정신 분석학적으로 볼 때 어느 정도는 이 말의 뜻을 치유력의 토대로 하

고 있다. 정신 분석학자들은 어느 정도 환자가 이야기를 나눌 수 있게 되면, 환자는 마음속의 불안을 떨쳐내고 차차 안심을 한다는 것을 알고 있다. 왜냐하면 이야기하는 과정에서 자기들의 번민을 어느 정도 분명히 밝힐 수 있기 때문이다. 즉, 사물의 무게를 판단할 수 있다.

그러나 사실 진정한 답은 그 누구도 모른다. 그러므로 우리는 누구에게나 '털어 버릴 것, 가슴에 뭉쳐 있는 것을 토해 낼 것'을 권한다. 이것이 안심감을 불러온다는 것을 알고 있다. 따라서 지금도 우리는 무언가 걱정되는 일이 생기면 그것을 털어버릴 수 있는 사람을 찾으려고 한다. 물론 나는 손쉽게 만나는 사람 아무나 잡고 울며 늘어놓는 어리석은 짓을 하는 것이 아니고, 믿을 수 있는 사람을 선정하여 의논을 청하는 것이다. 친지·의사·변호사·목사 등이 대상이 될 수 있다.

그리고 그 사람들에게 말한다. "나는 당신의 조언을 듣고 싶습니다. 내 얘기를 들어주십시오. 조언을 들을는지 모르지만, 당신에게는 나 자신이 느끼지 못하는 다른 각도에서 다른 면이 보일지 모릅니다. 만일 당신에게 보이지 않는다 해도 당신이 나의 얘기를 처음부터 끝까지 들어주신다는 것만으로도 저는 감사합니다."

만일 정말로 이야기를 들어주는 사람이 한 사람도 없다고 생각한다면, 여기서 '인명구조동맹'의 이야기를 해 보자. 이것은 〈보스턴 진료원〉과는 아무런 관계가 없다. '인명구조동맹'이란 세계에서 가장 희귀한 동맹 중의 하나이다. 그것은 원래 자살을 방지하기 위해서 만들어졌다. 그러나 연륜이 쌓이면서 사업의 범위가 확대되어 지금은 불행한 사람들과 고민하고 있는 사람들에게 정신적인 조언을 해 주고 있다. 나는 그 동맹에서 불행한 사람들에게 조언을 해주고 있는 모네 프넬 양과 이야기를 나눈 적이 있었는데, 나에게 이 책을 읽는 독자에게서 오는 편지에 즐겁게 회답해 줄 것을 나에게 약속해 주었다.

그러나 나는 누구든 개인적인 이야기를 들어주는 사람이 있는 곳에 가는 것을 권하고 싶다. 왜냐하면 그 편이 당신을 크게 안심시켜줄 것이기 때문이다. "번뇌를 모두 이야기할 것." 이것은 〈보스턴 진료원 의학회〉에서 응용하고 있는 방법이지만, 그 외에 다른 방법도 있다. 이것은 주부로서 당신이 가정에서 실행할 수 있는 방법이다.

❶ 감명받을 수 있는 책들을 모아 둘 것. 노트를 이용하여 기록해 둘 것.

그 중에서 당신을 감동시키고 향상시키는 시라든가 아니면 짧은 기도문 같은 인용문을 잘라 노트에 붙여 두자. 흐린 날이나 비가 오는 오후라든가, 무엇인가 기분이 우울할 적에 이 노트 안에서 기분을 맑게 해줄 시나 기도문을 읽는다. 〈보스턴 진료원의 의학회〉를 찾아오는 환자 중에는 몇 해 동안 계속해서 이 노트를 만들고 있는 사람이 많았다. 그들은 그것을 가리켜 부르기를 '가슴속의 주사'라고 했다.

❷ 타인의 결점에 언제까지나 구애되지 않도록 할 것.

분명히 말해서 당신의 남편에게도 결점은 있다. 그가 성인이었다면 당신과는 결혼하지 않았을 것이다. 말이 많고, 어리석고, 얼굴이 야윈 부인이 있었는데, "주인이 돌아가시면 어떻게 하지요?" 하는 질문을 들었을 때, 순간 눈이 감겼다. 그리고 그녀는 깜짝 놀라서 남편의 장단점을 종이에 적어보았다.

당신이 전제적인 폭군과 결혼했다고 후회가 되거든 당신도 이와 같이 한번 해 보는 것이 좋다. 그의 좋은 점을 전부 적어보면 그가 이상적인 남성이었다는 것을 알게 되리라.

❸ 가까운 사람들에게 관심을 가질 것.

당신과 함께 같은 마을에서 가까이 사는 사람들에게 우호적으로 대하라. 그들과 더불어 건전한 관계를 유지하고 주위에 흥미를 깊게 갖기 시작하는 것도 좋다. 굉장히 배타적이고 자기에게는 한 사람의 벗도 없다고 생각하는 부인에게 다음 어느 때, 누구든 만나면 무슨 말이든 이야기해 보라는 주문을 했다. 그랬더니 그녀는 시내 전철 안에서 학회에 나오는 사람들의 배경과 주위 생활을 상상해 보았다. 그리고 그 즉시 남에게 이야기를 건네보았다. 그 결과, 지금까지의 번민이 사라지고 행복한 사람, 좋은 사람으로 변모할 수 있었다.

❹ 잠자리에 들기 전에 내일 일을 스케치해 둘 것.

의학회에서는 대부분의 주부들이 마땅히 해야 할 일을 제대로 소화해내지 못하는 것으로 알고 있다는 것을 발견했다. 일을 다 해치웠다고 생각한 적이 없는 것이다. 그들은 언제나 시간에 쫓기고 있는 기분과 번뇌를 낮게 하기 위해서 매일 밤 다음날 일을 스케치하라고 말했다.

그러면 어떻게 되었을까? 참으로 큰일을 완료하게 되고, 피곤은 줄어들고, 자랑스럽게 일을 성취했다는 기쁨이 생겼으며, 또한 쉬는 시간과 화장할 수 있는 시간도 얻었다. 부인들은 매일 화장하는 시간을 가질 필요가 있다. 자기의 아름다움을 알고 있는 부인은 신경쇠약 같은 증세는 걸리지 않는다.

❺ 긴장과 피곤을 피할 것, 누그러질 것, 여유를 가질 것.

긴장과 피곤 정도로 당신을 빨리 늙게 하지는 않는다. 이런 것으로 당신의 생기 있는 아름다움을 해치지는 않는다.

나의 조수는 보스턴의 〈사상조절학회〉의 폴 E 존슨 박사 지도하에 단식체조를 하고 있었는데, 10분 후에 그녀는 털썩 의자에 깊이 앉자마자 잠이 들었다는 것이다. 번뇌를 쫓아내는 데는 여유를 가지는 것이 무엇보다 절대적으로 중요하다.

당신은 주부로서 여유를 가져야 한다. 당신에게는 대단히 좋은 것이 있다. 당신은 언제든지 바닥이 보이면 옆으로 누울 수 있다. 침상에서도 옆으로 누울 수 있다. 불가사의한 것은 딱딱한 침상이 몸을 누그러뜨리는 데는 더욱 적당하다는 점이다. 저항이 강한 등판이 되는 것이다. 그러면 가정에서 할 수 있는 몇 가지의 운동을 서술할까 한다. 일주일 동안 계속한 후, 당신은 당신의 용모와 성격에 어떤 효과가 생겼는지 살펴주기 바란다.

❶ 피로했다고 느껴질 때에 침상에 옆으로 누워, 가능한 한 쭉 뻗는다.

이것으로도 족하다. 하루에 두 번씩 실행한다.

❷ 눈을 감아라. 그리고 다음과 같은 것을 외워도 좋다.

"태양은 머리 위에서 빛나고 있다. 하늘은 파랗게 떠 있다. 자연은 세계를 지배하고 있다. 나는 자연의 일부이며 우주와 조화를 이루고 있다." 이런 말을 기도처럼 읊조리는 것이 훨씬 좋을지도 모른다.

❸ 만일 옆으로 누울 수 없다면, 의자에 허리를 붙이고 앉아도 같은 효과를 가져올 수 있다. 역시 몸을 누그러뜨리는 데는 단단하고 반듯한 의자가 적합하다. 조각상처럼 똑바로 의자에 앉아서 손바닥을 아래로 하고 무릎 위에 얹는다.

❹ 천천히 손톱 끝을 긴장시킨 후, 차츰차츰 풀어준다. 발의 근육을 긴장시킨 후, 차츰차츰 풀어준다. 전신 근육을 아래에서 위로 같은 운동을 한다. 그리고 목을 뽑는다. 머리를 공처럼 힘있게 돌린다. 그러는 동안에 쉬어라, 쉬어라 …… 하고 말을 계속하라.

❺ 천천히 안정시킨 호흡으로 신경을 늦추고, 심호흡을 한다. 리드미컬한 호흡은 신경을 늦추는 데 무엇보다 좋은 방법 중 하나이다.

❻ 당신 얼굴의 주름이나 피부가 거칠어진 것을 알아차리고 그것을 없애라. 하루에 두 번씩 그렇게 하면 미장원에 가서 마사지할 필요가 없다. 주름은 분명히 사라지리라.

피로와 고민을 예방하는 4가지 방법

방법 1 ▶ 당장 필요한 서류 이외는 모두 책상에서 치워라

시카고에 있는 노스 웨스턴 철도회사 사장인 롤랜드 L. 윌리엄스는 말한다.

> 66 여러 가지 서류를 책상 위에 산같이 쌓아 두는 사람이 있으나, 지금 즉시 필요치 않은 것을 모두 치워버린다면 업무를 더 수월하고 정확하게 해낼 수 있다. 나는 이것을 가장 중요한 습관이라고 본다. 이것이야말로 작업의 효율성을 향상시키는 첫걸음이다."

워싱턴에 있는 국회도서관 천장에는 시인 포프의 "질서는 하늘의 제1법칙이다"라는 시구가 새겨져 있다. 질서는 모든 일의 제1법칙이기도 하다. 그러나 대부분의 비즈니스맨의 책상 위에는 일주일 내내 볼 일이 없을 것 같은 서류가 널려 있다. 사실 한 신문사 발행인이 내게 이야기한 것인데, 그의 비서가 책상 하나를 치웠더니 2년 전에 잊어버렸던 타자기가 나왔다는 것이다. 답장 보내지 않은 편지, 보고서, 메모지 등이 잔뜩 쌓여 있는 책상은 보기에도 혼란스럽고 긴장과 어지러움을 일으키는 데 충분하다.

그보다 더 좋지 않은 것이 또 있다. 그것은 이런 것! "하지 않으면 안 되는 잡다한 일은 많고, 그것을 할 시간이 없다."는 것이다. 이것은 사람에게

긴장과 피곤을 가중시켜서 고혈압·심장병·위암 등을 발생케 하는 원인이 될 수도 있다.

펜실베니아 대학 의학부 교수인 존 H. 스도크 박사는 지난 미국의학협회에서 "장기에 관련된 병, 기능적 노이로제"란 논문에서 〈환자의 정신상태에 대한 고찰〉에 대해서 11개의 조건을 제시했다. 그의 제1의 항목은 다음과 같다.

> ❝ 하지 않으면 안 된다는 강박관념, 혹은 의무감, 직접 하지 않으면 못 견디는 끝이 없는 긴장감."

그러나 '책상 위를 정돈하는 결단을 내릴 수 있는 기본적인 방법'은 매우 중요하다. 유명한 정신병학자인 윌리엄 L. 새들러 박사는 이 간단한 공부를 함으로써 신경쇠약을 치료한 환자의 이야기를 들려 주었다.

그는 시카고에 있는 대기업의 임원이었는데 새들러 박사를 찾아왔을 때는 긴장하고 조급하고 번민하고 있는 모습이 마치 죽음 직전과 같았다. 그렇지만 사업을 그만 둘 수는 없었다. 그래서 의사의 조언을 구한 것이다.

새들러 박사는 말했다. "그와 이야기를 나누고 있을 때 전화벨이 울렸습니다. 그것은 병원에서 온 것이었어요. 저는 그 용건을 즉시 처리했습니다. 그것이 제 방침이었거든요. 그런데 그 일이 끝나자마자 또 전화가 걸려왔습니다. 긴급한 문제여서 이번에는 이야기를 길게 계속했습니다. 세 번째의 방해자는 제 동료의 방문이었습니다. 그는 중환자의 조치에 필요한 저의 의견을 듣고자 찾아왔습니다. 그 일을 마치자, 저는 손님에게 너무 오래 기다리게 하여 미안하다고 사과했습니다."

그런데 그는 상당히 밝은 기분이 되어 있었다. 그는 새들러 박사에게 말했다. "괜찮습니다, 선생님. 이젠 어떤 방법인지 알 것 같습니다. 선생님을 기다리는 20분간에 저는 저의 잘못을 찾아낸 것 같습니다. 저는 사무실에서 돌아가서 곧바로 일하는 습관을 고치겠습니다. 그 전에 선생님, 실례지만 책상 속을 좀 보여 주시겠습니까?"

새들러 박사는 책상 안을 보여 주었다. 아주 깨끗했다. "처리하지 않은 서류는 어디에 있습니까?" 하고 환자는 물었다. "모두 처리했습니다."하고 새들러 박사는 대답했다. "답장을 보내지 않은 편지 같은 것은요?" "한 통도 없습니다. 저는 즉시 답장을 해주고 있습니다."

그리고 6주 후에 그 대기업 임원은 새들러 박사를 그의 사무실로 초대했다. 그는 변해 있었다. 그리고 그의 책상도 달라져 있었다. 책상을 보여 주고, 책상 서랍 안에서 미결된 서류가 없음을 보여 주었다. 그가 이렇게 말했다. "저는 6주 전만 해도 두 곳의 사무실에 세 개의 책상을 갖고 있었습니다. 책상에는 미해결 서류가 잔뜩 쌓여 있었습니다. 일을 끝마칠 수가 없었습니다. 그 후 선생님과 이야기를 나누고 돌아와서 보고서와 헌책들을 전부 처리해 버렸습니다. 지금 저는 하나의 책상에서 일을 하고, 일이 생기면 즉시 처리하며, 미해결된 일로 쩔쩔맨다든가, 긴장하고 고민하는 일은 전연 없습니다. 그리고 대단히 놀라운 것은 제가 완전히 회복되었다는 사실입니다. 저는 이제 아무 데도 아픈 곳이 없습니다."

그리고 미국 최고 재판소 장관이었던 찰스 에반스 휴즈는 말했다. "인간은 과로가 원인이 되어 사망하지는 않는다. 쓸데없는 정력 소모와 고민이 원

인이 되어 사망한다." 다시 말하자면 인간의 죽음이란 정력의 낭비와 일을
마치지 못할 것이라는 고민에서 비롯된다는 것이다.

방법 2 ▶ 중요한 일부터 처리하라

시티즈 서비스 회사의 창립자인 헨리 L. 도허티는 돈으로는 살 수 없는
귀중한 재능이 두 가지 있다고 말했다. 여기서 대단히 귀중한 능력이란 첫
째 생각하는 능력이고 둘째는 중요한 것부터 일을 처리하는 능력이다. 최
하위직부터 시작하여 20년 만에 펩소던트 회사의 사장으로 출세한 찰스럭
맨은 헨리 L. 도허티가 말한, 보이지 않는 두 가지 재능을 가지고 성공했다
고 단언했다.

그리고 찰스럭맨은 말했다.

> 66 나는 아침 5시에 일어납니다. 왜냐하면 이른 아침에는 생각
> 이 잘 되기 때문입니다. 하루의 계획을 세우고, 일의 중요도에 따라
> 처리할 계획을 세우는 것은 아침에 해야 하는 일입니다. 계획을 세
> 우는 데는 아침 5시를 넘으면 안 됩니다."

미국에서 가장 성공한 보험 판매원인 프랭크 베트거는 하루의 계획을 세
우는 데 아침까지 기다리지도 않았다. 그는 이미 전날 밤에 그것을 계획하
여, 다음날 처리할 보험 액수를 결정한다. 만일 처리하고 남은 금액이 있으
면 그것은 다음날의 목표액에 추가시키는 것이다.

나는 나의 오랜 경험을 통해, 인간은 당연히 모든 일을 그 중요성에 따라 처리하기 어렵다는 것을 알고 있다. 그러나 가장 중요한 일을 가장 먼저 한다는 계획이 '이것을 할까, 저것을 할까' 하는 것보다 어디까지나 효율적이라는 것을 알고 있다. 조지 버나드 쇼가 제일 중요한 일을 가장 먼저 한다는 엄중한 법칙으로 정하지 않았다면 그는 틀림없이 작가로서 실패하였으며, 일생 동안 은행의 출납계에서 일했을지도 모른다.

그의 계획은 반드시 하루에 5페이지 글을 쓰는 것이었다. 이 계획으로 그는 매일 노력해서 하루 5페이지를 계속해서 썼다. 그가 성공하지 못한 작가로 벌어들인 9년간의 소득은 30달러로, 하루 1센트씩이었다. 그러나 이렇게 매일 5페이지의 글을 쓰는 생활 규칙이 새로운 영감을 가져다 주었던 것이다. 심지어 로빈슨 크루소도 매일의 일을 계획하고 실천했던 것이다.

방법 3 문제에 직면하면 그것을 해결하라! 만일 결단이 필요하다면 결단을 연기하지 말라

나의 반 학생이었던 고 H. P. 하웰은 나에게 이렇게 말했다. 그가 U. S. 스틸의 임원이었을 때, 임원회의에서 언제나 긴 시간에 걸쳐 많은 안건을 심의해야 되니까 대부분 의결할 것이 남게 되었다. 그 결과 각 임원들은 많은 보고서를 집에까지 가지고 가서 연구해야 했다.

그래서 하웰 씨는 한 번에 한 의안을 내놓고 심의 결정하자고 제안하기로 전원을 설득했다. 연기한다든가 집에 가지고 가지 말 것, 새로운 보고서를 써야 하거나 어떤 일을 실행할 때나 실행하지 않을 때 등등, 여하튼 그것을 결정짓지 않고서는 다음의 안을 꺼내지 않도록 했다.

그 결과는 실로 놀라웠다. 모든 서류는 정리되고, 일정표는 깨끗이 처리되고, 보고서를 집에까지 가지고 갈 필요가 없게 되었다. 더욱이 미해결 문제로 머리를 어지럽히지 않는다는 점이었다. 이것은 스틸의 중역회의에서만 아니라 우리들에게도 좋은 방법이다.

방법 4 ▶ 조직화·권한 위임·지휘 감독하는 방법을 배워라

많은 경영인들이 자기의 일을 다른 사람에게 위임할 줄을 모르고 있다. 자기 혼자서 전부 끝내려고 덤벼들다가 아직 그럴 나이가 아닌데도 사망하기도 한다. 자질구레한 일로 정신을 차리지 못하게 되고 번민, 불안, 긴장, 초조감에 쫓기는 일상을 반복하다 보니 큰 병에 걸리거나 요절하기도 한다.

물론 자기의 책임을 타인에게 위임하는 것을 배우는 것이 어렵다. 나의 경험상으로 타인에게 권위를 위임함으로써 생기는 재앙도 알고 있다. 그러나 권위를 위임하는 것이 어려운 것이지만 중역들이 번민과 긴장·피로를 느끼지 않으려면 그것을 실행해야 한다. 큰 사업을 하는 사람으로 조직화, 권한 위임, 지휘 감독하는 방법을 배우지 못한 사람은 50세나 60세 초기에 긴장과 고민으로 인해 어느 날 갑자기 심장병으로 사망하는 일도 흔하다. 만약 당신이 그 실례를 알고 싶다면 신문의 부고란을 주의깊게 살펴보기 바란다.

피로의 주원인의 하나는 권태이다. 그것을 설명하기 위해 엘리스라는 속기사를 등장시켜야 하겠다. 어느 날 저녁 엘리스는 피곤한 몸을 이끌고 집으로 돌아왔다. 그녀는 정말 피로한 상태였다. 두통이 있고 등과 허리가 아팠다. 그녀는 저녁밥도 먹지 않고 곧바로 자리에 들고 싶었으나 어머니의 성화에 하는 수 없이 식탁 앞에 앉았다. 그때, 전화벨이 울렸다. 남자 친구에게서 걸려온 전화였다. 댄스파티에 초대한다는 것이다. 그녀의 눈은 빛났다. 갑자기 기운이 났다. 그녀는 2층으로 뛰어 올라가 무도회 복장으로 갈아입고 집을 나섰다. 그리고 날이 밝을 무렵 새벽 세 시까지 춤을 추었다. 그녀가 집에 돌아왔을 때는 조금도 피로한 기색이 없었다. 오히려 그녀는 너무나 즐겁고 기운이 솟구쳐서 잠을 자고 싶지 않을 정도였다.

그러면 엘리스는 8시간 전에는 정말 피로한 상태였던 것일까? 그때는 분명 피곤했다. 그녀는 자기의 일에 싫증을 느끼고 있었다. 또한 그녀는 인생 자체에 싫증을 느꼈을 것이다. 이렇듯 엘리스와 같은 사람이 우리 사회에는 수백만 명일 것이다. 당신도 그 가운데 한 사람인지도 모른다. 인간의 감정적 태도가 육체적 노력보다 한층 피로를 가져온다는 것은 분명한 사실이다.

수년 전에 철학박사 조셉 E 바멕 씨는 〈심리 기록〉에서 권태가 피로의 원인이 된다는 것을 입증하는 보고서를 발표했다. 그는 많은 학생들에게 전혀 흥미롭지 않은 테스트를 했다. 그 결과 학생들은 피로를 느끼고 졸음이 오고 두통과 눈의 피로를 호소하며 매우 초조한 기분이 되었다. 그중에는 위장의 통증을 호소하는 사람도 있었다.

이것은 상상이 아니라 현실이다. 이 학생들을 상대로 신진대사 테스트를 실시한 결과 사람은 권태를 느끼면 인체의 혈압과 산소의 소비량이 현실보다 감소되고, 사람이 자기의 일에 흥미와 즐거움을 느끼면 그 즉시 신진대사의 속도가 증가한다는 사실이 밝혀졌다.

인간은 무언가에 흥미를 느끼고 흥분되는 일에 몰두하고 있을 때는 전혀 피로를 느끼지 않았다. 예를 들면, 나는 최근 루이스 호반에 있는 캐나다의 로키산맥에서 휴가를 보냈다. 며칠간 코럴 그리크의 연안에서 몸보다 굵고 긴 나무가 빽빽한 숲을 헤쳐가며 나무뿌리에 걸려 넘어지거나 베어놓은 나무둥치 밑으로 빠지기도 했다. 그렇게 8시간을 계속해서 낚시질을 했는데도 나는 지칠 줄 몰랐다. 왜 그럴까? 내가 흥분하고 마음이 춤을 추고 있었기 때문이다. 나는 더 이상 뭐라고 형용하기 어려운 성취감에 취해 있었기 때문이다. 꽤 큰 물고기를 6마리나 잡았기 때문에 신이 나 있었다. 만약 내가 낚시에 싫증을 느꼈다면 어떤 기분이었을까? 나는 해발 7천 피트의 고지에서 힘에 벅찬 일을 해도 전혀 피로한 줄 몰랐다. 등산과 같은 힘든 활동을 할 때도, 소모적인 일 이상의 권태가 당신을 피곤하게 한다. 미니애폴리스의 은행가인 S. H. 킹맨 씨는 나에게 이 사실을 입증하는 이야기를 해 주었다.

1943년 7월, 캐나다 정부는 산악회에 〈특별 유격대원〉의 등산 훈련에 필요한 가이드를 선출해 보내줄 것을 요청했다. 킹맨 씨는 가이드로 선발되었다. 대부분 40세에서 49세 가량의 가이드들은 젊은 군인들을 인솔하여 빙하를 건너고 눈벌판을 지나고 40피트나 되는 절벽을 기어올랐다. 그들은 캐나다 로키산맥에서 두 번째로 높은 미카엘 봉과 소요호 계곡에 있는 이름 모르는 봉우리에도 올랐다. 이렇게 15시간에 걸친 등산을 마친 후 원기 왕성하던 젊은이들도 파김치처럼 피로에 지쳐버렸다.

그들의 피로는 이제까지 훈련되지 않은 근육을 사용했기 때문에 생긴 것이다. 벅찬 유격대의 훈련을 겪은 젊은이들은 처음에는 '이 정도는 충분히 감당할 수 있어.'라고 하면서 코웃음 쳤을 것이다. 그들은 등산에 권태를 느꼈기 때문에 피로해진 것이다. 그들은 피로가 극에 달하여 식사도 하지 않고 잠자리에 든 사람도 적지 않았다.

그러면 병사들보다 20여 살이나 나이가 많은 가이드들은 어떠했을까? 물론 그들도 피로했지만, 완전히 지쳐서 쓰러질 정도는 아니었다. 가이드들은 저녁 식사를 하고 몇 시간을 앉아서 그 날의 경험을 즐겁게 이야기했다. 그들이 지쳐 쓰러지지 않는 것은 등산에 흥미를 가지고 있었기 때문이다.

콜롬비아 대학의 에드워드 손다이크(Edward Lee Thorndike) 박사는 피로에 관한 실험에서, 몇 사람의 어떤 청년에게 끊임없이 흥미를 갖게 하여 약 일주일 간을 잠을 자지 않게 하였다. 여기서 박사는, "일에 대한 의욕 감퇴는 권태가 유일의 원인이다."라고 보고했다. 만일 당신이 정신적 노동자라면 일의 양으로 피로해진다고는 할 수 없다. 반대로 하지 않은 일의 양으로 피로해진다고는 할 수 있다. 자기가 하고 싶지 않은 일은 양이 많지 않아도 금방 피곤을 느낀다.

예를 들면 어느 하루 당신의 일이 쉴새 없이 일에 방해받았던 것을 생각해 보는 것이 좋다. 여러 군데서 온 편지에 답장도 쓰지 못했고, 약속을 지키지 않는 등 어려운 문제가 있었다. 그 날은 어떤 일도 잘 되지 않았다. 당신이 한 일은 모두 헛수고로 끝났다. 그래서 당신은 육체적으로나 정신적으로 매우 피로에 지쳐서 집으로 돌아온다.

그런데 다음 날은 모든 일이 잘 풀려나갔다. 전날보다 40배나 되는 일을 해결하였다. 그래도 끄떡없이 산뜻한 기분으로 집으로 돌아올 수 있었다. 당신에게 그런 경험이 있었을 것이다. 그런 일이 내게도 있었다.

여기서 나는 배울 수 있는 교훈을 찾았다. 우리가 느끼는 피로는 언제나 일을 하는 데서 비롯되는 것이 아니라 번민과 좌절, 분노 등이 원인이 되어 일어난다는 사실이다. 이 내용을 서술하고 있는 중에 나는 제롬 컨의 코미디 뮤지컬 〈쇼보트〉의 공연을 보았다. 안디 선장은 그의 철학적인 극 중에서 이런 말을 했다.

"스스로 즐기는 일을 하는 사람은 진정으로 행복한 사람이다."라고 말한다. 그들이 행복하다고 말하는 것은 보다 많은 열정을 가지며 행복감을 느끼고, 보다 적은 고민과 피로를 느끼기 때문이다. 당신의 흥미가 있는 곳에 활력이 넘쳐난다. 만약 불평 섞인 말로 가득 찬 아내와 나란히 1마일을 걷는 것은 사랑하는 연인과 10마일 걷는 것 이상으로 지친다.

그러면 어떻게 하면 좋을까? 어느 속기사의 일을 실례로 살펴보자. 오클라호마의 어느 석유회사에 근무하고 있는 속기사였다. 그녀는 한 달에 일주일은 상상도 할 수 없을 정도로 단조롭고 지루한 일을 하고 있었다. 인쇄된 임대차 계약서에 숫자와 통계를 기입하는 것이다. 그녀는 단조롭고 지루한 일에서 벗어나려고 일을 재미있게 바꿔보려고 시도했다. 그럼 어떤 일을 했을까? 그녀는 매일 자기 자신과 경쟁을 했다. 매일 아침 자기가 작성할 계약서의 수를 정해놓았다. 그런 다음 오후에는 그 이상의 것을 작성해

보려고 노력했다. 하루의 합계를 세고 다음 날에는 그 이상의 것을 작성하려고 노력했다.

그 결과는 어떠했는가? 그녀는 자기의 동료들보다도 많은 계약서를 작성할 수 있는 능력이 생겼다. 그녀는 거기에서 무엇을 얻었을까? 그것은 칭찬이나 감사, 아니면 승진? 혹은 월급 인상? 아니다. 그런 것이 중요한 것이 아니었다. 그것은 권태에서 비롯된 피로를 방지하는 데 더 없는 효율적인 방법이었다. 그것은 그녀에게 정신적인 안정을 가져다 주었다. 그리고 권태스러운 일을 흥미로운 일로 바꿔낸 것이다. 그녀는 지금까지 열의를 갖고 그이상의 여가를 즐겁게 보내게 됐다. 나는 이 이야기가 사실이라는 것을 증명할 수 있다. 왜냐하면 나는 그 속기사와 결혼했기 때문이다.

언제나 자기 일에 투지를 가지고 열의 있게 했다. 그녀는 일리노이주 엘브하스드에 사는 머스 웨리 G. 골덴으로 나에게 다음과 같은 편지를 보냈다.

66 나의 사무실에는 속기사가 4명인데 그럭저럭 4,5명의 편지를 고루 나누어 받고 있습니다. 때때로 우리들은 나누어 받아서 하던 일이 일시에 도착해서 바삐 돌아갈 때가 있습니다.

어느 날, 부장이 장문의 편지를 가지고 와서 타이핑해 줄 것을 부탁했습니다. 나는 거절했습니다. 그리고 이것은 다시 타이핑하는 것보다는 정정하는 것이 좋을 것이라고 했습니다. 그러자 부장은 당신이 하지 않으면 다른 사람에게 시켜야겠다고 했습니다. 나는 감기에 걸려 있었으나, 타자를 치기 시작했을 때, 문득 나를 대신해서 이 일을 하겠다고 자청하는 여러 사람들 소리에 정신이 들었습니다. 그래서 나는 '이러한 일을 하는 까닭에 급료를 받는 것이다' 이렇게 생각이 들자 정말 싫은 일이지만 즐거운 맘으로 해야겠다고 결심했습니다.

그리고 깨달았습니다. 내가 일을 즐거운 맘으로 하자, 정말 조금씩 더 즐거워지는 것이었습니다. 또 일이 즐거워지자 능률이 오른다는 것을 알았습니다. 그러므로 지금은 시간 외 근무는 없어졌습니다. 나는 즐거운 맘으로 일을 하니 일을 잘 한다는 평을 받았습니다. 그래서 부장 중에 전속 비서가 필요해지자, 내게 부탁했습니다. 당신은 변화를 얻기까지의 힘의 문제는 나에게 있어서 정말 중요한 발견이었습니다."

미스 골덴 양은 한스 파이힌겔 교수의 기적을 낳은 〈그의 깨달음〉의 철학을 응용한 것이다. 그는 우리에게 진정한 행복을 알려주는 〈그의 깨달음〉을 진지하게 설명한 것이다. 만일 당신이 자기의 일에 흥미를 가지고 〈그의 깨달음〉을 이해하고, 그것을 진실로 받아들이면 당신의 피로와 긴장과 번민을 경감시켜 준다.

몇 년 전 하를란 A. 하워드는 큰 결심을 했다. 그 결심은 그의 일생을 완전히 변화시켰다. 처음에 그는 권태로운 일을 잊으려 결심한 것이다. 그의 일은 모두 재미없는 것뿐이었다. 다른 소년들이 야구를 한다든가 여학생들과 짓궂게 장난치며 놀고 있을 때 그는 고등학교 식당에서 탁자와 접시를 닦았고, 아이스크림을 파는 일을 하고 있었다.

하워드는 자기의 일을 경멸하고 있었다. 그러나 일을 계속하지 않을 수 없었기 때문에 아이스크림에 관해서 연구해야겠다고 결심했다. 어떻게 해서 만들어지는가? 어떤 재료를 사용하는가, 어떻게 해야 더 맛이 좋은가, 어째서 맛이 나쁜가? 등등을 연구했으며, 아이스크림의 화학 구조식을 공부하기도 했다. 그리하여 마침내 고등학교 화학 교과에서 1등을 했다. 그렇게 화학 연구에 빠져든 그는 차츰 영양학에도 흥미를 갖게 되고 메사추세츠주립대학교에 입학해 식품학을 전공했다. 그 당시 뉴욕의 코코아 취급소에서 전국의 학생에게 '코코아와 초콜릿의 이용에 관한 현상 논문' 공모전을 실시하였다. 그때 하워드는 입선하여 상금으로 1백 달러를 받았다.

그러나 취직이 되지 않았으므로 메사추세츠 주 암허스트에 있는 고향집에 돌아가 집 지하실에 개인 연구실을 만들었다. 때마침 처음으로 우유 속의 '박테리아 함유량'을 표시해야 되는 새로운 법률이 시행되었다. 하워드는 암허스트에 있는 14개 우유회사로부터 박테리아 함유량을 분석하는 일을 맡게 되었다. 그는 두 사람의 조수를 두고 있다.

그로부터 25년 후에 그는 어떻게 되어 있을까? 현재 영양학에 관해 종사하고 있는 사람들은, 그때 가서는 은퇴를 하든가 저 세상에 가 있으리라. 그리고 창의력과 열의로 불타고 있는 젊은 사람에게 업무가 인계되어 있으리라. 지금부터 25년이 지나면 하이런 하워드는 그가 종사하고 있는 분야에서 뛰어난 지도자 위치에 서 있을 것이다. 이것은 틀림없는 사실일 것이다. 그에게 카운터 너머로 아이스크림을 샀던 그의 친구들은 대부분은 직업을 잃고 실망한 가운데 정부를 저주하며, '우리들은 운이 없었다.'고 불평불만을 늘어놓고 있으리라. 하워드 역시 만일 그가 권태스러운 일을 재미있게 바꿔보려고 노력하지 않았다면 그에게도 성공한 기회는 오지 않았을 것이다.

몇 해 전에 공장 내의 선반 기계 앞에 서서 볼트를 만드는 단조로운 일을 하는 젊은이 샘이 있었다. 그의 이름은 샘이었는데, 그는 일을 그만두고 싶었으나, 다른 직장이 구해지지 않아 그 일을 계속하고 있었다. 그런데 샘은 지루한 일을 계속해야 한다면, 무언가 바꾸어 재미있게 해보려고 노력했다. 그래서 그는 자기 곁에서 일하고 있는 직공과 경쟁하기로 했다.

　한 사람의 일은 고르지 못한 표면을 곱게 깎아내는 일이었다. 다른 한 사람은 그 볼트를 적당한 길이로 잘라내는 것이었다. 그들은 신호와 동시에 기계에 스위치를 넣고 누가 많은 볼트를 만드는가 내기를 해보았다. 그 결과 현장 감독은 샘이 일을 빠르고 정확하게 한다고 인정하고, 그에게 좀 더 많은 일을 시켰다. 그것이 승진의 첫발이 된 것이다. 30년 후, 샘은 아니 샘 사무엘 보클레인은 볼드윈 기관차 제조공장의 사장이 되었다. 만일 그가 지루한 일을 재미있게 만들려고 노력하지 않았다면 일생 동안 그저 직공으로 살아가야 했을 것이다.

　유명한 라디오 뉴스 해설자인 H. V. 칼텐본은 나에게 어떻게 해서 권태로운 일을 흥미있는 일로 바꾸었는지에 대해 이야기해 주었다. 그는 22세 때에 가축을 실어나르는 수송선을 타고 소에게 사료를 주거나 물을 먹이면서 대서양을 건넜다. 영국에서는 자전거 여행을 마친 후 당장 쓰러질 것 같은 공복을 참아가며 겨우 파리에 도착했다. 수중에는 한 푼의 돈도 없었다. 그는 카메라를 5달러에 저당 잡히고 그 돈으로 '뉴욕 헤럴드'의 파리판에 구직광고를 내고 입체 활동기계의 세일즈맨이 되었다. 40세 전후의 사람이라면 누구나 그 구식인 입체사진경을 생각해 낼 것이 틀림없다.

그것을 들여다보면 기적이 일어난다. 입체사진경의 안에 있는 2개의 렌즈는 제3차원의 작용으로 2개의 영상이 하나로 보이게 한다. 그래서 물체가 멀고 가까운 것이 분명하게 실물과 같이 눈에 보이는 것이다. 칼텐본은 이 기계를 한 개 한 개 팔러다녔으나 프랑스어를 하지 못했다. 그러나 최초의 1년 동안에 5천 달러를 벌었다. 그는 세일즈맨으로서는 최고의 한 사람이 되었다. 그는 나에게 그때의 1년간 경험은 하버드 대학교에서의 1년보다 더 유익했다고 말했다. 그렇다면 자신감이 넘쳐서였을까? 그 정도라면 프랑스 부인들에게 '국회 의사록'이라도 팔 수 있을 거라고 말했다.

이 경험으로 그는 프랑스인에 대해서 이해가 깊어지고 그것이 후일, 유럽의 시사적인 내용을 해설하는 데 커다란 역할을 한 것이다. 그는 프랑스 말을 하지 못하면서 어떤 방법으로 제일 가는 세일즈맨이 되었을까? 그는 고용주에게 판매할 때 필요한 말들을 완전히 프랑스어로 적어달라고 해서 그것을 암기했다. 현관문의 벨을 누르면 주부가 밖으로 나온다.

칼텐본은 말 같지도 않은 우스꽝스러운 악센트로 암기한 문구를 지껄린다. 그리고는 사진을 보여준다. 상대가 무언가 질문을 하면 어깨를 들썩이며, "아메리칸 …… 아메리칸 ……" 하기만 한다. 그리고 모자를 벗고는 옆에 끼고 있던 판매용의 프랑스 어 팸플릿 문구를 내보인다. 그러면 부인은 웃기 시작한다. 그도 따라서 웃는다. 또다시 다른 팸플릿 사진들을 보여주는 식이었다.

칼텐본은 이 이야기를 할 때, 그 일은 결코 즐거운 것은 아니었다고 했다. 그럼에도 불구하고 그 일을 재미있게 하려고 노력했기 때문에 중단하지 않고 끝까지 해낼 수 있었다고 말했다. 매일 아침 집에서 나가기 전에 그는 거울 앞에 서서 자기에게 자문자답했다고 한다.

"칼텐본, 너는 이 일을 하지 못하면 밥을 먹지 못해서 굶게 된다. 하지 않으면 안 되니까, 어차피 해야 되는 일 유쾌하게 해 보지 않겠는가! 집 앞에서 벨을 누를 때, 너는 스포트라이트를 받고 있는 배우라고 생각해라. 모두가 너를 보고 있다고 상상하면 좋아. 결국 네가 하는 일은 무대 위에서 하는 연극과 같아. 재미있는 일이므로, 좀더 정열과 흥미를 갖고 해보자."

이처럼 칼텐본 씨는 매일 매일 되풀이되는 스스로에게 던지는 격려의 말이 처음에 싫어했던 일을 이겨낼 수 있게 해준 힘이었다고 말했다. 성공을 갈망하고 있는 미국의 청소년들에게 충고의 말을 해달라고 부탁하자 그는, "매일 아침 자기에게 매를 한 대씩 때리세요. 우리는 아침에 선잠에서 깨어나기 위한 육체적 운동의 필요성을 운운하지만, 그보다도 매일 아침 자기 자신을 고무시켜주기 위한 정신적 운동이 가장 필요하다고 생각합니다. 매일 아침 자기에게 채찍을 가하십시오."

매일 아침 자기 자신에게 격려의 말을 한다는 것이 바보 같은 어린아이 짓이 아닐까? 천만에 그렇지 않다. 그것은 믿음직하고 건전한 '심리학의 진수'라고 말할 수 있다.

"우리의 인생은 우리의 생각으로 만들어진다." 이 말은 18세기 전, 마르쿠스 아울렐리우스가 《명상록》에 기록한 것이다. 그것은 지금도 진리임에 틀림없다. 나는 하루 중에 나 자신에게 말함으로써, 용기와 행복에 대해, 힘과 평화에 대해 생각한다. 스스로에게 감사하는 것에 대해 말한다면 힘이 솟아나고 쾌활한 생각에 가슴이 벅차오를 것이다.

무엇이든지 긍정적으로 생각한다면 당신은 싫어하는 일일지라도 흥미롭게 만들 수 있다. 고용주는 당신이 일에 흥미를 가질 것을 희망하고 있다. 그래야만 더욱 이익을 얻을 수 있기 때문이다. 뿐만 아니라, 당신이 자기의 일에 흥미를 갖는 것은 물론 스스로에게 흥미를 갖는 것이 당신에게 어떤 이익이 있는가를 생각해 보자. 당신은 인생에 얻는 행복을 두 배로 얻게 될지도 모른다.

왜냐하면 당신은 낮의 절반을 일을 하며 지내는데. 만일 그 일 속에서 행복을 발견하지 못한다면 어디에서도 그 행복을 발견할 수 없기 때문이다. 일에 흥미를 가지면 고민에서도 해방되게 마련이니, 결국은 직장에서도 승진하고 월급도 오르게 될 것이다. 설사 승진이나 월급이 오르지는 못할지라도 피곤을 최소한으로 줄여 더 풍요로운 여가시간을 즐겁게 보낼 수 있을 것이다.

DALE CARNEGIE

6

걱정 근심을 정복하지 못하는 사람은 일찍 죽는다

6. 걱정 근심을 정복하지 못하는 사람은 일찍 죽는다

> 가장 유익한 휴식과 휴양의 힘은 건전한 종교와 수면과 음악과 웃음에 있
> 나니, 하느님을 믿고 잘 자는 방법을 배우며 좋은 음악을 사랑하고 인생의
> 즐거운 면만 바라보도록 하라.

'오늘'을 살라는 의미

어느 화창한 봄날, 한 청년이 책 한 권을 들고 그 속에 실려 있는 스물한
자의 글을 읽은 것이 그 청년의 장래에 큰 영향을 미치게 되었다. 그 청년은
몬트릴 제너럴 병원에 근무하고 있는 한 의과생으로서 자기가 이번에 학교
졸업시험에 합격할 수 있을까, 졸업하면 무엇을 하며 어디로 가서 어떻게
개업하고 무슨 방법으로 생계를 이어갈 것인가를 걱정하고 있었다.

그러나 이 젊은 의과생은 당시에 읽은 스물한 자의 글로 인해 그 당시
가장 훌륭한 의사가 되었다. 그 후 세계적으로 유명한 존스 홉킨스의 학교
를 설립하였고, 대영제국에서 의사로서 가질 수 있는 최고 명예직인 옥스

퍼드 의과대학의 담임교수가 되었다. 그는 영국 황제로부터 나이트의 작위를 받았으며, 그가 세상을 떠날 때는 1,466쪽에 달하는 엄청나게 큰 책 두 권이 출간되었다.

그의 이름은 윌리엄 오슬러 경이다. 스물한 자의 글은 토머스 칼라일이 말한 것으로서,

> 66 우리의 중요한 일은 먼 곳에 희미하게 있는 것을 보는 것이 아니오, 눈앞에 똑똑히 보이는 일을 하는 것이다.(Our main bu-siness is not to see what life dimly at a distance, but to do what lies clearly at hane)"

라는 말이다.

그 후 42년이 지난 어느 아름다운 봄 튜립꽃이 학교 마당에 만발하였을 때 윌리엄 오슬러 경은 예일대학교 학생들에게 연설을 하였다. 그는 예일대학생들에게 자기와 같이 네 개의 대학에서 교편을 잡고 있고, 평판이 좋은 책을 저술한 인간을 세상에서는 특수한 두뇌를 가진 사람으로 추측할는지 모르나, 실상은 그렇지가 않고 자기의 머리가 극히 평범하였다는 것을 자기의 가장 친한 친구들이 잘 알고 있는 사실이라고 말하였다.

그러면 과연 그가 성공한 비결은 무엇이었을까? 그는 자기의 성공은 자기가 말하는 꼭 닫힌 선실에서 살고 있는 까닭이라고 말하였다. 그러면 꼭 닫힌 선실이란 대체 무엇을 의미하는 것일까? 윌리엄 오슬러 경은 그가 예일대학에서 연설하기 수 개월 전에 큰 정기선을 타고 대서양을 건너 미국으로 갔다. 그런데 그 정기선에는 선장이 단추 하나만 누르면 기관의 쇳소리가 나

기 시작하고, 배의 여러 가지 부분들이 서로 격리되어 제가끔 물 샐 틈 없는 선실이 되었다. 오슬러 박사는 예일대 학생들에게 말하였다.

"이제 여러분은 다 각기 이 거대한 정기선보다 몇 배나 훌륭한 몸과 마음이라는 배로 그 기선의 항로보다도 더 먼 항해를 하게 될 것입니다. 그러므로 제가 여러분에게 권고하고 싶은 것은 항해의 안전을 보장하기 위하여 꼭 닫힌 선실을 만드는 것과 같은 생활 방법을 배우라는 것입니다. 즉 함교에 올라가 우선 배의 큰 벽이 안전한가를 검사한 다음, 단추를 누르고 귀를 기울여 여러분 생활의 각 부분의 과거, 즉 죽은 어제에 대하여 철문이 꽉 닫혀 있는가를 들여다보십시오. 또 한 개의 단추를 눌러 철문으로 막음으로써 미래, 즉 아직 닥쳐오지 않은 내일을 가려버리라는 것입니다. 그러면 여러분은 안전할 것입니다. 적어도 여러분의 '오늘'은 안전할 것입니다.

과거를 닫아버리십시오. 지난 과거는 시체처럼 묻어버리세요. 먼저 어리석게도 나를 주검의 길로 인도하던 어제를 닫아버리라는 것입니다. 어제의 짐 위에 내일의 짐을 보태서 '오늘'을 살아가게 된다면, 아무리 튼튼한 사람도 몸이 휘청거릴 것입니다. 과거와 마찬가지로 미래에 대하여도 문을 꼭 닫아버리십시오. 미래는 즉 오늘입니다. 내일이 아닙니다. 정력이 소모되고 마음이 괴로우며 신경이 피로한 번민은 미래의 일로 고민하는 사람에게 달라붙게 마련입니다. 그러므로 앞뒤의 큰 문을 단단히 닫아걸고 '오늘'을 위해서 충실하게 사는 습관을 기르도록 노력하십시오."

그러면 오슬러 박사의 말은 우리가 내일에 대한 준비를 위해 노력할 필요가 없다는 것일까? 절대로 그렇지 않다. 박사가 그 연설에서 강조한 점은, 우리가 오늘의 일을 오늘 훌륭하게 보내기 위해 우리의 모든 지혜와 모든 정열을 오늘 일에 집중시키는 것이 내일을 위해 준비하는 가장 좋은 방법이라는 말이다. 이것이야말로 여러분이 미래를 위해 준비할 수 있는 유일한 방법이다.

윌리엄 오슬러 경은 예일대 학생들에게, "오늘날 우리에게 일용할 양식을 주시옵소서."라는 그리스도의 기도로 하루를 시작하라고 권했다. 그리스도의 기도에는 "우리가 어제 먹은 맛없는 음식을 참는 데는 한계가 있습니다. 또한 앞으로 돌아올 가을에는 어떻게 양식을 구할 수 있을까요?"라는 이야기는 없다. 혹은 "제가 앞으로 직업을 잃을는지도 모르겠습니다. 만일 그렇게 된다면 저는 어떻게 양식을 얻을 수 있을 것입니까?"라는 말 따위는 들어 있지 않다.

그리스도의 기도문은 오직 우리에게 '오늘의 양식'만을 구하라고 가르쳐 주고 있다. 오늘의 양식만이 우리가 먹을 수 있는 유일한 양식이기 때문이다. 몇 해 전에 아주 가난한 철학자 한 사람이 어느 시골길을 거닐고 있었다. 그 시골 사람들은 생활이 무척 곤란하였다. 어느 날 한 무리의 군중이 언덕 위에서 그를 둘러싸고 있을 때 그 철학자는 연설을 하였는데, 그 연설 속에는 그 후 오랫동안 힘있게 전해지는 아래와 같은 구절이 들어 있었다.

> ❝ 내일 일을 걱정하지 말라. 내일 일은 내일 생활 속에 있는 것이오, 한 날 괴로움은 그 날에 족하니라.(Take therefore no thought for the morrow; for the morrow shall take thought for the things of itself. Sufficient unto the

"내일 일을 생각하지 말라."는 이 예수의 말씀을 반대한 사람들이 많이 있었다. 그들은 이 말씀이 그저 실행 가능성이 없는 이상적인 교훈에 지나지 않는다거나 동양의 신비주의적 인사라고 해서 배척하였다. 그리하여 그들은 다음과 같이 말하고 있다.

"저는 내일을 생각해야 합니다. 제 가족을 보호하기 위하여 보험을 들어야 하고, 제가 늙을 때를 생각하여 돈을 저축해야 합니다. 그리고 저는 계획을 세워 출세할 방법을 찾아야만 해요."

그렇다. 물론 우리는 그래야만 한다. 그러나 사실은 약 300여 년 전에 해석된 예수의 말씀은 제임스 왕 통치시대의 의미가 아직도 그대로 통용되는 것은 아니다. 그때 해석했던 '생각'이라는 말은 '걱정'이라는 말로도 쓰였다. 성경의 현대 해석에서는 예수가 "내일 일을 근심하지 말라"고 말씀하신 것으로 알아야 한다. 어디까지나 내일 일을 생각하라. 그래서 주도면밀하게 연구하고 계획을 세워 준비하라. 그러나 염려는 하지 말라는 말이다.

제2차 세계대전 중에 미국의 군지휘관들은 내일 계획을 세웠으나 걱정까지 할 여유는 가지지 못했다. 미국 해군을 지휘하던 어니스트 J. 킹 대장은 이렇게 말하였다. "나는 우리가 가지고 있는 훌륭한 병기를 가장 뛰어난 군대에 배치했습니다. 그리고 가장 훌륭하다고 생각되는 사명을 여러분에게 맡길 따름입니다. 내가 할 수 있는 일은 그것뿐입니다."

킹 대장은 다시 말하였다.

"만약 배가 격침되었다고 가정해 봅시다. 나는 침몰된 배를 끌어 올릴 수도 없거니와, 침몰되어 가는 배를 정지시킬 수도 없습니다. 지나간 어제의 문제로 속을 태우지 않고 차라리 내일의 문제를 생각하는 것이 시간을 더 유효하게 쓰는 일입니다. 뿐만 아니라 지나간 어제의 일이 언제까지나 나와 얽혀 함께 따라다닌다면 나의 몸이 오래 지탱하지도 못할 것입니다. 전쟁 때나 평화 시를 막론하고 좋은 생각과 나쁜 생각 사이에 있는 중요한 차이는 이러한 것입니다. 즉 좋은 생각이란 일의 원인과 결과를 고려하여 그에 대한 논리적이고 건설적인 계획을 세우는 것입니다. 나쁜 생각은 흔히 긴장과 신경질로 인해 파괴적 상태로 들어가는 것이라고 말할 수 있습니다."

최근 세계에서 가장 유명한 신문의 하나인 〈뉴욕 타임즈〉지의 발행인인 아더 헤이스 슐츠버거와 단독 회견을 한 적이 있다. 그는 제2차 세계대전이 유럽을 휩쓸고 있을 무렵 너무 놀라고 앞날을 걱정한 나머지 거의 잠을 이루지 못할 지경에 이르렀다고 한다. 그래서 종종 한밤중에 캔버스와 물감을 꺼내어 거울을 보며 자기 초상화를 그림으로써 마음속의 걱정을 잊으려 하였다는 것이다. 그러나 슐츠버거 씨는 자기가 만일 찬송가의 한 구절, 즉 "한 걸음만 비추어도 족하오리다(One step enough for me)"를 되새기지 않았다면 평화를 얻지는 못하였을 것이라고 말하였다.

> 빛이 되신 주여 인도하소서
> 내 발길 가는 곳 인도하소서
> 먼 곳을 보고자 아니하오니
> 한 걸음만 비추어도 족하오리다.

이와 때를 같이하여 유럽 전선에서 전쟁에 참여하던 한 청년이 역시 이와 똑같은 가르침을 깨달은 이가 있었는데, 그가 바로 테드 벤거미노였다. 그는 전쟁으로 인한 피로감으로 무척 시달리고 있었다. 테드 벤거미노는 다음과 같이 기록하고 있다.

"1945년 4월 나의 걱정은 점점 심해져서 마침내 의사가 '경련성 횡행결장' 진단을 내리게까지 되었습니다. 이 병은 많은 아픔이 따릅니다. 만일 전쟁이 속히 끝나지 않았다면 내 몸은 완전히 폐인이 되었을 것입니다. 나는 피로할 대로 피로했습니다.

제 94보병 사단의 하사관으로서 전사자 기록관 임무를 맡았는데, 이 기록관이 맡은 임무는 전쟁에서 죽은 병사, 또는 전쟁 중 행방불명이 된 병사 및 입원하고 있는 병사의 기록을 작성하여 보관하는 임무였습니다. 또 전쟁이 진행되고 있을 동안 임시 묘를 쓴 연합군 전사자나 혹은 적병의 전사자의 시체를 파내는 일을 도와야만 했습니다. 병사들의 소지품을 모아서 그것을 극히 귀중하게 여기는 그들의 부모나 가장 가까운 친척에게로 보내 주는 일도 맡았습니다.

나는 그런 일을 하면서 혹 큰 실수나 하지 않을까? 또는 어떻게 내가 이 모든 일을 처리할 수 있으며 어떻게 내가 살아나서 아직 한 번도 보지 못한 생후 16개월 된 내 아이를 품에 안아볼 수 있을까? 걱정하였습니다. 이런 걱정으로 극도로 피로하였기 때문에 체중이 15Kg이나 빠졌고, 지나친 걱정으로 거의 실신할 지경에 이르렀으며, 나의 두 손은 뼈와 가죽만 남았습니다. 이렇게 쇠약해진 몸으로 고국에 돌아갈 일을 생각할 때 소름이 끼쳤습니다. 나는 엎드려 어린애처럼 울기도 했습니다. 너무도 상심한 나머지 혼자 있을 때 주르르 눈물이 쏟아지곤 했습니다. 전쟁이 끝난 후부터는 더욱 심해져 자주 울었으며 다시 보통 사람으로 돌아가리라고는 전혀 생각하지 못할 정도였습니다.

견딜 수 없어 병원을 찾아갔습니다. 군의관은 나에게 몇 가지 충고를 해 주었는데 그 충고가 나의 생활을 완전히 변화시켜 주었습니다. 내 몸을 정성껏 진찰한 군의관은 정신적인 것이라고 단언하고 충고했습니다.

'테드 군! 자네 인생을 모래시계와 같다고 생각해 보게. 모래시계 꼭대기에는 수많은 모래알이 있지. 그 모래알은 모두가 시계 가운데에 있는 좁은 구멍을 통하여 똑같은 모양으로 천천히 빠져나오는 것일세. 누구도 시계를 깨뜨리지 않고서는 그 좁은 구멍을 통하여 한꺼번에 한 개 이상의 모래알을 내보낼 수 없지 않은가.

우리 인간은 모두 이 모래시계와 같아. 우리가 아침에 일을 시작할 때는 그날 중으로 마쳐야 할 일이 태산같이 많다고 생각하지만, 모래알이 모래시계의 좁은 구멍을 빠져나오듯 우리가 한 번에 한 가지씩 일을 처리하여 천천히 정리해야 해. 만약 그렇지 않으면 우리 육체나 정신도 파괴되고 말걸세.'"

"나는 군의관이 말해 준 '한 번에 한 개의 모래알, 한 번에 한 개의 일'이라는 말을 꼭 기억하여 실천하고 있습니다. 이 충고는 전쟁 중에 육체적 또는 정신적으로 나를 도와주었을 뿐만 아니라. 현재 근무하고 있는 인쇄사의 영업과 광고부장 일을 해나가는 데도 큰 도움을 주고 있습니다.

나는 전쟁 중에 겪었던 것과 똑같은 문제, 즉 당장에 해야 할 일은 태산

같은데, 사업을 하면서 할 수 있는 시간은 너무도 적다는 문제를 직면하게 되었습니다. 즉 상품의 재고가 줄어들면 이를 채워야 하고, 새로운 서식도 처리해야 하며 상품 정리를 해야 합니다. 뿐만 아니라, 사무소를 새로 오픈 하거나 폐쇄해야 할 때도 있었습니다. 그러나 나는 그때마다 마음을 졸이 거나 조바심을 내지 않고, 군의관이 내게 말한 바와 같이 '한 번에 한 개의 모래알, 한 번에 한 가지의 일'이라는 충고를 떠올렸습니다. 마음속으로 이 말을 반복하면서 가장 능률적인 방법으로 일을 처리했습니다. 따라서 전쟁 중에 나를 파멸의 구렁텅이로 몰아넣었던 혼란하고 복잡한 감정을 헤쳐나 갈 수가 있었습니다."

현대 우리 생활에서 가장 놀라운 사실은 환자의 반 이상이 신경계통이 나 정신계통의 환자라는 점이다. 쌓이고 쌓인 어제의 짐과 걱정되는 내일의 무거운 짐을 못 이겨 병을 갖게 된 사람들이 대부분이다. 그러나 이 많은 사 람들이 만일 '내일 일을 걱정말라'라는 예수의 말씀이나 '오늘을 충실하게 살 라'는 윌리엄 오슬러 경의 말에 귀를 기울였다면 그들은 행복하고 보람 있 는 생활을 할 것이다.

우리는 모두 이 순간에 두 개의 영원의 길이 서로 맞닿은 지점에 서 있다. 그 하나는 우리가 끊임없이 걸어온 광활한 과거요, 또 하나는 시간이 계속되 는 최후의 순간까지 길게 뻗쳐 있는 미래 사이에 있다. 우리는 한순간도 이 러한 영원의 어느 쪽에도 살 수 없다. 그렇게 하려고 애를 쓰다가는 우리는 몸과 마음을 파멸시킬 것이다. 그러므로 우리는 우리가 살 수 있는 시간만 을 사는 것으로써 만족해야 할 것이다.

영국의 소설가 로버트 루이스 스티븐슨은 말하였다. "누구를 막론하고 아무리 어려워도 밤까지는 자기의 짐을 질 수 없으며, 아무리 곤란하여도 하루 동안은 자기의 일을 할 수 있습니다. 누구든지 해가 저물 때까지 유쾌하고 참을성 있고 즐겁고 깨끗하게 살 수 있죠. 그것이야말로 진정 인생의 전부를 의미하는 것입니다."

그렇다. 이것이 바로 우리 인생이 우리에게 요구하는 생활의 전부이다. 그럼에도 불구하고 미시간 주 사지오에 사는 E. K. 쉴즈 여사는 잠자리에 들 때까지만 산다는 생각을 하지 못해서 절망하여 자살할 지경에 이르렀다. 쉴즈 여사는 나에게 이렇게 말하였다.

"저는 남편을 잃고 극도로 절망했습니다. 그런데다 한 푼의 재산도 없었습니다. 저는 예전에 다니던 로치 파울러 회사의 네온 로치 씨에게 부탁하여 복직했습니다. 옛날에는 시골이나 읍내에 있는 학교에 책을 파는 일을 했습니다. 저는 2년 전 남편이 병들었을 때 자동차를 팔아 없앴으나, 어떻게 남은 돈을 전부 모아서 중고차량을 계약금만 주고 사서 또다시 책을 팔러 나가게 되었습니다. 저는 그렇게 밖으로 나가 돌아다니는 것이 걱정을 덜어 줄 것으로 생각했으나, 혼자 운전하고 혼자서 먹고 다니는 것이 말할 수 없는 고통이었습니다. 지방까지 다녀도 수입이 시원찮아서 얼마 안되는 자동차의 월부금조차 메꿔나가기가 어려웠습니다.

1938년 봄, 저는 미주리 주 베르사이유 근처에서 책을 팔고 있었습니다. 그곳에는 학교가 가난해서 장사도 안 되고 길도 나빴습니다. 나는 너무도 쓸

쓸하고 마음이 슬퍼서 한때는 자살할 생각도 했습니다. 성공할 가망은 없고 살아갈 길은 아득했습니다. 저는 아침마다 일어나 생활에 직면하는 것조차 끔찍스러웠습니다. 모든 것이 공포스러웠습니다. 자동차 월부금을 못 치를 것이 무서웠고 방세를 내지 못할 것이 두려웠으며, 먹고 살 도리가 없는 것이 겁났습니다. 건강이 나빠져도 병원에 갈 돈이 없는 것이 무서웠습니다. 그나마 자살하지 못할 이유가 있다면 그것은 제 동생이 너무나도 비통해할 것과 장례 치를 돈이 없는 것이었습니다. 그러던 차에 저는 어느 날 한 구절의 글귀를 읽고 실망의 구렁텅이에서 벗어났습니다. 그 감격적인 한 토막의 구절을 언제나 감사하게 생각하게 되었습니다.

'현명한 사람에게는 하루하루가 새로운 생활이다.'

저는 이 구절을 타이핑하여 언제든지 볼 수 있도록 자동차 앞 창에 붙였습니다. 그 후 하루하루가 소중하다는 것을 알았습니다. 지나간 어제와 닥쳐올 내일을 전부 잊어 버리는 방법을 배웠습니다. 매일 아침 저는 자신에게 '오늘이 또 다른 새로운 생활이다'라고 말했습니다.

저는 당장 고독과 가난에 대한 걱정을 정복할 수가 있었습니다. 그리하여 현재 저는 매우 행복하고 제법 성공도 하였으며 생활에 열의와 사랑을 가지게 되었습니다. 이제 어떠한 위험한 생활이 닥쳐오더라도 두려워할 이유가 없다는 사실과 장래를 무서워할 필요가 없다는 것을 알았으며, 한 번에 하루만을 생각하고 살 수 있다는 것과 '현명한 사람에게는 하루하루가 새로운 생활이다'라는 것을 알게 된 거죠."

여러분은 아래의 시를 누가 쓴 것이라고 생각하는가?

이러한 사람은 행복할 것이다.

이러한 사람만이 행복할 것이다.

오늘을 자기의 날이라고 말할 수 있는 사람!

마음속에 자신을 가지고

'내일이야 될 대로 되려무나, 하여간 오늘을 살았노라'라고 말할 수 있는 사람!

이것은 현대적 글귀처럼 보이지만 사실은 기원전 30년 로마의 시인 호레이스가 읊은 것이다. 인간의 성품 가운데 내가 알고 있는 가장 비극적인 사실 중 하나는 현실에서 도피하려는 것이다. 우리는 누구나 너나 할 것 없이 자기 창문 앞에 피어 있는 장미꽃을 즐기지 못하면서 머나먼 곳에 있는 알 수 없는 장미정원을 그리워한다.

왜 우리는 왜 참혹하게도 이처럼 어리석은 것일까? 스티븐 리코크는 이렇게 말했다.

66 우리 인생의 짧막한 행진이야말로 이상스럽기도 하다. 어린아이는 '큰 아이가 되면……'이라고 한다. 그러나 그가 청년이 되면 또 '결혼하게 된다면 ……'이라고 말한다. 그러나 결혼하게 되면 무엇이 달라지는가? 그의 생각은 또다시 변하여 '내가 은퇴하게 되면……'이라고 말한다. 마침내 은퇴도 하였다. 그러나 그가 걸어온 과거를 뒤돌아볼 때 거기에는 오직 차디찬 바람만이 불고 있을 뿐! 모든 것을 다 놓쳐 버린 후라서 이미 모든 것은 지나가 버리

고 말았다."

"오! 너무 늦게 깨달았노라. 현재 살고 있는 그 속에 인생이 있다는 것을! 매일매일의 일상이 곧 인생이라는 것을!"

디트로이트의 에드워드 S. 에반스 씨는 걱정이 많아 죽을 지경이었는데, 위에서 설명한 것처럼 인생이란 '현재 우리가 살아가는 매일매일 생활 하나하나가 인생'이라는 것을 깨닫지 못했기 때문에 한동안 자살할 생각까지 했다고 한다.

그는 빈곤한 가정에 태어나서 신문을 팔아 처음으로 돈을 모아 보았고, 다음으로는 식료품 가게 점원으로 일했고, 도서관 도서 주임을 해가면서 일곱 명의 부양가족을 책임지게 되었다. 얼마 되지 않는 월급이었으나 부양가족이 있으므로 그는 실직할까 무척 두려웠다.

8년 후 그는 자영업을 시작했는데, 55달러의 자본금으로 연수입 2만 달러를 버는 사업가로 성공했다. 그런데 그때 불경기가 시작되었고 친구에게 보증을 섰는데 친구가 파산하는 바람에 부채까지 짊어지게 되었다. 그는 신경이 극도로 날카로워졌으며 설상가상으로 거래하던 은행마저 파산하여 현금도 몽땅 잃어버렸다. 에반스는 내게 이렇게 말했다.

"저는 배고파도 먹을 것이 입으로 들어가지 않았고, 밤에도 잠을 이루지 못했습니다. 저는 이상한 병에 걸렸는데 그것은 바로 걱정 근심하는 데서 생긴 것이었습니다. 어느 날 저는 거리를 걸어가다가 정신을 잃고 쓰러져 버렸습니다. 도저히 걸을 수가 없었고, 자리에 드러눕게 되었습니다. 몸에는 종기가 생기기 시작했고, 점점 악화되어 누워 있는 것도 고통스러웠습니다. 몸은 나날이 쇠약해져서 마침내 의사에게 2주일밖에 못 살겠다는 선언을 들었습니다.

저는 모든 것을 단념하고 잠자리에 들었습니다. 오랫동안 잠들지 못했던 제가 세상을 하직하려 모든 것을 청산하니 천진스런 어린아이처럼 잠이 들었습니다. 그러자 여태까지 저를 괴롭히던 모든 걱정은 사라지고 식욕이 생길 뿐만 아니라 체중도 늘었습니다. 몇 주일이 지나자 지팡이에 의지하여 걸어다닐 수 있게 되었고 6주가 지난 후에는 일을 시작할 수 있었습니다.

잠깐이지만 1년에 2만 달러의 벌이를 하던 몸이 일주일에 30달러밖에 안 되는 적은 수입을 받는다 해도 기뻤습니다. 자동차를 화물편으로 수송할 때 그 바퀴 뒤에 대는 나무토막을 파는 일을 했거든요. 그제서야 교훈을 깨달았습니다. 과거에 있었던 일을 후회하지 말 것, 미래에 대하여 아무 걱정이나 근심을 하지 말아야 한다는 것을 깨우쳤습니다. 오직 시간과 정력과 열성을 현재 하는 나무토막 파는 데만 집중시켰습니다.

에드워드 S. 에반스는 현재 급속한 성공을 거두었다. 몇 해 안 되어 에반스 주식회사를 차렸다. 이 회사 주식은 오랫동안 뉴욕증권거래소에서 수위를 차지하고 있었다. 그린란드에는 그의 이름을 딴 '에반스 비행장'이 생겼다. 만일 에드워드 S. 에반스가 '오늘을 산다'는 것의 중요성을 깨닫지 못했다면 그런 엄청난 성공은 거두지 못했을 것이다.

프랑스의 위대한 철학자 몽테뉴도 과거와 미래의 걱정으로 가득 찬 어리석은 시간을 보낸 적이 있다. 그는 다음과 같은 말을 하였다. "나의 인생은 무서운 불행으로 가득 차 있었습니다. 그러나 그 불행의 대부분은 끝끝내 나에게 닥쳐오지 않는 것들이었습니다."

나의 불행이나 우리의 불행도 그러한 것이다. 단테는 말하였다. "오늘이라는 이날은 두 번 다시 돌아오지 않는다는 것을 기억하라." 인생은 말할 수 없이 빠른 속도로 지나간다. 초속 19마일의 속도로 달리고 있다. 오늘은 우리의 가장 귀중한 소유물이다. 그것이 우리가 가진 단 하나의 확실한 재산이다."

이것이 로웰 토머스의 철학이기도 하다. 나는 최근에 이 철학자의 농장에서 주말을 함께 보낸 적이 있는데, 로웰의 방송실 벽 위에 찬송가 구절을 써서 붙여놓은 것을 보았다.

이날은 주께서 정하신 참 기쁜 날이네.
온 천하 만민, 주 앞에 다 찬송하여라.

작가 존 러스킨은 자기 책상 위에 돌을 한 개 올려놓았는데, 그 돌에는 '오늘(TODAY)'이라는 한마디의 말이 새겨져 있었다. 나는 이와 같이 책상 위에 돌은 놓지 못하였을망정 내가 매일 아침 면도할 때마다 볼 수 있도록 한 편의 시(詩)를 거울 위에 걸어 놓았다. 이 시는 윌리엄 오슬러 경이 항상 그의 책상 위에 놓았던 것으로 인도의 유명한 극작가 칼리다사가 쓴 것이다.

― 새벽을 찬미하는 인사 ―

오늘을 의지하여 살지어다.

이날이 우리의 생활이요, 생활 중에도 참된 생활이다.

오늘의 짤막한 시간 속에

우리의 모든 진리와 현실이 숨어 있나니

성장의 즐거움도

행동의 영광도

아름다움의 화려함도

어제는 한낱 한 토막의 꿈이요.

내일은 오직 환영에 지나지 않는도다.

그러나 오늘 이날을 즐겁게 보낸다면

모든 어제가 행복의 꿈이 될 것이오

모든 내일이 희망의 빛이 될 것이니라.

그러므로 오늘 이날을 의지하여 살지어다.

이것이 새벽을 맞이하는 찬미의 노래다.

그렇다. 그러므로 우리는 과거와 미래에 대하여 철문을 닫고 온전한 '오늘'에 집중하여 살기로 하자. 다음 질문을 자기 자신에게 물어보고 거기에 대한 대답을 써 보라.

❶ 나는 미래를 걱정하거나, 어떤 '먼 곳에 있는 장미정원'을 그리워하기

때문에 현실을 도피하는 경향이 없는가?

❷ 나는 과거에 일어난 일, 즉 이미 지나간 일을 후회함으로써 종종 현재를 비관하는 일이 없는가?

❸ 아침에 일어나 '오늘을 충실하게 살아야겠다'고, 즉 오늘이라는 24시간을 알차게 살아가야겠다고 결심하는가?

❹ '오늘을 성실하게 살아가는 생활'로 나의 인생을 더욱 가치있게 이끌어나갈 수 있는가?

❺ 언제부터 이것을 실천할 것인가? 다음 주인가? 내일인가? 또는 오늘부터 시작할까?

걱정되는 문제를 해결하는 법

여러분은 걱정되는 문제를 해결하려면 가장 빠르고 확실한 방법, 즉 당신이 이 책을 더 읽기 전에 당장 사용할 수 있는 기술적인 방법을 알고 싶어 할 것이다. 만일 그렇다면 나는 당신에게 윌리스 H. 캐리어가 연구한 방법 하나를 말하여 줄 터인데, 캐리어는 에어컨 사업을 시작한 훌륭한 엔지니어로서 세계적으로 유명한 캐리어 회사의 사장이다.

나는 캐리어 사장에게 걱정되는 문제를 해결하는 데 가장 훌륭한 방법 하나를 들어서 전달하려고 한다.

"저는 젊었을 때 뉴욕 시 버팔로 제철소에 근무하고 있었습니다. 제가 맡은 일은 미조리 주 크리스털 시에 있는 판유리 공장에 수백만 달러어치의 가스 정화장치를 설치하러 갔습니다. 이 장치의 목적은 가스에서 나오는 불순물을 제거하여 가스가 기계에 손상을 입히지 않고 연소하게 하는 장치입니다. 가스 정화 기술은 당시만 하더라도 굉장히 새로운 기술이어서, 이전에 단 한 번만 실험한 일이 있었던 정도였습니다.

그런데 제가 그곳에서 작업할 때 예측하지 못한 문제가 발생했습니다. 어떻게 겨우 만들어 놓기는 하였으나 우리가 그 회사에 보증한 조건에는 맞지 않았습니다. 저는 그 실패한 결과에 놀랐습니다. 마치 무엇이 제 머리를 힘껏 내려친 것만 같았습니다. 저는 가슴이 뽀개지고 창자가 뒤틀리는 것 같아서 한동안 걱정으로 잠을 이루지 못했습니다.

그러다가 마침내 저는 평정을 되찾고 걱정만으로는 문제를 해결하지 못한다는 것을 깨달았습니다. 그래서 걱정을 멈추고 문제를 해결할 방법을 생각해냈습니다. 이와 같이 저는 걱정을 잊기 위하여 아래와 같은 방법을 30년 이상이나 적용했는데, 이 방법은 단순하여 누구나 실천할 수 있습니다.

▌▌▌ 제1단계 ― 문제를 무서워하지 않고 정확하게 분석하여 그 문제가 실패한 결과로 일어날 수 있는 최악의 경우를 예측해봅니다.

누구도 저를 감옥에 넣거나 총으로 쏘지는 못할 것입니다. 이것만은 확실합니다. 물론 제가 직장을 잃을지도 모르지요. 사장이 그 기계를 떼어버리고 손해를 감수하면서 우리가 받은 2만 달러를 돌려주는 것으로 마무리가 될 수도 있습니다.

■■■ **제2단계** — 일어날 수 있는 최악의 경우를 예측한 후에, 필요하면 그 최악의 경우를 받아들이겠다는 마음의 준비를 합니다.

저는 자신에게 이렇게 말하였습니다. 즉, '이번 실패는 나의 경력에 큰 타격이 될 거야. 혹은 실직을 당할 가능성도 있어. 그러나 내가 실직을 한다면 또 다른 직업을 얻을 수 있지. 물론 고용조건이 더 나쁠 수도 있지만 말야. 하지만 고용주의 입장에서 볼 때, 그간 우리가 새로운 가스의 불순물 제거 방법을 실험한 것을 알아 줄 수도 있어. 만약 이번 실험에 2만 달러가 낭비되었다고 하더라도 실험하는 데 들어간 연구비라고 생각하면 크게 나쁜 일도 아니야.'

■■■ **제3단계** — 이때부터 저는 냉정한 태도로 돌아가서 이미 심리적으로 받아들인 최악의 경우를 개선하는 데 시간과 정력을 쏟았습니다.

우리에게 직면한 2만 달러의 손해를 줄이기 위해서 수단과 방법을 가리지 않고 연구에 몰두하였습니다. 그리하여 나는 여러 가지로 실험한 결과 마침내 추가설비로 5천 달러만 더 쓰면 문제를 해결할 수 있다는 결론을 얻었고 이를 실천에 옮겨 2만 달러의 손해를 1만 5천 달러로 줄였습니다.

여기에서 내가 만일 걱정만 하고 있었다면 도저히 이런 결과는 얻지 못했을 것입니다. 걱정하면 가장 나쁜 증세로 집중 능력이 파괴됩니다. 걱정할 때는 정신이 혼란하게 분산되어 결정할 힘이 없어집니다. 그러나 우리가 최악의 경우에 용감하게 부닥쳐 심리적으로 이를 받아들이게 되면 불확실한 상상이 사라지고 해결해야 할 문제에 정신을 집중시킬 수 있습니다.

이 이야기는 벌써 여러 해 전에 생긴 일입니다. 그러나 그 방법이 큰 효과를 나타냈기 때문에 나는 그 후 줄곧 이 방법을 사용했으며 그 결과 걱정을 하지 않게 되었습니다.

자, 그러면 우리가 심리적 입장에서 볼 때 이 윌리스 H. 캐리어의 법칙이 왜 가치가 있고 실용적이라고 말할 수 있을까? 그것은 우리가 걱정으로 앞이 캄캄할 때 그 속에 빠져 헤매는 컴컴한 구름 속에서 우리를 잡아끌어내주기 때문이다. 이 법칙은 우리의 두 다리를 안전하고 튼튼하게 땅 위에 세워 준다. 만일 우리의 발 밑에 튼튼한 땅이 놓여 있지 않다면 우리는 무엇을 의지하여 딛고 일어설 수 있을까?

이미 세상을 떠난 응용심리학의 창시자 윌리엄 제임스 교수가 오늘날 살아 있다면 '최악에 직면하라'는 이 법칙을 듣고 진정으로 이에 찬성했을 것이다. 왜냐하면 그는 자기 학생들에게 '사태를 그대로 받아들이기를 주저하지 말라'고 말했고, 또 '사태를 그대로 받아들이는 것은 불행의 결과를 정복하는 제일 단계'라고 말했기 때문이다.

이와 똑같은 사상을 임어당도 저서 《생활의 발견》에서 발표하였다. 이 중국 철학자는 '마음의 참된 평화는 최악의 사태를 그대로 받아들이는 있는 것으로, 나는 그것이 심리적으로 에너지를 새롭게 하기 때문이라고 생각한다'고 말하였다. 사실 그렇다! 심리적으로 그것은 새로운 에너지를 만들어 내는 일이다. 우리가 최악의 경우를 받아들였을 때에는 우리는 그 이상 아무것도 잃을 것이 없으므로 우리는 자동적으로 그 무엇을 얻을 수 있다는 것을 의미한다.

캐리어도 "최악의 상황에 직면하자, 저는 곧 마음이 풀리고 며칠 동안이나 경험해 보지 못한 평화로운 기분을 느끼게 되었으며 그 후부터 생각을 할 수 있게 되었습니다."라고 말했다.

과연 옳은 말이다. 그럼에도 불구하고 많은 사람들은 분노의 소용돌이 속에서 자신을 파멸로 몰고간다. 최악의 경우를 받아들이고 그것을 개선하려고 노력하지 않는다. 그들은 재산을 회복하려 노력하지 않고 비통해하며, 자신의 운명에 맞섬으로써 결국 우울증에 빠진다. 여러분이 만일 캐리어의 법칙을 자기 문제에 응용하여 본 사람이 알고 싶다면, 나의 교육반 학생이었던 뉴욕에서 석유회사를 하던 사람의 이야기를 소개하고 싶다.

"저는 공갈과 협박을 받고 있었습니다. 이런 사건은 영화나 드라마 이외에는 있을 수 없는 일이라고 생각했습니다. 그러나 저는 실제로 협박을 당했습니다. 사건의 전말은 이러했습니다. 제가 사장으로 있던 석유회사에는 여러 대의 석유 운반차가 있었고 운전사도 많았습니다. 당시 물가통계 규정이 엄중하게 실행되고 있었기 때문에 거래처에 주는 배급량이 제한되어 있었습니다. 그런데 저는 몰랐으나 우리 운전사 중에 몇 사람이 일정한 고객에게 석유를 조금씩 적게 배달하고 그 나머지를 자기들 고객에게 팔고 있는 것 같았습니다.

이와 같은 불법거래가 이루어지는 것을 제가 알게 된 것은 정부 조사관이라는 남자가 나를 찾아와서 뇌물을 요구한 때였습니다. 그 남자는 우리 운전사의 소행에 대한 증거서류를 가지고 있었으므로, 제가 자기의 요구에 응하지 않을 때 그 서류를 지방검사에게 보내겠다고 위협하였습니다.

물론 적어도 제가 걱정할 필요는 없다고 생각했지만, 저는 법률상 피고용인의 잘못에 대해 회사가 책임져야 한다는 것을 알고 있었습니다. 만일 사건이 법정으로 간다면 신문에 떠들어대며 우리 회사가 도산할 수도 있었습니다. 제 사업은 아버지가 24년 전에 시작한 것으로 제가 매우 자랑스럽게 생각하는 회사입니다.

저는 너무 걱정이 커서 몸져 누울 지경이었습니다. 사흘 낮 밤을 먹지도 못하고 자지도 못했습니다. 저는 미친 사람처럼 고민했습니다. 그가 요구하는 5천 달러를 그대로 주어야 할 것인가? 그렇지 않으면 하고 싶은 대로 하라고 내버려둘 것인가? 두 가지 선택 중 결정을 내리지 못하고 악몽같은 하루하루가 지났습니다.

그러던 중 일요일 밤에 우연히 〈카네기 강좌〉에서 받았던 〈걱정을 극복하는 방법〉에 관한 책을 읽다가 캐리어의 이야기를 보았습니다. 거기에는 '최악의 경우에 직면하라'는 말이 있습니다. 저는 자신에게 물어보았습니다. '내가 만일 그 돈을 주지 않고 협박자가 고발한다면 일어날 수 있는 최악의 사태는 무엇인가?'

자문한 결과는 '나의 사업이 망할 것이다. 그러나 이 일로 일어날 최악의 사태로 감옥을 가지는 않을 것이다. 다만 고발로 이어지면 나의 사업이 파멸될 뿐이다.'라는 것이었습니다.

그래서 저는 자신에게 '좋다. 나의 사업이 파멸해도 좋다. 나는 마음으로 이것을 받아들이겠다. 그렇다면 다음으로 오는 문제는 무엇인가? 그렇다. 나의 사업이 실패함으로써 나는 직업을 구해야 될 것이다. 그것은 그리 어려운 일이 아니다. 석유에 관하여 나는 아는 것이 많다. 그러므로 나에게 선뜻 직업을 줄 회사는 많을 것이다.'라는 결론을 내렸습니다.

이렇게 생각을 정리하자 기분은 차차로 나아졌습니다. 사흘 밤낮을 나를 싸고돌던 공포감이 조금씩 걷히고 냉정해졌을 뿐만 아니라 놀랍게도 다시

'생각'할 수 있는 힘이 생겼습니다. 정신이 명료해지고 이제 제3단계인 '최악의 상황을 좀 더 좋게 만들어라'라는 데까지 도달했습니다. 제가 해결 방법을 생각하자 아주 새로운 방법이 떠올랐습니다. 만일 이 문제에 대해 변호사에게 조언을 구한다면 미처 생각지 못한 어떤 방법을 말해 줄 거라는 기대가 생겼습니다. 이튿날 아침에 변호사를 찾아보았습니다.

내용을 들은 변호사는 검사를 찾아가 사실대로 말하라고 했습니다. 검사에게 이야기를 마치자 검사가 하는 대답에 놀랐습니다. 금전 갈취 협박은 이미 오랫동안 계속되어 온 것이며 정부관리라고 사칭한 인물은 경찰서에서 찾고 있는 지명수배자라는 사실이었습니다. 전문사기꾼에게 5천 달러를 줘야 할지 주지 말아야 할지 몰라서 사흘 밤낮을 고통스러워했던 저는 가슴이 뻥 뚫리고 후련해졌습니다.

이 경험은 제게 영원한 교훈을 가르쳐 주었습니다. 이제는 언제든지 걱정해야 할 어떤 긴급한 문제에 부닥쳤을 때는 언제나 '최악의 경우를 떠올려 보는' 캐리어의 법칙에 맞추어 생각하기로 하였습니다.

캐리어가 일찍 곤란한 경우를 당하였다면 그보다 더 어려움을 겪은 사람도 있다. 매사추세츠 주의 윈체스터 시에 사는 얼 P. 하네 씨의 경우를 이야기해 보자.

"저는 걱정 근심이 무척 많은 편인데 20세 때에 위궤양이 나타나기 시작했습니다. 어느 날 밤 저는 무섭게도 많은 피를 토해서 시카고의 노스웨스턴 대학 부속병원에 입원했습니다. 체중은 약 80Kg에서 41Kg으로 줄었습니다. 병세가 너무 위독해서 의사는 제게 손도 움직이지 말라고 주의를 주었습니다. 세 명의 의사가 제게 고치기 어려운 불치병이라고 선언했는데, 그 중에는 이름난 위궤양 전문가도 있었습니다. 저는 한 시간마다 먹는 음식은 알칼리성 가루 음식과 반 숟가락 정도의 밀크 크림이 전부였습니다. 아침 저녁으로 간호사는 고무관을 집어넣어 뱃속에 남은 음식 찌꺼기를 끌어내곤 했습니다. 이렇게 수 개월을 지난 후, 저는 자신에게 이렇게 말해보았습니다.

"얼 하네여, 그대가 만일 죽음 말고 아무것도 기대할 게 없다면, 이제부터 얼마 남지 않은 시간을 가장 보람있게 보내는 것이 좋지 않겠는가? 그대는 항상 죽기 전에 한 번 세계 일주를 하고 싶다고 하였지. 만일 지금도 그런 소망이 남아 있다면 당장에 실행해 보는 게 어떠한가?"

제가 의사에게 세계 일주를 떠나겠다고 말하자 그들은 깜짝 놀랐습니다. "천만에! 이런 말은 중환자에게 한 번도 들어보지 못한 말이오. 만일 세계 일주를 떠난다면 금방 길가에서 초상을 치르게 될 것이오."

"아니오. 괜찮습니다. 저는 이대로 사라질 수는 없어요. 저는 이미 가족에게 제가 죽으면 네브래스카 주 브로큰 보에 있는 가족 공동묘지에 묻어달라고 부탁했어요. 그러므로 나는 관을 지고라도 떠나겠어요."

저는 관 한 개를 준비하여 배에 싣고 제가 죽거든 시체를 냉동 보관했다가 고향에 보내달라고 선박회사와 계약을 했습니다. 그렇게 부탁한 후 노 시인 호머처럼 기분 좋게 고국을 출발했습니다.

오, 아직 쓰지 않은 우리의 모든 것을 가장 보람 있게 쓸지어다.

우리도 또한 무덤 속에 들어가야 할 몸이니

티끌은 티끌로 다시 티끌 밑에 영원히 묻히리로다.

술도 없고, 노래도 없고, 시인도 없고

그리고 또 끝도 없다.

로스앤젤레스에서 프레지던트 아담스 호를 타고 동양을 향하여 떠나는 순간 저의 기분은 한결 좋아졌습니다. 저는 차차 알칼리성 분말을 먹는다든가 위장을 씻어내는 일은 그만두기 시작했습니다. 얼마 지나지 않아 저는 여러 가지 음식을 먹었을 뿐만 아니라, 절대 먹어서는 안 되는 다른 나라의 향토 음식까지 먹게 되었습니다. 몇 주가 지나자 검은 빛깔의 긴 담배를 태우고 하이볼을 마실 수가 있었습니다. 저는 몇 해 동안 경험해 보지 못한 기쁨을 느꼈습니다. 배를 타고 여행하는 동안 심한 풍랑과 태풍도 만났지만, 설마 무서워서 죽기야 하랴? 라는 모험심에 말할 수 없는 쾌감이 느껴지기도 했습니다. 저는 배 위에서 노래도 불렀으며 게임도 했습니다. 새로운 친구도 사귀고 밤늦게까지 어울려 꼴딱 밤을 지새우기도 했습니다.

중국과 인도 땅에 도착하였을 때, 고국에서 사업으로 걱정하는 것 따위는 동양의 가난과 굶주림에 비하면 오히려 낙원의 꿈이라는 느낌이 들었습니다. 저는 쓸데없는 모든 걱정을 잊고 유쾌한 생각을 하기 시작하였습니다. 제가 미국에 돌아왔을 때 저의 체중은 정상대로 돌아왔고, 위궤양도 거의 잊어버릴 정도로 회복되었습니다. 저는 일생을 통하여 그때처럼 짜릿한 쾌감을 느낀 적이 없었습니다. 저는 다시 사업가로 돌아갔으며 그 후 한 번도 병에 걸린 일이 없었습니다."

얼 P. 하네 씨는 나에게 자기도 모르는 동안에 캐리어의 '걱정을 정복하기 위한 방법'과 같은 방법을 실천했다는 사실을 깨달았노라고 말했다.

첫째로, '자신에게 일어날 수 있는 최악의 사태는 무엇인가?'를 물어보았습니다. 그 대답은 죽음이었습니다.

둘째로, 죽음을 맞이할 준비를 하였습니다. 물론 별다른 방법이 없었기 때문입니다. 의사는 병을 고칠 수 없다고 단언했습니다.

셋째로, 사태를 개선하기 위하여 얼마 남지 않은 저의 인생을 최대한으로 즐기려고 했습니다. 제가 만일 배가 오른 후에도 그대로 계속하여 걱정하였다면 저는 관 속에 들어가 집에 돌아왔을 것입니다. 그러나 저는 마음을 턱 놓고 모든 걱정 근심을 잊었습니다. 따라서 그러한 마음의 평온이 새로운 에너지를 주었고 또 그것이 나의 생명을 건져 주었던 것입니다.

그러므로 걱정스러운 문제가 있거든, 다음과 같은 세 가지 방법을 응용하라.

❶ '자기자신에게 일어날 수 있는 최악의 경우가 무엇인가?'를 스스로에게 물어 보라.

❷ 그것이 불가피한 일이라면 최악의 상황을 그대로 받아들일 준비를 하라.

❸ 그 다음에 냉정한 태도로 최악의 상황을 개선할 방법을 찾아라.

걱정 근심으로 인한 재앙

걱정 근심을 정복하지 못하는 > 사람은 빨리 죽는다

어느 날 밤에 이웃 사람이 찾아와서 우리 가족에게 종두 예방주사 맞아야 한다고 권고하였다. 이 사람은 자진하여 남의 집 초인종을 울리며 종두 주사를 맞으라고 말하며 돌아다니는 수천 명 중 하나였다. 놀란 사람들은 예방주사를 맞기 위하여 몇 시간씩 줄지어 서 있었으며, 병원은 물론이거니와 소방서·경찰서 또는 큰 공장에서도 예방주사가 실시되었다. 이 군중에게 예방주사를 놓기 위하여 2천여 명의 의사가 간호사가 밤낮으로 도와서 맹렬한 활동을 하고 있었다.

그러면 대체 이 소동의 원인은 무엇이었을까? 뉴욕 시내에서 8명의 천연두 환자가 발생하였고, 그 중에서 2명이 사망했다. 거의 8백만 명이나 되는 인구 중에서 2명의 사망자가 났다는 이유로 이 소동이 일어난 것이다.

그런데 나는 벌써 37년 이상이나 뉴욕 시에서 살고 있건만, 한 번도 정신적인 질병 즉, 즉 걱정을 천연두보다도 수천 수만 배나 피해를 끼친 병에 대해 경고하려고 초인종을 누른 사람을 아직껏 보지 못하였다.

현재 미국에 살고 있는 사람 중 열 명에 한 사람씩 걱정과 정신적 혼란으로 인해 신경쇠약이라는 유행병에 걸린다는 사실을 경고해주는 사람은 하나도 없었다. 그러므로 나는 그것을 경고하려고 한다.

의학으로 노벨상을 탄 유명한 알렉시스 카렐 박사는, '걱정과 싸우는 방법을 모르는 사람은 빨리 죽는다'라고 말했다. 사업가뿐만 아니라, 주부나 의사, 노동자도 마찬가지이다.

몇 해 전에 산타페 철도회사 의무실에 근무하는 O. F. 고버 박사와 함께 텍사스에서 뉴멕시코까지 주 사이를 자동차로 여행하면서 휴가를 보낸 일이 있었다. 박사의 정식 직책은 콜로라도 주 산타페 병원협회 병원장이었다. 그때 우리는 '걱정이 미치는 영향'에 관한 이야기를 나누었는데, 그는 '의사를 찾아오는 모든 환자 중 70%는 걱정만 하지 않으면 저절로 나을 수 있는 병을 가진 사람들이다'고 말하였다.

이어서 그는 또 다음과 같이 말하였다. "하지만 그들의 병이 전부 상상에서 비롯된 것이라고 생각해서는 안 됩니다. 그 중에는 물론 무서운 치통 같은 것도 있고 간혹 그보다도 수백 배 무서운 여러 가지 병이 있습니다. 그러므로 제가 여기에서 말하는 것은 신경성 소화불량, 위궤양, 심장병, 불면증, 두통, 신경마비 따위의 병도 확실히 상상으로만 나타나는 병이 아닙니다. 물론 이러한 병은 실지로 통증을 수반하는 병입니다. 제 자신이 12년간이나 위궤양으로 고생한 경험이 있어서 이야기할 수 있습니다. 그러나 공포는 걱정을 만들어내고 걱정은 또 사람을 긴장시켜 신경질적이게 만들며 위신경을 자극하여 위액 분비를 불규칙하게 만들기 때문에 흔히 위궤양을 일으키게 되는 것입니다."

《신경성 위장병》이라는 책을 쓴 조셉 P. 몬터규 박사는 '위궤양의 원인은 먹는 음식물 때문이 아니다. 인간의 마음을 좀먹는 걱정으로부터 비롯된다.'고 말하였다.

또한 W. C. 알바레츠 박사는, "궤양은 흔히 감정적 긴장이 강하거나 약한 강도에 따라 더 심해지기도 하고 약해지기도 한다."라고 말하였다.

이 말은 마요 진료소에서 위장병으로 치료를 받은 15,000명의 환자를 연구한 결과로 얻은 결론이다. 5명 중에서 4명이 위장병 원인으로 육체적인 이유가 없었다. 심리적인 공포와 걱정과 증오, 또는 극도의 이기주의 또는 현실 사회에 적응할 수 없는 무능력함이 위장병의 원인이었다. 〈라이프〉지에 의하면 지금 우리의 치명적인 질병 중에서 위궤양이 열 번째되는 병이라는 것이다.

나는 최근 마요 진료소의 해럴드 C. 해버인 박사와 서면 연락을 해 본 일이 있다. 박사는 미국 산업계 의사연합회에서 자기의 논문을 읽고 자기가 평균 연령 44.3세에 해당한 사업가 176명을 연구한 결과를 보고하였다. 그의 보고에 의하면, '그들 사업가의 약 3분지 1이 지나치게 긴장된 생활에서 오는 세 가지 병, 즉 심장병, 소화기 궤양, 고혈압 같은 병에 걸려 있다.'는 것이다.

생각을 해보라. 우리나라 사업가 3분 1이 45세에도 이르기 전에 심장병, 위궤양, 고혈압으로 그들의 몸을 파괴하고 있다는 사실을! 그래도 이것을 성공이라 할 것인가? 그들은 돈을 주고도 성공을 사지 못하는 것이다. 위궤양과 심장병에 걸려 가면서 산업계에서 출세하는 사람을 어떻게 우리가 성공한 사람이라고 부를 수 있을 것인가? 온 천하를 다 차지했다 할지라도 건강을 잃었다면 무슨 소용이 있을 것인가? 세계를 다 차지한 사람이라 할지라도 하룻밤에 침대 한 개면 잘 수 있을 것이요, 하루에 세 끼만 먹으면 살 수 있을 것이다.

이러한 생활은 단순 노동을 하는 인부라도 할 수 있는 것이며, 이런 사람들이 오히려 크나큰 권력을 가진 사람들보다도 단잠을 자고 음식도 맛있게 먹을 것이다. 솔직히 말해서 나는 철도회사나 담배회사를 경영하여 45세에 건강을 해치는 것보다는 차라리 농촌에 가서 소작인 노릇을 하면서라도 걱정 없는 일생을 보낼 것이다.

담배 이야기가 나와서 말인데, 요새 세계적으로 유명한 담배 제조업자 한 사람이 캐나다 숲속을 산책하다가 별안간 심장마비로 갑자기 사망하였다. 그는 엄청난 재산을 모아놓고 61세의 나이에 세상을 하직하였다. 아마 그는 여러 해 동안 소위 사업의 성공이라는 것 때문에 그의 생명을 걸고 싸워왔던 모양이다.

내 생각으로는 수백만 불의 재산을 모은 담배회사 사장보다도, 미주리 주 농부로서 단 1달러의 돈도 없이 89세에 떠난 나의 아버지의 인생이 훨씬 더 보람이 있는 것 같다.

유명한 마요 진료소의 의사들은 미국에 있는 각 병원 침대의 50% 이상을 신경계통의 환자가 점령하고 있다고 말하였다. 그러나 그 환자들을 신경을 사체 해부의 방법으로 고성능 현미경으로 검사해 보면, 대부분의 신경이 확실히 일반 사람들의 신경에 못지않을 만큼 튼튼하다는 결과를 발표했다. 그러면 그들은 왜 아픈 것일까? 그들의 신경 고장은 신경계통의 육체적 결함에서 오는 것이 아니고, 쓸데없는 걱정과 공포와 패배할지도 모른다는 절망감에서 비롯된 것이다.

플라톤이 말하기를, '의사가 범하는 가장 큰 잘못은 그들이 환자의 마음을 치료하지 않고. 단지 육체만을 치료하려고 하기 때문이다. 그러나 마음과 육체는 하나로 이루어져 있으므로 이를 따로 분리하여 치료하면 안 된다.'라고 하였다.

그때부터 2천 3백여 년이 지난 오늘에 이르러서야 겨우 의료과학계에서 이 위대한 진리를 알게 되었다. 우리는 현재 의료술의 새로운 방법으로 〈사이코스매틱(Paych-osomaticl) 요법〉을 발전시키고 있다. 이것은 정신과 육체를 똑같이 치료하는 방법이다. 지금이야말로 비로소 우리가 이러한 치료 방법을 발전시키지 않으면 안 될 때이다. 왜냐하면 오늘날의 과학은 주로 무서운 물질적 병균에서 오는 질병 즉, 천연두, 콜레라, 황열병 같은 질병과 수백만 명을 일시에 사망하게 만드는 다른 병들은 대부분 퇴치시켰다.

그러나 병균 때문이 아니라 걱정과 공포와 증오와 실패와 절망 등등의 감정에서 비롯되는 정신적·육체적 파멸을 막는 데는 그만큼 발전하지 못하고 있다. 더구나 감정에서 비롯되는 질병에 의한 피해는 점점 늘어갈 뿐만 아니라 급속도로 확산되어 가고 있다.

의료 통계에 의하면 현재 미국인은 20명 중의 1명은 일생에 한 번은 마음의 병을 치료하는 병원에 다니게 된다고 한다. 제2차 세계대전 때에 소집되었던 젊은이의 6명 중의 한 사람이 정신질환으로 징병에서 제외되었다고 한다.

그러면 정신 이상의 원인은 무엇일까? 이에 대하여 정확한 대답을 할 수 있는 사람은 없다. 그러나 대개의 경우에 걱정과 근심이 주요 원인이라고 볼 수 있다. 세상의 가혹한 현실 세계와 싸워 이기지 못한 사람들은, 걱정하고 고민이 가득하여 냉정한 현실 세계와 관계를 끊고 자기가 만든 자기만의 비밀공간으로 도피해버린다. 그렇게 도피하여 자신의 문제인 걱정이 해결되었다고 생각한다.

나의 책상 위에는 에드워드 포돌스키 박사가 쓴《걱정 없이 건강하게 잘 살자》라는 책이 놓여 있는데, 그 책의 차례를 살펴보면 다음과 같은 것이 있다.

걱정이 사람의 심장에 끼치는 영향

고혈압은 걱정에 의해서 생긴다

류머티즘도 걱정에 의해서 생길 수 있다

위장에 해가 된다, 걱정을 너무 하지 말라

걱정 때문에 감기에 걸리는 이유

걱정과 갑상선

걱정이 많은 당뇨병 환자

또 하나의 유익한 다른 책은 '마요 진료소 정신병 치료'의 칼 메닝거 박사가 쓴《자기를 해롭게 하는 인간》이다. 메닝거 박사의 책에는 걱정을 피하는 방법에 관하여 어떠한 규칙은 말하지 않았으나, 걱정과 실패와 증오와 원한과 반항과 공포가 얼마나 우리의 육체와 정신을 해롭게 하는가에 대한 놀라운 사실을 알려 주고 있다.

걱정이 있으면 아무리 감정이 가장 둔한 사람이라도 병에 걸리게 된다. 그랜트 장군은 이러한 사실을 남북전쟁 중에 발견하였다. 장군의 이야기는 이러하다. 그랜트 장군은 9개월 동안이나 리치먼드를 포위하고 공격했다.

리치먼드의 군대는 헐벗고 굶주려서 전쟁에 패배하였다. 정부의 연대는 혼비백산하여 도망칠 길을 찾아달아났다. 나머지 병사들은 천막 속에서 기도회를 열고 울부짖으며 광란 지경에 빠졌다. 리 장군의 군대는 리치몬드에 있는 면화 창고와 담배 창고에 불을 놓고 병기창을 태워서 밤중에 높이 오르는 불길을 뒤로 하고 달아났다. 그랜트 장군은 쉴새 없이 이를 추격하여 적군의 좌우와 후방으로부터 무찔러 퇴로를 차단하였으며, 기병대는 적의 전선의 앞을 막아 철도를 끊고 군수물자를 실은 열차를 나포하였다.

그랜트 장군은 그때 무서운 구토성 두통으로 말미암아 눈이 보이지 않을 지경이 되자 대열에서 벗어나 농가에 누워있었다. 장군은 그의 《회상록》에서,

66 나는 더운 겨자물에 발을 담그고 팔목과 목 뒤에 겨자로 만든 고약을 바르고 밤새도록 두통이 가라앉기를 기다렸다."

고 기록하였다. 이튿날 장군의 두통은 삽시간에 나았다. 병이 낫게 된 원인은 겨자의 고약 때문이 아니고 리 장군의 '항복하고 싶다'는 편지를 가지고 달려온 한 기병 때문이었다.

그랜트 장군은 이렇게 기록하였다.

66 항복문서를 가진 장교가 내게 왔을 때도 나는 여전히 구토성 두통으로 신음하고 있었다. 그러나 편지 내용을 보자마자 나의 두통은 감쪽같이 나았다."

분명코 그랜트 장군을 병들게 한 것은 걱정과 긴장감이었던 것 같다. 그의 감정이 자신감과 성공과 승리의 기쁨을 한꺼번에 느끼게 되는 순간, 그의 병은 달아나고 말았다.

이로부터 70년 후, 프랭클린 루스벨트 정부의 재무장관이었던 헨리 모겐소 주니어도 걱정이 현기증의 원인이 된다는 사실을 발견하였다. 그는 일기 속에 대통령이 밀값을 올리기 위해 하루에 밀 440만 톤을 매상하였을 때, 그는 크게 걱정하였다고 한다.

"나는 일이 진행되자 현기증이 나서, 점심을 먹은 후 집에 돌아가 침대에 누워 두 시간씩이나 잠을 자야만 했다." 걱정 근심이 사람에게 어떤 영향을 끼치는가를 알기 위하여 나는 도서관이나 의사를 찾아갈 필요도 없다고 생각한다. 나의 집 근처에도 걱정으로 신경쇠약에 걸린 사람이 있고, 걱정으로 당뇨병에 걸린 사람도 있다. 당뇨병에 걸린 사람은 주식이 떨어지면 혈액 중의 당분이 소변으로 빠져나와서 그렇게 된 것이다.

프랑스의 유명한 철학자 몽테뉴가 그의 고향 보르도에서 시장이 되었을 때, 그는 시민들에게,

> 66 저는 기쁜 마음으로 여러분의 어려운 일을 해결하기 위해 두 손을 바칠 준비가 되어 있습니다. 그러나 저의 오장육부까지 거기에 바치지는 못할 것입니다."

라고 말하였다.

앞서 말한 이웃 중에는 주식시장이 폭락하자 그 걱정을 혈맥 속까지 끌어들여 당뇨병에 걸렸고, 얼마 지나지 않아 사망하였다. 걱정 근심이 사람에게 어떠한 영향을 끼치는가를 알기 위해 많은 이웃을 살펴볼 필요도 없다. 내가 글을 쓰고 있는 우리 집에 살던 전 주인도 지나치게 걱정이 많은 사람이었는데 너무 젊은 나이에 죽음을 맞이했다고 한다. 또한 걱정은 관절염과 중풍을 불러오기도 한다. 코넬 대학 의학부의 러셀 L. 세실 박사는 중풍에 대한 세계적 권위자인데 그는 중풍에 걸리는 가장 큰 원인 네 가지를 다음과 같이 설명하고 있다.

❶ 부부 관계의 파탄

❷ 재정적 파멸과 거기에서 오는 슬픔

❸ 고독과 걱정 근심

❹ 오랫동안 품고 있는 원한

물론 이 네 가지 조건이 중풍에 걸리는 유일한 원인은 아니다. 여러 원인에 따라 생겨나는 여러 종류의 중풍도 있다. 그러나 중풍에 걸리는 가장 많은 원인이 세실 박사가 열거한 네 가지라는 사실을 거듭 밝혀둔다. 예를 들면 내 친구는 불경기에 크게 파산하여, 집에 가스도 끊기고 은행에서는 집에 가압류 조치를 취했다. 그때 그의 아내는 별안간 중풍이 발생하여 약도 쓰고 음식도 가려 먹었지만, 중풍 증상은 그 집의 경제 상황이 좋아질 때까지 계속되었다.

걱정 근심은 또 치통까지도 앓게 한다. 윌리엄 I.L. 맥고니글 박사는 미국 치과학회에 보고한 내용을 보면, "걱정과 공포심과 짜증 등의 불쾌한 감정은 신체 속에 들어 있는 칼슘량의 균형을 잃게 하여 충치의 원인이 된다."고 한다. 맥고니글 박사는 자기가 치료한 환자의 경우를 예로 들었다. 그 환자는 본래 건강한 치아를 가지고 있던 사람인데, 아내가 별안간 병들게 되자 상심하기 시작하더니 아내가 입원한 지 3주만에 이 아홉 개에 충치가 생겼다고 한다.

혹시 갑상선에 이상이 생긴 사람을 알고 있는가? 나는 매우 예민한 갑상선 이상자를 본 일이 있는데, 그 사람은 벌벌 떨며 마치 죽을 것 같은 모습을 하고 있었다. 이는 신체 기관의 기능을 조정하는 갑상선의 질서가 유지되지 않는 불균형 때문이다. 심한 발작으로 몸의 심장맥박의 속도가 급격하게 높아져서 마치 통풍 조절장치를 떼어놓은 난로처럼 전신의 피가 이글이글 타버린다. 만일 이 때에 수술이나 치료로 해결하지 못하면 그 사람은 타버리거나 사망한다.

얼마 전에 나는 갑상선에 문제가 있는 친구와 필라델피아에 간 적이 있다. 우리는 이스라엘 부람 박사를 찾아 상담했는데, 이 박사는 38년 동안이나 이 병을 치료해온 전문가였다. 그가 나무 액자에 써서 병원 대기실에 걸어놓은 문구가 인상적이었다.

—휴식과 휴양—

가장 유익한 휴식과 휴양을 주는 힘은

건전한 종교와 수면과 음악과 웃음에 있나니,

하느님께 온전한 믿음을 가져라.

그리고 잘 자는 방법을 배워라.

좋은 음악을 사랑하라.

인생의 즐거운 면을 바라보도록 하라.

그렇게 하면 건강과 행복이 그대의 것이 될 것이다.

박사가 나의 친구에게 물어본 최초의 질문은, "어떤 고민이 있었길래 몸이 이 지경에 이르렀습니까?"라는 말이었다. 그런데 이후에도 계속 걱정을 한다면 합병증으로 심장병, 위궤양, 당뇨병이 생길는지도 모르겠다고 경고하였다. 또 의사는 "이렇게 모든 병은 서로 친사촌처럼 아주 가까운 사이에요. 그러니 제발 걱정을 떨쳐버리세요."라고 말하였다.

내가 처음 영화배우 말 오베론을 만났을 때 그는 이런 말을 했다. "걱정을 하면 영화배우로서 저의 매우 소중한 재산이 없어져요. 아름다운 얼굴이 망가지고 주름살만 생기니까 저는 절대로 걱정을 하지 않아요.

제가 처음 영화계에 발을 들여놓으려 할 때, 걱정도 되고 두려움도 느꼈습니다. 인도에서 막 돌아와 런던에서 직업을 구할 때인데 아는 사람이 하나도 없었습니다. 영화 제작자 몇 사람을 찾아보았으나, 그 누구도 저를 채용해 주지 않았죠. 얼마 지나지 않아 그나마 몇 푼 안 되던 돈도 바닥이 났어요. 한동안 건빵과 물로 연명을 했지요. 그러니 자연히 걱정도 많아지고 몸이 쇠약해졌어요.

그래서 저는 자신에게 이렇게 말해보았습니다. '네가 퍽 어리석은 것 같아. 그렇게 해서는 절대로 영화계에 들어가지 못할 거야. 너는 한 번도 연기를 해본 적도 없고 배우로서 경험도 없잖아. 겨우 네가 내놓을 수 있는 것은

오직 어여쁜 얼굴이 있을 뿐이지.'

저는 거울로 얼굴을 들여다보며 걱정 근심으로 얼굴이 얼마나 변했는지 살펴보았습니다. 주름살이 잡혀 있고, 수심에 가득 찬 표정이 어두웠어요. 그래서 저는 스스로에게 다시 이렇게 말했어요. '너는 지금 당장 걱정을 잊어야 해. 네겐 걱정할 여유가 없어. 네가 내놓을 것은 오직 얼굴뿐인데 근심으로 그 얼굴이 아주 못 쓰게 상해 가고 있단 말야.'라고 말이에요.

우리가 알고 있듯이 걱정처럼 여성의 얼굴을 순식간에 늙고 추하게 변화시키는 것은 없다. 걱정은 얼굴 표정을 어둡게 만든다. 걱정은 주름살, 피부병, 여드름, 부스럼을 만들며 흰머리를 돋게 하고 탈모가 생기게 만든다.

오늘날 미국인의 사망 원인 중 1위가 심장병이다. 2차 대전 때 전사자는 약 30만 명인데, 똑같은 기간 중에 심장병으로 사망한 사람은 약 2백만 명이었다. 200만 명 가운데 약 100만 명은 걱정과 극도로 긴장된 생활로 인해 생겨난 심장병으로 사망하였다는 것이다. 알렉시스 카렐 박사가 "걱정과 싸우는 방법을 모르는 사람은 일찍 죽는다."고 말한 이유 중 하나로 심장병을 꼽을 수 있다.

남부 지방의 흑인이나 중국 사람들은 걱정에서 비롯된 심장병으로 죽는 사람이 거의 없다. 이유는 그들이 어떠한 사건을 막론하고 그것을 대수롭지 않게 생각하기 때문이다. 심장의 장애로 죽는 의사가 농부의 사망률보다 20배나 많다. 대개 의사는 긴장된 생활을 하기 때문에 그렇게 비극적인 수치가 나오는 모양이다.

윌리엄 제임스는 "하느님은 우리의 죄를 용서해 주실지 몰라도, 신경 계통은 그렇지 않다."라고 말하였다. 가장 놀랍고 믿기 어려운 사실은 미국에서 매년 자살하는 사람의 숫자가 가장 흔한 다섯 가지의 전염병으로 죽는 사람보다 더 많다는 것이다. 그 이유는 무엇일까? 대부분 지나친 '걱정' 때문이다.

잔인한 중국 장군은 죄수를 형벌할 때 항상 죄수의 손발을 묶어 물주머니 아래 눕히고 이 물이 밤낮으로 똑똑 떨어지게 만들었다. 물방울은 끊임없이 죄수의 머리 위에 떨어져 나중에는 마치 장도리로 머리를 때리는 소리와 같이 들리다가 마침내 죄수가 실신 상태에 이르는 것이었다. 이와 똑같은 고문 방법이 스페인의 종교 재판에서도, 또 히틀러의 독일 수용소에서도 사용되었다.

걱정이란 마치 방울방울 끊임없이 떨어지는 물방울과 같다. 이 방울방울의 걱정과 근심은 사람을 미치광이로 만들고 자살을 하게 한다. 내가 미국 미주리 주의 시골 청년이었을 때, 빌리 선데이의 '지옥의 불' 이야기를 듣고 두려운 생각에 초죽음이 되었다. 그런데 내게 그 이야기를 해준 사람은 걱정 근심이 당장 현세에서 어떤 육체적 고통을 가져다주는지 그 업화(業火)에 대해서는 전혀 이야기하지 않았다.

예를 들면 당신이 만일 만성적으로 걱정을 하는 사람이라면, 엄청난 고통이 수반되는 협심증이 나타날 것이다. 만일 협심증에 걸리면 당신은 고통으로 소리쳐 울 것이다. 당신의 울음소리는 단테의 《지옥(地獄)》에 나오는 토일란드의 베비스와 같은 울음 소리와 같을 것이다. 그러면 당신은 울먹이면서, "오 주여, 오 하느님이시여, 제발 협심증이 낫기만 한다면, 다시는 걱정을 안 하오리다!"라고 말할 것이다.

당신은 진실로 생명을 사랑하는가? 당신은 건강하게 오래 살기를 원하는가? 그렇다면 당신이 어떻게 해야 되는가? 그 해답이 여기에 있다. 카렐 박사의 말을 인용해보자. "현대 도시의 복잡한 가운데서도 마음속의 평정을 유지하는 사람은 신경계통의 질병에 걸리지 않는다."라고 말하였다.

그러면 당신은 어떠한가? 만일 당신이 보통 사람이라면 '할 수 있다.'고 대답할 것이다. 사람은 대개 자기 자신이 생각하는 것보다는 강하다. 우리는 우리가 아직 한 번도 사용해보지 못한 숨은 재주를 가지고 있다. 헨리 데이비드 소로의 불멸의 저서 《월든》에는 이런 구절이 있다.

> 66 인간이 의식적인 노력을 통하여 그의 생활을 향상시킬 수 있는 확실한 능력을 가지고 있다는 사실보다 더 든든한 사실이 없다. 사람이 자신 있게 이상을 향해 전진하며 노력한다면 그는 평상시에는 감히 예상치 못했던 의외의 성공을 거두게 될 것이다."

이 책의 독자 여러분은 올가 K. 자르이 씨처럼 굳은 의지력과 여러 가지 정신적인 자원을 가지고 있을 것이다. 그녀는 아이다 호의 커르 달렌에 살고 있다. 그녀는 누구보다도 비극적인 환경에 놓여 있지만, 결국 걱정을 잊을 수 있는 방법을 발견하였다. 당신과 나도 만일 이 책에서 이야기한 다양한 오랜 진리를 응용한다면 우리도 역시 걱정을 극복할 수 있을 것이라고 확신한다.

올가 자베이가 내게 써 보낸 그의 이야기는 다음과 같다.

"8년 6개월 전의 일이외다. 저는 암 선고를 받았습니다. 그건 고통 속에서 서서히 죽어가는 병입니다. 가장 훌륭한 전문가인 마요 진료소 의사들의 진단도 같았지요. 저는 막다른 골목에 섰습니다. 나이가 젊었고 죽기 싫었습니다. 절망 끝에 저는 주치의에게 전화를 걸어 절망감을 울며불며 하소연했습니다. 그러나 의사는 냉랭하게 도리어 저를 책망했어요.

올가 씨! 이러시면 정말 큰 일 납니다. 그만한 참을성도 없나요? 울고 있을 때가 아니라고요. 분명히 병세는 악화되고 있어요. 만일 당신이 계속하여 울고만 있다면 당신은 결국 죽고 말 것입니다. 어떤 가장 나쁜 무엇이 당신을 점령하고 있는 거예요. 자, 현실을 직시합시다. 걱정하지 말고 그에 대한 어떤 방법을 찾아보세요.

그때 바로 그 자리에서 저는 한 가지 맹세를 했지요. 이 맹세는 지극히 엄숙하여 살에 못을 박는 것 같았고 등 뒤로 식은땀이 흘러내렸습니다. 저는 '걱정하지 않겠다, 울지 않겠다, 기어코 이겨 보겠다, 그리고 나는 반드시 살아 나가겠다고 다짐했습니다.

저는 뼈가 마치 나무 없는 산허리에 박혀 있는 돌처럼 나의 야윈 몸에서 솟아 나와도 다리가 납덩이처럼 무거워졌건만 아무 걱정을 하지 않았습니다. 울지 않고 도리어 즐겁게 웃었습니다! 그렇습니다. 저는 오히려 억지로라도 웃었습니다.

저는 물론 웃는 것만으로도 암이 나았으리라고 생각할 만큼 어리석지는 않습니다. 그러나 유쾌한 마음 태도가 병과 싸우는 몸을 도와줄 거라고 확신했습니다. 어쨌든 간에 암에 관한 기적적인 치료법 중 하나를 경험했습니다. 그것은 바로 '사실에 직면하라, 걱정하지 말고 대책을 세워라!'라는 것입니다.

저는 다행히 암을 이겨내고 최근 수년 동안 가장 건강하게 지낼 수 있게 되었습니다. 저는 카렐 박사의 "걱정과 싸우는 방법을 모르는 사람은 빨리 죽는다."라는 말을 다시 한번 거듭 강조하려고 합니다.

DALE CARNEGIE

7

걱정 근심의
해결 방법

- 걱정되는 문제를 분석하고 해결하는 법

- 사업상의 걱정 근심을 절반으로
  줄이는 법

- 이 책에서 가장 많은 이익을 거두게 하는
  아홉 가지 제안

7. 걱정 근심의 해결 방법

내가 걱정하고 있는 문제는 무엇인가, 그 문제에 대해 내가 할 수 있는 일은 무엇인가? 문제가 생기게 된 원인은 무엇인가, 그 문제에 대한 가능한 모든 해결 방법은 무엇인가, 그대는 어떠한 해결 방법을 가졌는가?

걱정되는 문제를 분석하고 해결하는 법

나에게 여섯 명의 정직한 일꾼이 있으니

(내가 아는 것은 전부 그들이 가르쳐 준 것이다)

그들의 이름은 무엇과 왜와 언제와 어떻게와 어디와 누가이다.

— 러드야드 키플링 —

우리가 앞에서 말한 윌리스 H. 캐리어의 법칙은 우리의 모든 걱정을 전부 해결해 줄 것인가? 물론 그렇지 못하다. 그러면 거기에 어떤 해답이 있을까? 해답을 찾으려면, 문제를 분석하는 세 가지 단계를 알아야 한다. 세 가지 단계로 나누어진 방법은 아래와 같다.

❶ 사실을 수집한다.
❷ 사실을 분석한다.
❸ 결정을 내린다. 그리고 그 결정에 따라서 행동한다.

실제로 이 방법은 옛날부터 전해져 내려왔다. 아리스토텔레스가 이 방법을 말하였고 또 이 방법을 사용하였다. 그런데 우리도 우리를 괴롭히는 다양한 문제를 해결하려면 결국 이러한 방법을 사용할 수밖에 없을 것이다.

먼저 1단계는 '사실을 수집한다'이다. 그러면 사실을 수집하는 것이 왜 그렇게 중요한 것일까? 우리가 사실을 확보하지 못하고는 문제를 현명하게 해결할 아무런 방법도 없는 까닭이다. 사실이 없으면 우리는 혼란 속을 헤맬 뿐이다. 이것은 내 생각이 아니라 22년 동안 컬럼비아대학교 학장이었던 허버트 E. 헉스 교수가 말한 것이다. 헉스는 20여만 학생들을 도와서 걱정스러운 문제를 해결해 준 사람이다. 그는 내게 "걱정의 중요한 원인은 혼란이다."라고 말하는 동시에 아래와 같이 설명하였다.

"이 세상 걱정의 절반은 사람들이 결단의 기초가 되는 충분한 지식을 갖추지 못한 채 결단을 내리려고 덤비는 데서 생깁니다. 예를 들면 제가 돌아오는 화요일 3시에 문제가 생길 것이라는 사실을 알고 있다고 해봅시다. 그

때 저는 화요일이 닥쳐올 때까지 그 문제에 대한 결단을 내리려고 애쓰지 말고, 그 문제에 대한 사실을 수집하기에 집중합니다. 그 문제에 대해 걱정하지도 않고, 잠도 푹 자면서 오로지 사실을 수집하기만 하면 됩니다. 그렇게 사실을 제대로 수집하게 된다면 화요일이 되기도 전에 문제는 저절로 해결될 것입니다."

내가 헉스 학장에게 "그러면 학장님께서는 그렇게 해서 걱정으로부터 완전히 해방되셨습니까?"라고 묻자, "예, 그렇습니다."라고 대답하였다.

"분명하게 말씀드리자면 저는 이제 제 생활에서 전혀 없다고 말할 수 있을 정도로 걱정 근심을 모르고 지냅니다. 누구를 막론하고 자기가 공평하고 객관적인 태도로써 사실을 수집하기 위해 시간을 사용한다면 걱정 근심은 대부분 그의 지식의 광채 앞에 사라지고 말 것입니다."라고 말하였다.

그럼에도 불구하고 우리는 대개 어떠한가? 토머스 에디슨이 극히 신중한 태도로 말한 것을 살펴보자. "사람들이 깊게 생각을 하지 않고 문제를 해결할 수 있는 방법이란 없다."는 것이다. 즉 우리는 보통 한 번 생각한 것을 사냥개처럼 졸졸 따라다닐 뿐, 그 밖의 모든 사실은 무시해 버리게 될 것이다. 우리는 오직 자신의 행동을 정당화시키고 그에 부합하는 사실만을 추구하여 자기가 가졌던 편견을 정당화하려고 한다.

앙드레 모로아는 이에 대해 이렇게 말했다. "우리는 개인의 희망에 맞는 모든 것이 옳게 보이고 그렇지 않은 것에 대해서는 분노한다." 여기서 우리가 자신의 문제를 해결하기가 얼마나 어려운지를 알 수 있다. 만일 우리가

2에 2를 보태어 5가 된다는 것을 미리 전제로 한다면, 초등학교 2학년 정도의 산수를 푸는 데도 이와 똑같은 곤란에 부닥칠 것이다. 이 세상에는 2에 2를 보태면 5가 된다고 떼를 씀으로써, 자기도 망치고 남도 해롭게 하는 사람이 얼마나 많은가?

그러면 우리는 어떻게 해야 할 것인가? 우리는 생각과 감정을 구분해야 한다. 그리고 헉스 학장이 말한 대로 공평하고 객관적인 태도로써 사실을 수집해야 한다. 물론 걱정하고 있을 때 그렇게 한다는 것은 결코 쉬운 일은 아니다. 걱정 근심이 있을 때는 감정이 복받쳐 오르는 것이 보통이다. 자기 자신의 문제를 떠나서 분명하고 객관적인 태도로 사실을 보려 할 때 도움이 된다고 생각하는 두 가지 방법을 살펴보자.

❶ 사실을 수집할 때 나를 위하여 수집하는 것이 아니고 남을 위해 수집하는 것이라고 생각한다. 그러면 증거에 대한 냉정하고 공평한 견해를 가지게 되며 나의 감정을 제어하는 데 도움이 된다.

❷ 내가 걱정하고 있는 문제에 관한 사실을 수집하려 할 때, 나는 가끔 그 사건의 상대방을 변론하려고 준비하는 변호사와 같은 태도를 취해 본다. 다시 말하면 나에게 불리한 모든 사실 즉, 나의 희망을 깨뜨리는 모든 사실과 내가 보고 싶어하지 않는 모든 사실을 수집해 보려고 한다. 그 다음에 그 사건에 관한 양쪽의 사실을 기록해본다. 그러면 사건의 진실성이 두 극단의 어느 쪽에 있다는 것을 알 수 있다.

내가 말하려는 요점이 여기에 있다. 당신이나 나, 아인슈타인, 그리고 미국의 최고재판소 소장일지라도 어떤 문제를 다룰 때 첫째로 사실을 수집하지 않고서는 슬기로운 판단을 내릴 수 없을 것이다. 에디슨은 그것을 알고 있었다. 그가 세상을 떠났을 때 그에게는 그가 당면했던 여러 가지 문제에 대한 사실을 가득히 기록한 2,500권의 노트가 있었다고 한다. 그러므로 우리의 문제를 해결하는 제1의 법칙은 '사실 수집'이다. 우리는 헉스 학장이 한 것과 같이 우선 공평한 태도로 모든 사실을 수집하기 전에 문제를 해결하려고 하지 말아야 한다. 그러나 필요한 모든 사실을 수집했다고 해도 그것을 분석하고 해석하지 않고서는 아무런 소용이 없다.

나는 사실을 기록한 다음에 그것을 분석하기 수월하다는 것을 값비싼 경험을 통해 알게 되었다. 실제로 사실을 메모해 두었다가 문제를 똑똑히 기록하는 것만으로도 우리는 그럴듯한 어떤 해결점에 상당히 가까워졌다고 말할 수 있다. 찰스 캐터링은 이에 대해 "잘 씌어진 문제는 이미 절반은 해결된 문제이다."라고 말하였다.

그렇다면 이것이 실제로 어떻게 응용되는가를 설명해 보기로 하자. 한 장의 그림이 1만 자의 글만큼이나 가치가 있다고 중국 사람이 말한 바와 같이, 나는 이제 어떤 사람이 지금 말하고 있는 것을 어떻게 구체적 행동으로 옮길 수 있었는지 그림으로 보여주기로 하겠다.

미국인 갈렌 리치필드는 동양에서 가장 성공한 미국 사업가 중의 한 사람이다. 1942년에 그가 중국에 있었는데, 일본 군대가 상하이를 진격하고 있었다. 다음은 그가 어느 날 우리 집에 손님으로 왔을 때 들려준 이야기이다.

"일본에 의한 진주만 공격이 있은 지 얼마 안 지나서 일본은 상하이로 밀

어닥쳤습니다. 저는 그때 상하이에 있는 아시아 생명보험회사의 지배인이 었습니다. 일본군은 우리에게 군대 〈청산원(清算員)〉 한 사람을 보내고 그를 도와 우리의 재산을 청산하라는 명령을 내렸는데, 그 청산원은 실지로 해군 대장이었습니다. 저는 이에 대해 좋다거나 싫다고 말할 수 없었고, 오직 협력을 해야 할 뿐이었습니다. 그들의 명령에 거역하는 것은 곧 죽음을 의미하는 것이었죠.

저는 하는 수 없이 그가 말하는 대로 따라갔습니다. 거기에는 75만 달러에 해당하는 한 뭉치 유가증권이 있었는데, 저는 그것을 해군대장에게 줄 목록표에서 빼버렸습니다. 그것을 뺀 이유는 증권이 홍콩 기관에 소속된 것이었기 때문에 저로서는 본사의 자산이 아니라고 판단한 것입니다. 만약 일본 군대에게 그것이 발각되는 날이면 저는 곤경에 처할 것을 각오하였으며, 또 그것을 염려하고 있었습니다.

그런데 결국 들키고 말았습니다. 때마침 저는 자리에 없었으나 경리가 그곳에 있었습니다. 경리는 일본군 대장이 크게 노하여 펄펄 뛰며 저를 '도적놈이니, 반역자니' 하면서 고함을 쳤다고 합니다. 이유는 제가 일본 군대를 무시했다는 것이었습니다.

저는 일본 군대의 대장이 한 말의 의미를 알았습니다. 저는 이제 브릿지하우스로 잡혀갈 것이었습니다. 브릿지하우스는 일본식 게슈타포라고 할 수 있습니다. 즉, 일본 헌병대의 고문실이었습니다. 저는 친구들이 브릿지하우스에 연행될 것이 두려워서 자살한 것을 보았고, 또 다른 친구들은 그곳에서 열흘 동안 갖은 문초와 고문을 받다가 사망한 경우도 있었습니다.

이제는 제 자신이 그 악명 높은 브릿지하우스로 끌려 가리라는 소식을 들은 것은 일요일 오후였습니다. 그 소식을 들은 저는 물론 놀랐습니다. 만일 제가 문제를 해결하기 위한 확고한 기술을 가지지 못했더라면 아마도 무섭고 두려움에 떨고 있었을 것입니다. 그러나 저는 오래전부터 제게 무슨 걱정 근심이 생기면 타이프 라이터를 꺼내어 다음의 두 가지 질문을 쓰고 그 질문에 대한 대답을 기록해왔습니다.

❶ 내가 걱정하고 있는 문제는 무엇인가?

❷ 그것에 대하여 내가 할 수 있는 일은 무엇인가?

나는 몇 년 전까지만 해도 문제가 생기면 기록하는 일 없이 문제에 대한 대답을 해보려고 했지만, 몇 년 전부터 방법을 바꾸었습니다. 저는 질문과 대답을 똑같이 쓰는 것이 사고를 명확하게 한다는 것을 깨달았던 것입니다. 그래서 일요일 오후 상하이 YMCA에 있는 숙소로 달려가서 타이프라이터를 꺼내 다음과 같이 타이핑하였습니다.

❶ 나는 무엇을 걱정하고 있는가?

나는 내일 아침 브릿지하우스로 연행되어 갇히게 되지 않을까 걱정하고 있다.

다음으로 두 번째 질문을 타이프하였습니다.

❷ 그것에 대하여 나는 무엇을 할 수 있는가?

저는 여러 시간 생각한 끝에, 제가 취할 수 있는 네 가지 행동 순서와 그 행동의 결과를 써 보았습니다.

A. 내가 일본군 대장에게 자세하게 사건의 경위를 설명해 볼까? 그러나

그는 영어를 모른다. 내가 만일 통역을 세워 설명한다면, 혹 그를 더욱 화나게 만들 수도 있다. 그렇다. 그것은 죽음을 의미하며 나는 죽을는지도 모른다. 그 일본군 대장은 잔인한 사람인만큼, 나의 변명을 듣는 수고를 하지 않고, 차라리 나를 속히 브릿지하우스로 보내버릴지도 모른다.

B. 내가 달아나 볼까? 그것은 안 될 말이다. 일본 군대가 항상 나의 일거수 일투족을 감시하고 있다. 내가 YMCA의 숙소를 출입할 때마다 점검을 받게 되어 있으므로, 내가 만일 달아나다가는 아마 체포되어 총살당할 것이다.

C. 내가 나의 숙소에 틀어박혀 다시는 사무실 근처로 가지 않아볼까? 만일 그렇게 한다면 일본군 대장이 더욱 의심하여 군인을 보내서 나를 데려다가 나에게 말할 기회를 주지 않고 브릿지하우스에 집어 넣을 것이다.

D. 내가 평상시와 같이 월요일 아침에 사무실로 출근해 볼까? 만일 그렇게 한다면 혹 일본군 대장이 자기 일에 바빠서 내가 한 일을 잊을지도 모른다. 설령 그가 생각해낸다 하더라도 그때는 이미 시간이 좀 흘러서 그가 냉정을 되찾았을 수도 있어서 나를 귀찮게 하지 않을지도 모른다. 그렇다면 나는 정말 다행이고 안전할 것이다. 혹시 그가 나를 성가시게 하는 일이 있더라도 그에게 그간의 사정을 설명할 기회가 있을 것이다. 그러므로 월요일 아침에 평상시와 같이 사무실에 나가 아무 일도 없었던 것처럼 행동하는 것이 브릿지하우스를 피하는 데 두 차례의 기회가 되는 셈이다.

이와 같은 여러 가지 생각을 하여본 끝에 제4의 방법, 즉 평상시와 같이 월요일 아침에 사무실로 나가는 방법을 취하기로 작정하자 저의 기분은 탁 풀어졌습니다. 다음 월요일 제가 사무실에 나갔을 때, 일본군 대장은 담배를 입에 물고 언제나 하던 버릇으로 저를 한 번 힐끗 쳐다본 후 아무 말도 없었습니다. 6주일이 지난 후 천만다행으로 이 일본군 대장은 도쿄로 떠나가고 제 걱정은 끝나버렸습니다.

제가 앞에서 말한 바와 같이 제 자신의 생명을 구한 것은 일요일 밤에 자리에 앉아 제가 취할 수 있는 모든 방법을 기록하고, 그 방법에서 생길 수 있는 결과를 각각 기록하면서 냉정한 입장에서 결론에 도달한 까닭이라고 생각합니다.

만일 제가 그렇게 냉정을 유지하며 그러한 방법을 쓰지 않았다면, 저는 아마 허둥대고 결단을 못 내렸을 것이며, 불안한 마음에 허둥대다가 일을 그르쳤을지도 모릅니다. 그리고 만일 제가 그 문제를 연구하고 결단을 내리지 못했다면, 일요일 오후를 큰 걱정 근심으로 번민에 빠졌을 것이며, 물론 그날 밤 잠도 이루지 못했을 것입니다.

설령 월요일 아침에 사무실에 나갔더라도 얼굴에 괴롭고 걱정스러운 빛을 보였을 것이므로, 그것만으로도 족히 일본군 대장의 의심을 사는 동시에 그를 자극하여 행동으로 옮겨 가도록 했을지도 모릅니다.

때때로 경험한 바에 의하면 저는 어떠한 결론에 도달하는 것이 위대한 가치가 있다는 것을 알았습니다. 누구를 막론하고 일정한 목적에 이르지 못하고 쓸데없이 당황하면서 예상된 파국의 두려움에 떨게 되면, 결국 신경쇠약에 걸리게 되고 생지옥 같은 고통을 받게 되는 것입니다. 저는 명확한 결론을 얻게 되었을 때, 동시에 걱정 근심의 50%가 사라진다는 사실을 깨달았습니다. 그러므로 결국 저는 다음과 같은 네 가지 방법을 취함으로써, 걱정 근심의 90%를 없앨 수 있었습니다.

❶ 걱정하고 있는 문제를 분명히 적을 것.

❷ 그것에 대하여 내가 할 수 있는 방법을 적기.

❸ 무엇을 할 것인가를 결정할 것.

❹ 그 결단을 즉시 실천에 옮길 것.

갈렌 리치필드는 뉴욕의 보험 투자업계에서 유명한 프리맨 사의 동양지역 담당 이사이다. 갈렌 리치필드는 자기의 성공이 대부분 내가 앞에서 설명한 방법, 즉 걱정되는 문제를 분석하고 그 문제에 정면으로 부딪치는 데서 이루어진 것이라고 고백하였다.

그럼 이 방법이 왜 그처럼 훌륭한 것인가? 그것은 이 방법이 효과적이요, 또 매우 구체적이며, 직접 문제의 핵심을 꿰뚫기 때문이다. 무엇보다도 그것이 제3의 필수 법칙, 즉 '그 문제에 대해 집중하여 행동을 취한다.'는 데에 중점을 두기 때문이다.

우리가 어떠한 행동을 취하지 않는다면, 그 어떤 사실 수집이나 분석도 소용이 없어지고 에너지만 낭비하는 결과를 초래한다. 윌리엄 제임스는 다음과 같은 말을 했다.

"일단 결론이 내려서 바로 실행할 단계에 이르렀을 때는 일의 결과에 대한 모든 '책임'과 '염려'를 모두 잊어버려라."(여기서 윌리엄 제임스는 '걱정'이라는 말을 '

불안과 같은 의미로 사용한 것 같다.)

그가 말하는 것은 "사실에 따라 우리가 신중한 결론을 내린 다음에는 바로 행동으로 옮겨라."라는 것이다. 즉 되풀이하여 보려고 하지 말며, 주저하거나 걱정함으로써 처음으로 다시 돌아가지 말며, 다시 의심하기 시작하여 새로운 의심까지 파생시키지 말며, 뒤를 돌아다보지 말라는 것이다.

오클라호마에서 꽤 유명한 석유사업가인 웨이트 필립스 씨에게, 내가 어떻게 결단을 내리고 나서 실천으로 옮기느냐고 물어보았을 때 그는 이렇게 대답하였다.

"저는 어떤 문제에 관하여 어느 정도 선을 넘어서까지 생각하면, 도리어 혼란과 걱정이 생겨난다는 것을 알았습니다. 어떤 문제를 막론하고, 그 이상으로 조사하고 생각하는 것이 오히려 해롭다고 느낄 때가 있어요. 또 우리가 결정하고 행동에 옮기면 절대로 뒤를 돌아다보지 말아야 될 때도 있습니다."

왜 당신은 걱정스러운 문제에 대해 갈렌 리치필드의 방법을 적용시키려 하지 않는가?

아래 두 문제에 대해 답안을 해보자.

▓▎▎ 제1문(問)— 나는 무엇을 걱정하고 있는가?

(아래에 답을 쓰시오.)

■■■ 제2문(問) — 나는 그것에 대하여 무엇을 할 수 있는가?

(아래에 답을 쓰시오.)

■■■ 제3문(問) — 나는 무엇을 할 것인가?

(아래에 답을 쓰시오.)

■■■ 제4문(問) — 언제 실행할 것인가?

(아래에 답을 쓰시오.)

사업상의 걱정 근심을 절반으로 줄이는 법

당신이 만일 사업가라면, 이 자리에서 이런 말을 할 것이다.

"도대체 이 글의 제목부터가, 이게 가능한가 웃음이 나온다. 나는 19년 동안이나 사업을 해오고 있는데, 다른 사람이 해결할 수 있는 문제라면 나도 분명히 그 문제를 해결할 수 있을 텐데. 사업상 걱정의 50%를 제거하는 방법을 알려준다고? 이렇게 우스꽝스러운 생각이 어디 있어?"

옳은 말이다. 나도 몇 해 전에 어떤 책에서 이런 제목을 봤으면 그와 똑같은 생각을 했을 것이다. 왜냐하면 그 제목에는 제법 그럴듯한 많은 약속이 들어있으나, 사실 모두가 값싼 약속이기 때문이다.

솔직히 말해서 나는 당신의 사업상 걱정 근심을 절반으로 줄여 줄 수 없을지도 모른다. 결국 걱정을 없애는 건 자신 이외에는 아무도 해줄 수 없다는 점이다. 단 내가 할 수 있는 것은 다른 사람들이 실행한 일을 당신에게 말해 주는 것뿐, 나머지는 오롯이 모두 당신의 몫이다.

당신은 알렉시스 카렐 박사의 '걱정을 정복하지 못하는 사람은 빨리 죽는다.'라는 말은 기억해 주기 바란다. 걱정은 너무나 중대한 문제인 만큼, 내가 당신의 걱정 근심을 10%만이라도 없애 준다면 그것으로 만족해야 할 것이다. 나는 어떤 사업가의 걱정 근심의 50%는 줄여 주지는 못했을망정, 사업상의 문제를 해결하기 위한 회의에서 낭비하는 시간의 95%를 줄일 수 있었다는 사실을 알려주겠다.

나는 당신이 알아볼 수 없는 막연한 어떤 누군가의 이야기를 하려는 것이 아니고, 실제 인물인 앤드 슈스터 출판사의 총지배인 레온 쉼킨 씨에 관한 이야기를 할 것이다.

레온 쉼킨 씨의 경험을 그의 입을 빌어 말한다면 다음과 같다.

"15년 동안 나는 매일 업무 시간의 거의 절반을 문제 토의의 회의를 여는 데 허비하여 왔습니다. 이것을 해야 할까, 저것을 해야 할까, 그렇지 않으면 아무것도 하지 말아야 할까? 우리는 긴장한 태도로 의자 위에 몸을 비틀고 앉았든가, 마루 위를 서성이기도 했습니다. 회의는 자꾸자꾸 연달아서 이루어졌지만, 아무리 해도 명쾌한 결론이 나지 않았습니다. 결론을 내지 못할수록 저녁 때가 되면 저는 더욱 기진맥진했습니다. 저는 '나머지 나의 일생을 이 모양으로 지낼지도 몰라.' 하는 마음이 들자 두려운 생각이 들었습니다.

저는 벌써 15년 동안이나 그렇게 지내왔으며, 또 그보다 효율적인 방법이 있으리라고는 도저히 생각지 못했습니다. 혹시 누군가가 저의 이렇게 낭비하는 걱정스러운 회의 시간의 4분의 3을 줄여준다거나, 저의 신경질적이고 초조한 긴장의 4분의 3을 줄여 줄 수 있다고 말했다면 저는 그를 주책없는 소리를 하는 낙관주의자라고 나쁘게 말했을 것입니다. 그러나 나는 그러한 방법 하나를 바로 자신이 연구해 냈습니다. 그 후 8년 동안이나 이 방법을 사용해왔는데 그것이 능률과 건강과 행복을 불러오는 놀라운 효과를 나타냈습니다. 이것은 마치 마술적인 방법 같이 들리지만, 모든 마술과 마찬가지로 내용을 알고 보면 아주 간단한 것입니다.

비결은 이러합니다.

첫째로, 제가 15년 동안 회의에서 써오던 오래된 방법을 즉시 폐지하였습니다. 그 방법이란 걱정스러운 나의 동료 임원들이 그 동안 우리가 실패한 문제의 모든 내용을 낭독하기로 했습니다. 그것부터 시작하여 '그러면 이제 어떻게 해야 할까?'라는 물음으로 회의를 마칩니다.

둘째로, 저는 새로운 규칙 한 개를 세웠는데, 그 규칙은 누구를 막론하고 저에게 문제를 제출할 때는 우선 다음과 같이 네 가지 질문에 대답을 쓴 종이를 준비하여 내게 제출하는 것이었습니다.

▮▮▮ 제1문 — 문제가 무엇인가?

예전에 우리는 한 시간 또는 두 시간씩이나 걱정스러운 회의로 시간을 낭비하면서도 누구 하나 정작 문제가 무엇인가를 구체적으로 확실하게 아는 사람이 없었다. 우리는 문제가 무엇인가를 똑똑히 알아보려고도 하지 않고 다만 쓸데없는 토론만 길게 하며 시간을 낭비했던 것이다.

▮▮▮ 제2문 — 문제가 생기게 된 원인은 무엇인가?

내가 지나간 나의 생활을 회고해 볼 때, 문제 속에 담긴 다양한 원인을 똑똑히 알아보려고 하지 않고, 그냥 걱정스러운 회의만 함으로써 시간을 낭비했다는 사실에 놀랐다.

▮▮▮ 제3문 — 그 문제에 대한 해결 방법은 무엇인가?

예전에는 회의에서 어떤 사람이 한 가지 해결 방법을 제안하면, 다른 사람이 또 그에 대해 반론을 제시하곤 했는데, 그 과정에서 흥분하여 감정이 폭발하는 경우가 많았다. 그러면 흔히 우리는 그 문제를 집어치우게 되거나, 회의가 끝난다. 그러므로 문제를 해결하기 위해 필요한 여러 사항을 전부 기록해둘 만한 내용이 하나도 없다.

▮▮▮ 제4문 — 당신이 제안하려는 해결책은 무엇인가?

나는 회의를 할 때마다 여러 시간 그 문제를 걱정하고 의논만 했을 뿐, 그 문제에 대해 여러 가지 가능한 해결 방법을 생각해 보지 않았다. 또 '이것이 내가 제안하고 싶은 해결 방법이다'라고 기록해서 제출한 적이 없는 사람들과 회의를 해왔던 것이다.

이제 우리 사원들은 제게 문제를 가지고 오지 않습니다. 그들은 위의 네 가지 질문에 대답하기 위하여 모든 사실을 수집하고 그 문제를 충분히 생각해야 된다는 것을 알고 있기 때문입니다. 그리고 그들이 이 같은 일을 할 때, 네 가지 항목에서 세 가지까지는 적당한 해결 방법이 마치 전기 토스트에서 빵 조각이 튀어나오듯이 저절로 튀어나오는 까닭입니다. 회의가 필요한 경우에는 그 회의가 질서 있고 논리적인 방법으로 결론을 얻게 되는 까닭에 이전에 필요하였던 시간의 3분의 1 정도면 충분합니다. 현재 시몬 앤드 슈스터 회사에서 잘못된 일을 걱정하고 이야기하는 시간이 훨씬 줄어들었고 일을 더 잘하기 위하여 많은 실천이 중요하게 이루어지고 있습니다."

나의 친구요 미국에서 첫 손가락을 꼽는 생명보험 설계사의 한 사람인 프랭크 베트거 씨는 이와 똑같은 방법을 적용하여 걱정을 줄였을 뿐만 아니라 수입을 거의 곱절이나 올렸다고 한다.

프랭크 베트거 씨는 이렇게 말하였다.

"몇 해 전 처음으로 보험 설계사를 시작하였을 때, 나의 직업에 대한 무한한 열의와 사랑을 가지고 있었습니다. 그러다가 예기치 못한 일이 일어나서, 나는 크게 절망하여 일에 대한 애착도 없어졌고 그만두려고 했어요. 그러던 어느 토요일 아침에 자리에 앉아 스스로 걱정의 원인을 분석하는 과정에서 아이디어가 떠오르지 않았다면, 저는 벌써 이 직업을 버렸을지도 모릅니다."

❶ 첫째로 나는 '도대체 내가 걱정하고 있는 문제가 무엇인가?'

　　문제는 '내가 방문한 고객의 수효는 엄청나게 많은데도, 수입은 그다지 많지 않다.'는 것이었습니다. 저는 유망한 고객을 얻은 데는 제법 솜씨가 있는 것 같은데, 결국 계약을 할 순간에는 고객이 '글쎄, 조금 더 생각해 볼게요. 베트거 씨 다시 한번 방문해 주세요.'라고 말하는 것이었습니다. 제가 시간을 허비하기 시작하는 것은 바로 이 '다음에 만나자는 고객'을 찾아다닌 때부터서였고, 또 이것이 나의 실망의 원인이었습니다.

❷ 두 번째로 '가능한 해결 방법이 무엇인가?'

　　저는 스스로에게 물어 보았습니다. 그러나 이 대답을 구하려면 사실을 연구할 필요가 있었습니다. 그래서 지난 11개월 동안의 저의 일지를 꺼내놓고 숫자를 연구해 보았습니다. 저는 거기서 놀라운 사실을 발견하였습니다! 이 검고 흰 메모지에서 저의 경우에는 70%가 두 번을 찾아가야 거래가 완성되었습니다. 서너 번 혹은 다섯 번 이상 방문하여 계약이 상사된 경우는 7%밖에 되지 않았습니다. 바로 그 7%가 저를 비참하게 만들고 시간을 낭비하는 요인이었던 것입니다. 저의 활동하는 시간의 절반 이상을 겨우 7%의 보험 계약을 위해 완전히 소비했던 것입니다.

❸ '해답은 무엇인가?'

　　해답은 명확했습니다. 저는 즉시 세 번째 이상의 모든 방문을 단념하고, 거기에서 남는 시간을 새로운 고객을 확보하는 데 사용했습니다. 그런데 거짓말 같은 결과가 나왔습니다. 얼마 안 되어 제가 방문한 곳곳마다 한 번에 현금 수입이 2달러 80센트에서 4달러 20센트로 올라갔습니다."

내가 앞에서 말한 바와 같이 프랭크 베트거는 생명보험회사의 설계사이다. 그는 필라델피아에 있는 피델이티 상호 생명보험회사에 근무하고 있으며 매년 백만 달러에 해당한 보험증권을 작성하고 있다. 그러나 그는 일찍 직업을 버리려고도 하였고 또 자기의 실패를 그대로 시인하기도 하였으나, 다만 문제를 분석하여 선명한 해결책을 발견하여 성공하게 되었다.

당신은 사업 문제에 이 질문을 응용해볼 생각이 있는가? 내가 거듭 말하고 싶은 것은 이 질문이 당신의 걱정 근심을 50%나 줄일 수 있다는 것이다. 다시 한번 요약 정리하자면 다음과 같다.

❶ 문제는 무엇인가?

❷ 문제가 생기게 된 원인은 무엇인가?

❸ 그 문제에 대하여 가능한 모든 해결 방법은 무엇인가?

❹ 그대는 어떠한 해결 방법을 가졌는가?

이 책에서 가장 많은 이익을 거두게 하는 아홉 가지 제안

❶ 당신이 이 책에서 가장 많은 이익을 거두려고 할 때, 반드시 필요한 조건이 있다. 이 조건은 다른 어떤 규칙이나 기술보다도 근본적으로 매우 중요한 조건이다. 그러면 중요하고 필요한 조건은 무엇일까? 즉 '배우려는 자세와 적극적인 욕망과 걱정을 하지 않고 인생을 살아가려는 결의'가 바로 그것이다.

당신이 보다 윤택하고 보다 행복한 생활을 영위하기 위해서는 원칙에 익숙한 것이 얼마나 유익한가 생각해 보라. 그리고 자신에게 다음과 같은 말을 거듭 되새겨보라.

"나의 마음의 평화와 행복, 나의 건강과 수입까지도 이 책에서 배운 오래되고 확실하고 영원한 진리 속에 있다."

❷ 처음부터 자세히 읽으면서 그 내용을 숙지하도록 하라. 그러면 그대는 아마 한 단원이 끝날 때마다 속히 다음 단원으로 옮겨가고 싶은 충동을 느낄 것이다. 그러나 그대가 단순히 흥미 본위로 읽는 것이 아닌 이상 그렇게 하지 말라. 적어도 그대가 걱정 근심을 잊고 인생을 살기 위하여 이 책을 읽는 것이라면 반드시 한 단원이 끝날 때마다 다시 처음으로 돌아가 그 단원을 또 한 번 충실히 읽으라! 그것이 결국에 있어서 시간을 절약하고 효과를 얻는 방법이다.

❸ "책을 읽다가 가끔 숨을 돌려서 그대가 지금 무엇을 읽고 있는가를 생각하여 보라."

이 책에 있는 각 제안을 언제 어떻게 응용하여 볼 수 있을까를 그대 자신에게 물어보라. 그렇게 하는 것이 마치 사냥개가 토끼를 쫓는 것처럼 책을 재빨리 읽는 것보다는 훨씬 많은 이익을 그대에게 끼쳐 줄 것이다.

❹ "붉은 크레파스나 연필 또는 만년필을 준비하고 책을 읽다가 혹 그대가 실행할 수 있다고 생각되는 제안이 있을 때에는 그 제안 옆에 줄을 치도록 하라."

그리고 또 제안 중에 특히 마음에 드는 것이 있거든 각 문장 옆에 줄을 치거나 〈※〉로 표를 하거나 문장 옆에 줄을 치면 그 책이 보다 재미있을 뿐만 아니라 복습하는 데 유익하고 수월해질 것이다.

❺ 나는 어떤 큰 보험회사에 15년 동안이나 지배인으로 있는 친구 한 사람을 알고 있는데 그는 매월 자기 회사에서 계약한 보험증서를 낱낱이 읽고 있다. 물론 그는 매년 매월 한결같이 그 증서를 읽고 있는 것이다. 왜? 그는 자기 경험에 의하여 그와 같이하는 것이 그 보험 규칙을 똑똑히 머릿속에 넣기 위한 유일한 방법이라는 것을 알기 때문이다.

나는 일찍이 〈연설〉에 관한 책을 쓰기 위하여 2년 이상을 허비한 일이 있었는데 나는 자기 자신이 쓴 책의 내용도 때때로 이것을 들추어 보지 않으면 전혀 알 수 없다는 것을 깨달았다. 우리가 한 번 알게 된 것을 얼마나 속히 잊어버리는가는 정말로 놀라지 않을 수 없다.

그러므로 그대가 만일 이 책에서 참으로 지속적인 이익을 거두고 싶다면 그것을 겉으로 한번 슬쩍 읽은 것으로써 만족하지 말고, 이 책을 충분히 읽은 다음 매월 몇 시간씩 그것을 복습하고 그대 앞에 있는 책상 위에 그 책을 놓아두어 가끔 읽어 보도록 하라. 그리고 항상 멀지 않은 곳에 개선할 여지가 얼마든지 있다는 것을 생각하여 보라. 끊임없는 복습과 적극적인 응용만이 우리에게 그 책에 있는 여러 가지 원칙을 습관상 사용할 수 있게 한다는 점을 기억하라. 이밖에 다른 방법은 없다.

❻ 버나드 쇼는 일찍 말하기를, '우리는 남에게 아무것도 가르칠 수도 없다. 가르친다고 절대로 그가 배운 것이 아니다'고 하였다. 과연 쇼의 말이 옳다. 배움이란 한 개의 능동적(能動的) 방법이다. 우리는 우리 자신이 어떠한 방법을 실행함으로써 비로소 배우게 되는 것이다. 그러므로 그대가 만일 이 책에 있는 원칙에 그대 자신을 익히고자 한다면 그 원칙에 대하여 어떠한 방법을 실행해야 할 것이다. 모든 기회에 그 규칙을 응용하여 보라. 그렇게 하지 않으면 그대는 그 규칙을 쉽사리 잊어버리고 말 것이다. 사용되는 지식만이 그대의 머릿속에 남아 있는 것이다.

그대는 아마 여기에 제시된 몇 개의 제안을 언제나 응용하기는 어렵다고 생각할 것이다. 나는 그것을 알고 있다. 왜냐하면 내가 이 책을 쓴 것은 나 자신도 역시 여기에서 내가 주장한 모든 것을 전부 응용하기는 곤란하다고 생각할 때가 많다.

그러므로 그대는 이 책을 읽을 때에 단순히 지식을 얻기 위한 것이라고 생각하지 말라. 그대는 이제 새로운 습관에 길들여지고 있는 것이다. 그렇다! 그대는 지금 새로운 생활을 해보려고 하는 것이다.

여기에서 우리의 시간과 인내와 그날그날의 응용이 필요한 것이다.

그러므로 이 책의 책장을 가끔 들춰보라. 마치 이 책을 걱정 근심을 정복하는 데 쓰는 한 개의 편리한 수첩으로 알라. 그리고 그대가 어떤 괴로운 문제에 부딪쳤을 때는 절대로 흥분하지 말라. 자연 현상에 사로잡혀 충동적 행동을 하지 말라. 그러한 행동은 대개가 그릇된 행동이다. 그러지 말고 이 책의 책장을 열고 그대가 미리 표해 둔 문장을 다시 보도록 하라. 그리고 거기에 있는 새로운 방법을 시험하여 본 다음 그대에게 어떤 신기한 효과가 있는가를 주의하여 보라.

❼ 그대의 아내에게 매시간에 15분씩 여유를 주고, 그로 하여금 이 책에 있는 원칙을 그대가 깨뜨리지 않는가 감시하도록 하라. 그는 반드시 그대의 잘못을 지적할 것이다.

❽ 월가 은행가 하우웰 씨와 옛날 벤 프랭클린이 어떻게 그들의 잘못을 고쳤는가를 알아보라. 그대는 왜 이 책에서 토의된 원칙을 응용하는데 하우웰과 프랭클린이 사용한 조사 방법을 쓰지 못하는가? 만일 그대가 그 방법을 사용한다면 다음과 같은 두 가지 결과가 나타날 것이다.

첫째로, 그대는 재미있고 귀중한 교육 방법을 그대 자신이 쓰고 있다는 것을 알게 될 것이다.

둘째로, 그대는 걱정 근심을 하지 않고 인생을 살아가는 능력이 바닷가의 소나무처럼 무럭무럭 자라나는 것을 알게 될 것이다.

❾ 일기를 만들라. 그리고 그 일기 속에 이 원칙을 응용해 본 그대의 기쁨을 기록하도록 하라. 똑똑하게 기록하되 이름과 날짜와 응용한 결

과를 기입하라. 이러한 기록을 보존해 두면 그대는 거기에서 자극을
받아 보다 더 노력하게 될 것이오, 또 몇 해가 지난 후 어느 날 밤에
우연히 그것을 들추어 볼 때 거기에서 무한한 즐거움을 느낄 수 있
을 것이다.

DALE CARNEGIE

8
걱정 근심이
그대를 정복하기 전에
그것을 미리 정복하라

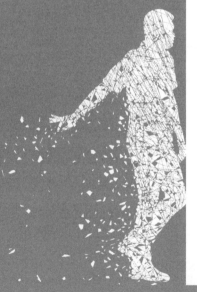

- 어떻게 하면 걱정 근심을
  없애버릴 수 있을까?

- 사소한 일에 사로잡히지 말라

- 여러 가지 걱정 근심을 물리치는
  한 가지 법칙

- 불가피한 사정과는 타협하라

- 걱정 근심에 대하여
  '손실 정지' 지시를 내려라

8. 걱정 근심이 그대를 정복하기 전에
그것을 미리 정복하라

> 몸을 바쁘게 하라. 걱정 있는 사람은 절망 속에 빠지지 않도록 행동으로 움직여 실천할 필요가 있다. 그리고 걱정 근심이 그대를 파멸시키기 전에 당신이 그것을 깨뜨리는 '평균 감손의 법칙'을 적용해보라.

어떻게 하면 걱정 근심을 없애버릴 수 있을까?

나는 몇 년 전에 마리온 J. 더글러스가 내 강좌를 수강할 때의 일을 아직도 잊어버리지 않고 있다. 더글러스는 성인 교육반에서 자기의 경험담 하나를 이야기하였다. 그가 우리에게 들려준 이야기는 가정에서 두 번씩이나 일어난 비극적인 이야기였다.

첫 번째 비극은 그가 가장 귀여워하던 다섯 살 먹은 어린아이가 사망한 일이었다. 두 부부는 처음 당하는 비극을 견딜 수 없었다. 그러나 하느님의 덕분으로 열 달 만에 딸아이가 태어났다. 그러나 더욱 비극적이게도 그 어린 딸도 생후 닷새 만에 사망하고 말았다는 것이다.

두 차례에 걸친 불행은 이 부부에게는 커다란 고통이었다. "저는 어쩔 줄을 모르고 아무것도 할 수가 없었습니다. 음식이 목으로 넘어가지도 않았고 누워도 잠을 이룰 수가 없었습니다. 우리는 신경이 극도로 흥분되었고 마음의 안정을 찾을 수가 없었어요. 저는 완전히 자신을 잃어버리고 말았습니다."

더 이상 견딜 수가 없어서 의사를 찾아갔다. 어떤 의사는 잠자는 약을 처방해줬고, 어떤 의사는 여행을 권하였다. 그는 이 두 가지를 다 실험해 보았으나 별 효과를 보지 못했다.

"제 몸이 마치 씨아 틈에 끼어 들어간 것 같았고 씨아 바퀴가 점점 나의 몸을 끌어당기는 듯싶었습니다."라고 말하였다. 참혹함, 비탄, 죽을 수조차 없는 고통, 만약 당신이 이런 슬픔에 사로잡혔던 경험이 있다면 그가 말하는 슬픔의 의미를 짐작할 수 있을 것이다.

그는 계속해서 말했다. "그러나 다행스럽게도 저에게는 네 살 먹은 사내아이 하나가 남아 있었습니다. 그 아이가 결국 저의 문제를 해결해 주었습니다. 어느 날 오후, 제가 슬픔에 잠겨 홀로 앉았으려니 그 아이가 저에게 와서, '아빠 나 배 하나 만들어 줘.'하고 저를 졸랐습니다. 저는 사실 배를 만들 흥미도 없었을 뿐만 아니라, 기력이 없어 세상 아무것도 하기가 싫었습니다. 그러나 어린 것은 퍽 보채는 아이였기 때문에 하는 수 없이 항복하였습니다. 장난감 배를 만드는 데 세 시간이나 걸렸습니다. 배 만드는 일이 끝났을 때, 그것을 만드는 세 시간 동안에 최근 여러 달 경험하지 못하였던 마음의 휴식과 평화를 맛보았다는 것을 깨달았습니다.

이와 같은 발견은 내가 깊은 잠에서 깨어나 무슨 생각인가를 하게 만들어 주었는데, 그 생각은 정말 너무 오랜만에 해보는 참된 생각이었습니다. 사람이 뭔가에 몰두하여 일을 해내야 할 때는 걱정 근심을 할 여유가 없다는 사실을 깨달았습니다. 배를 만드는 일은 잠시 동안이었지만, 걱정 근심을 완전히 없애버렸습니다. 그 후 저는 바쁘게 생활하기로 결심했습니다.

다음 날부터 저는 온 집안을 뒤지고 돌아다니며 당장 처리해야 할 일거리를 찾아냈고 그 계획표를 작성했습니다. 수리해서 손 볼 물건들이 수십 가지나 나왔습니다. 책상, 층계, 덧문, 문고리, 자물쇠, 새는 홈통 등등을 발견했습니다. 놀라우리만치 많았지요. 바로 수리하고 손을 대야 할 일거리가 242건이나 되었는데, 그걸 2주일에 걸쳐 해치우는 계획을 작성한 것입니다.

그 후 저는 최근 2년 동안에 대부분의 일을 끝마쳤으며, 그 밖에도 잠시도 쉬지 않고 분주하게 보냈습니다. 지금도 1주일 동안에 이틀 밤은 선생님이 진행하시는 뉴욕의 성인 교육반에 나가고, 제가 사는 구역의 공공사업을 돌보고 있지요. 또 현재 학교 위원회의 회장을 맡고 있고, 여러 가지 회의에 출석하고 적십자사와 기타 여러 가지 기관을 위해 모금도 도와주고 있습니다. 이렇게 지나치게 분주하게 살다보니 너무도 바빠서 걱정 근심할 여가가 없는 형편입니다."

걱정 근심할 여가가 없다! 이것이야말로 바로 윈스턴 처칠이 2차 대전이 최고조에 이르렀을 때, 18시간씩 일을 하면서 말한 것과 똑같은 말이다. 누가 처칠에게 막중한 책임을 맡아 걱정되지 않느냐고 물었을 때 그는, "나는 너무도 바빠서 걱정 근심할 여가가 없노라."고 말하였던 것이다.

찰스 케터링도 자동차의 자동 발화기를 발명하려고 착수했을 때 똑같은 경험을 하였다. 제너럴 모터스 부사장을 지낸 케터링 씨는 은퇴할 때까지 제너럴 모터스 연구소 책임자였다. 그러나 그가 연구할 때는 매우 가난하여 목초를 쌓아놓은 헛간을 연구실로 사용하였고, 식료품 파는 잡화상을 운영할 때는 아내가 피아노 레슨을 해서 벌어 놓은 1,500달러를 사용하였고, 그 후 생명보험금을 저당잡혀서 500달러를 차용해서 쓴 일도 있었다.

내가 그의 아내에게 "어려운 시절을 보내셨는데, 얼마나 걱정 근심이 되셨습니까?"라고 물었을 때 그는 "물론입니다. 저는 너무 걱정되어 잠을 이루지 못할 지경이었습니다. 그러나 케터링은 그렇지 않았습니다. 그는 오로지 연구에 몰두하였기 때문에 걱정 근심할 여유가 없었습니다."라고 대답하였다.

위대한 과학자 파스테르는 '도서관과 연구실에서 발견한 평화'에 대해서 말을 하였다. 무슨 이유로 그런 곳에서 평화를 찾을 수 있었을까? 도서관이나 연구실에 있는 사람은 너무 자기 일에 몰두하기 때문에 달리 걱정 근심을 할 여유가 없는 까닭이다. 연구하는 사람은 좀처럼 신경쇠약에 걸리지 않는다. 그들은 그런 감정에 휘말릴 겨를이 없는 까닭이다.

그러면 어떻게 '바쁘다'는 상황이 사람의 걱정 근심을 없애줄 수 있을까? 그것은 심리학에서 발견한 가장 기초적인 법칙이다. 그 법칙은 누구를 막론하고 아무리 훌륭한 사람이라 할지라도 일정 시간 내에는 절대로 한 개 이상의 생각을 할 수 없다는 법칙이다. 만일 당신이 이 법칙을 믿을 수 없다면 한 번 실험해 보자. 당신이 벽에 기대어 눈을 감고 같은 순간에 자유의 여신

상과 내일 일을 한꺼번에 생각하여 보라.

당신은 양쪽을 번갈아서 생각할 수는 있으나 동시에 두 가지를 함께 생각하지는 못할 것이다. 그렇다면 감정도 이와 똑같은 현상이 일어난다. 우리는 어떠한 활기 있는 일에 신이 나서 열심히 일하면서, 그와 똑같은 시간에 걱정 근심으로 어깨가 처져서 느린 행동을 취할 수는 없을 것이다. 한 개의 감정이 생기면 다른 한 개의 감정은 사라지는 것이 자연의 법칙이다.

이러한 단순한 발견으로 전쟁 중에 정신병 군의관들은 기적을 이루어냈다. 즉, 병사가 전장에서 소위 신경쇠약증(Psychoneurotic)이라는 진단을 받는데, 군의관들은 그들에 대한 치료 방법으로서 '바쁜 일을 시켜라'라고 처방하였다.

이와 같이 정신 이상을 일으키는 병사들은 깨어 있는 시간 동안 항상 움직이는 작업을 하게 하는 것이 좋다. 낚시질, 사냥, 공치기, 골프, 원예, 댄스 따위의 야외 운동을 하게 한다. 이렇게 바쁘게 활동을 하게 되면 지난날의 무서운 경험을 떠오를 겨를이 없어지는 원리이다. 작업요법(作業療法, occupaitonal therapy)은 오늘날 작업을 일종의 의약과 같이 처방에 쓰인다. 이는 정신병학에서 사용하는 용어이다. 이것은 결코 새로운 것이 아니고, 이미 희랍 의사가 기원전 500년경에 말한 바 있다.

퀘이커 교도는 벤자민 프랭클린 시대에 필라델피아에서 이 방법을 사용하고 있었다. 1774년에 퀘커교도 요양소를 찾았던 어떤 사람 하나가 정신병 환자들이 그곳에서 부지런히 아마로 길쌈을 하는 것을 보고 크게 놀라서, 이 가엾은 환자들이 노동을 착취당한다고 생각했다. 그러나 퀘이커교도는 환자들에게 가벼운 작업을 시킴으로써 실지로 병을 낫게 한다고 설명하였으며, 그 작업이 신경을 부드럽게 만든다는 결과를 얻었다고 말했다.

정신병 전문의는 환자들에게 바삐 움직이는 작업을 시키는 것이 신경병에 가장 바람직한 치료법이라고 말할 것이다. 헨리 W. 롱펠로우는 이러한 사실을 아내가 죽었을 때 경험하였다. 그의 아내는 어느 날 촛불로 봉랍(蜂蠟: 벌집을 만들기 위하여 꿀벌이 분비하는 물질)을 녹이고 있을 때 그의 옷자락에 불이 붙었다. 롱펠로우는 아내가 부르짖는 소리를 듣고 달려가 불을 껐으나 때가 늦어 아내는 화상을 입고 사망하였다. 그는 이 무서운 경험으로 거의 미칠 지경이었다. 그런데 다행히 뒷바라지를 해야 할 세 아이가 있었다. 자신은 슬퍼할 겨를도 없이 세 자녀를 돌보느라고 아주 바쁜 시간을 보냈다. 아이들과 함께 공원을 거닐거나 이야기를 들려주거나 놀이를 해야 했다.

그리하여 아이들과의 함께 한 추억을 〈아이들의 시간〉이라는 시를 써서 영구히 남겨 놓았을 뿐만 아니라, 단테의 작품 《신곡》을 번역하였다. 이렇게 아이들에 대한 의무를 다하고 시를 쓰고 번역을 하는 일이 그를 바쁘게 움직이게 하였으므로, 아내를 잃은 비탄에 빠질 틈도 없이 도로 마음의 평화를 찾게 하였던 것이다.

마치 테니슨이 자기의 가장 친한 친구 아더 할람을 잃었을 때 '나는 절망 속에 내가 빠져들기 전에 일에 몰두해야 한다. 분주하게 움직여 나 자신을 잊어야 하겠노라.'라고 말하였다.

대개 사람들은 눈코 뜰 새 없이 자기 일에 열중하고 있을 동안에는 '바쁘게 움직이면서 자기 자신을 잊는 것'이 그리 어렵지 않을 것이다. 그러나 일이 끝났을 때에는 또 위험한 고비가 닥쳐온다. 바로 걱정 근심의 무서운 악마가 공격해 오지 못하도록, 우리가 자기 자신의 여가를 가장 행복하고 즐겹게 만들어야 한다.

시간이 한가하면 여러 가지 생각이 머리에 떠오른다. 이때야말로 나의 장래가 어떻게 될 것인가, 나의 상사가 오늘 내게 던진 그 묘한 말은 무슨 의미가 숨겨져 있는 거지? 나는 이렇게 시들어 버리고 마는 것이 아닐까? 하는 여러 가지 의문을 가지기 시작하는 때다.

우리가 바쁘지 않을 때는 우리의 마음이 진공(眞空) 상태로 들어간다. 물리를 아는 사람이라면 누구나 '자연이 진공을 싫어한다'는 것을 알 것이다. 진공에 관한 가장 가까운 실례로는 백열등 전구의 내부를 보면 된다. 이 전구를 깨뜨리면 이론적으로 빈 자리에 자연히 공기를 몰아넣게 된다.

이와 마찬가지로 자연은 또 우리의 빈 마음을 채우게 된다. 그럼 무엇으로 채우는가? 대개는 감정으로 채운다. 왜냐하면 원시 시대의 힘찬 에너지와 원시적인 활력이 공포, 증오, 질투, 선망의 여러 가지 감정을 거기에 몰아넣기 때문이다. 이러한 감정은 우리의 마음속의 평화롭고 행복한 생각과 정서를 쫓아내는 경향이 있다.

컬럼비아대학교 교육과의 제임스 L. 머셀 교수는 가장 적절한 표현으로 다음과 같은 말을 하였다.

"걱정 근심이 가장 우리를 불안하게 만들기 쉬운 때는 우리가 활동하고 있을 때가 아니고 오히려 일이 끝났을 때다. 이 때에 우리의 상상력은 활발하게 움직이며, 온갖 혼란을 일으켜 걱정을 하게 만든다. 그것을 확대 해석하여 자칫하면 잘못된 길로 들어가게 된다. 그래서 우리의 마음이 마치 브레이크 없는 자동차와 같이 함부로 달려가다가 축바퀴를 태우거나 자동차 차체를 망가뜨리려고 한다. 그러므로 걱정 근심을 고치는 방법은 무슨 건설적인 일을 하여 마음을 쉬지 않게 하는 것이다."

그러나 이 진리를 깨닫고 실천하는 데 반드시 대학교수가 되어야 할 필요는 없다. 2차 대전 중에 시카고에서 온 여성을 만났는데, '걱정 근심을 고치는 방법은 무슨 건설적인 일을 하여 마음을 쉬지 않게 하는 데 있다.'는 것을 자기 자신이 체험하였다고 말하였다.

이 부부에게는 아들이 있었다. 그 아들은 진주만 공격이 있던 이튿날 군대에 들어갔다고 한다. 부인은 자기의 외아들을 걱정한 나머지 거의 건강을 해칠 지경에 이르렀다는 것이다.

'아들이 지금 어느 곳에 있을까? 무사할까? 그렇지 않으면 포탄과 총알이 난무하는 전쟁터에 있을까?, 부상을 당하였을까?, 혹은 죽지나 않았을까?' 하는 등등의 생각이 꼬리에 꼬리를 물고 떠올라 견딜 수가 없었다는 것이다.

내가 어떻게 걱정 근심을 정복하였느냐고 묻자, "그저 자신을 바쁘게 채찍질했습니다."라고 대답하였다. "처음으로 가사도우미도 내보내고 모든 일을 혼자서 도맡아 처리했어요. 잠시도 쉬지 않고 몸을 혹사시킨 거죠." 그러나 바쁜 생활은 그다지 효과가 없었다는 것이다. "제가 걱정되는 것은 굳이 머리를 쓰지 않아도 거의 기계적으로 집안일을 할 수 있었습니다. 그러니 날아가는 잠자리를 볼 때나 접시를 닦을 때도 역시 걱정을 하게 되었습니다.

저는 하루 종일 정신과 육체가 모두 바쁜 시간이 되도록 새로운 일에 몰두할 필요가 있다는 걸 깨달았습니다. 그래서 대형 백화점의 판매직에 근무하기로 했어요. 생각처럼 바쁘고 정신이 없었어요. 손님이 모여들어 저를 둘러싸고 물건값을 물어보거나 의견을 구했어요. 물건의 크기와 색깔에 대해서 묻기도 하여, 저는 완전히 일 속에 파묻혀버렸습니다. 그러자 저는 당장 눈앞의 일을 해결하기에 급급하여 아무것도 생각할 여유가 없었으며, 저녁 때면 아픈 다리를 쉬는 것 이외에 아무 생각도 하지 못했습니다. 저녁을 먹고 나면 방에 들어가 그대로 곯아떨어져 걱정할 시간이 없었습니다."

부인은 존 쿠퍼 포이스가 쓴 《불안을 망각하는 기술》에 나오는 방법을 체득했던 것이다. "인간이 자기에게 할당된 어떤 작업에 몰두할 때에 어떤 유쾌한 안정감과 내면의 평화와 행복한 마비 상태가 찾아온다. 그렇게 집중해서 몰두할 때 신경이 안정된다.'는 의미를 스스로 경험한 것이다.

그렇게 된다면 얼마나 다행스러운 일인가? 세계적으로 유명한 여류 탐험가 오사 존슨 여사는 최근에 자기가 어떻게 걱정 근심과 슬픔에서 해방되었는지 이야기해 주었다. 그녀가 쓴 책 《나는 모험과 결혼했다》는 너무 유명한 책인데, 책 제목대로 존슨 여사는 모험과 결혼한 여자였다. 마틴 존슨은 오사 존슨과 열여섯 살 때 결혼했다. 그들은 캔자스에서 보르네오까지 비행기로 날아서 25년간에 걸쳐 세계를 여행하였다. 아시아와 아프리카에서 사라져가는 토속적인 생활 사진을 찍었으며, 야생동물의 생태를 영화화하기도 하였다. 이들은 9년 전 미국으로 돌아와 영화를 상영하며 강연회도 열었다.

그들은 덴버에서 비행기를 타고 태평양 연안을 향하였는데 그 비행기가 산맥에 부닥쳐 마틴 존슨은 사망했고, 의사는 오사 여사도 병석에서 일어나지 못할 것이라고 진단하였다. 그러나 3개월 후에 존슨 여사는 휠체어에 앉아서 많은 군중에게 강연하였는데, 그 횟수가 약 100여회를 넘었다. 그 강연 모두 휠체어에 앉아서 한 연설이었다. 존슨 여사에게 그렇게 맹렬하게 강연한 이유를 묻자 그는, "제가 그렇게 열성적으로 강연에 나선 것은 슬퍼하고 걱정할 시간이 없도록 하기 위해서였습니다."고 대답하였다.

버드 제독은 남극을 덮은 미국과 유럽을 합한 것보다도 더 큰 미지의 대륙을 덮고 있는 만년설 속에 파묻혀 있는 조그만 오두막 속에서 다섯 달 동안이나 홀로 살고 있었을 때 이와 똑같은 진리를 발견하였다.

버드는 그곳에서 혼자 다섯 달을 살았다. 주변 100마일 이내에는 자기 이외의 어떤 종류의 생물도 살지 않았다. 추위가 매우 극심하여 바람이 그의 귓전을 스치고 지나갈 때, 그의 입김이 얼어서 달그락거리는 소리를 들을 수가 있을 정도였다. 그의 저서 《혼자서》에는 사람을 당황하게 하고 정신을 약하게 만드는 암흑에 대한 표현이 나온다. 밤낮이 똑같이 어두웠다. 그는 정신을 잃어버리지 않으려면 매우 바쁘게 움직여야만 했다.

"저녁이 되면 등불을 끄기 전에 내일 일을 계획하는 습관이 생겼다. 예를 들면 다음 날의 나의 시간을 할당하는 데 구체적인 계획을 잡았다. 대피할 때 빠져 나갈 수 있는 구멍을 만드는 데 1시간, 눈을 치우는 데 30분, 연료 드럼통을 고치는 데 1시간, 또 식료품을 넣어 둔 구멍 속 좌우 벽에 매달은 책장을 만드는 데 1시간, 그리고 사람을 끄는 썰매의 브릿지를 교체하는 데 두 시간을 배정하였다. 이처럼 시간을 적당하게 나누어 배분하는 것은 참으로 놀라운 일이었다. 여기에서 나는 자신을 이기는 자제심을 지속시킬 수 있었다. 만일 이러한 일이 없었다면 나의 그날그날은 아무 목적 없이 흘러갔을 것이고, 목적이 없는 날이 지속되면 나의 모든 생활도 무너져 버렸을 것이다."

여기서 반드시 기억해야 할 것이 있다. '목적이 없는 하루하루가 계속되면'이라는 말이다. 만일 당신의 마음속에 무슨 걱정할 일이 생겼다면 우리는 옛날부터 있었던 풍습대로 여러 가지 좋은 일을 의약처럼 사용할 수 있을 것이다. 이런 말을 한 사람은 바로 하버드 대학 임상학 교수였던 리처드 C. 캐보트 박사이다. 캐보트 박사는《인간은 무엇으로 사는가?》의 저자로 이렇게 말했다.

> 지나친 의심과 주저, 불안정, 공포에서 비롯되는 무서운 정신마비에 걸린 수많은 사람들이 걱정을 합니다. 그것을 고치기 위해 저는 의사의 한 사람으로서 행복을 느꼈습니다. 그들이 일에 몰두함으로써 용기를 얻게 되는 것은 마치 에머슨이 영원히 빛난다고 노래한 자기 신화와 같다고 생각합니다."

우리가 만일 몸을 바쁘게 하지 않고 가만히 앉아서 이것저것을 생각하게 된다면, 찰스 다윈이 '웝버 기버스'라고 말한 꼬마 악마가 부활하게 될 것이다. 우리 정신이 이 꼬마 악마에게 붙들리게 되면 마음을 허탈하게 하고 행동력과 의지력을 파괴시킨다.

"사람이 괴로움을 느끼는 이유는 시간의 여유가 있어서 자기가 행복한지 불행한지 이리저리 생각해 보는 데 있다."고 할 수 있다. 그러므로 당신은 그런 생각을 하지 말라. 바쁘게 일만 하라. 그러면 당신의 혈액은 자연스럽게 순환하기 시작하고 정신은 더욱 맑아져서 삽시간에 당신의 온몸에서 불끈 힘이 솟아날 것이다. 적극적인 생활력이 당신의 마음속에 자리한 걱정 근심을 깨끗이 씻어내 줄 것이다. 바쁜 일에 도전하라, 그리고 바쁜 일을 계속하라, 그것이 세상에서 가장 값싼 치료법이며 가장 효험이 있는 약 중에 하나이다.

걱정 근심이 습관이 되는 것을 막기 위한 첫 번째 법칙은 아래와 같다.

몸을 바쁘게 움직여라. 걱정 있는 사람은 절망 속에 빠지게 하지 않기 위해 일에 몰두하라. 그렇지 않으면 절망하게 될 것이다.

사소한 일에 사로잡히지 말라

여기에 나오는 한 토막의 극적인 이야기는 내가 아마 일평생을 통하여 잊지 못할 것이다.

"저는 이 교훈을 인도차이나 연안에서 가까운 276피트 바닷속에서 배웠습니다. 저는 그때 잠수함 바이야 호 318호를 타고 있는 88명의 선원 중의 한 사람이었습니다. 우리는 레이더로 일본군의 조그마한 호송선 한 척이 우리를 향하여 오는 것을 발견했습니다. 새벽이 점점 다가오자 우리는 그 호송선을 공격하기 위하여 물속으로 들어갔습니다. 잠망경을 통해 살펴보니 일본군의 호위 구축함, 한 척과 유조선 한 척과 기뢰 부선함 한 척을 발견하였습니다. 우리는 호위 구축함을 향해 세 발의 어뢰를 발사했으나 명중시키기 못했습니다. 각 수뢰의 기계에 원인 모를 고장이 생겼던 것입니다. 일본 구축함은 여전히 공격받은 것도 모른 채 그대로 우리를 향해 돌진해 왔습니다. 우리는 다시 맨 뒤에 따르는 기뢰 부설함으로 공격할 준비를 하고 있었습니다. 이때 별안간 그 부설함은 뱃머리를 돌려서 직접 우리 쪽으로 돌진해 왔습니다. (일본군 비행기 한 대가 60피트 바닷속에 있던 우리를 발견하고 무전으로 우리의 위치를 기뢰 부설함에 알려 주었기 때문이다.) 우리는 탐지되지 않기 위하여 150피트 수심까지 내려가 폭뢰에 대비하기 위한 준비에 착수했습니다. 그리고 또 승강구 하부에 여유분의 볼트 한 개를 박는 동시에, 잠수함이 절대로 소리를 내지 않도록 선풍기, 냉방장치, 그 밖의 모든 전기 장치의 운동을 정지시켰습니다.

3분이 지난 후 마침내 지옥문은 열렸습니다. 여섯 개의 폭뢰가 우리 주위에서 폭발하여, 우리를 바다 밑 276피트 해저로 몰아 내렸습니다. 탑승원들 모두 온몸에 소름이 끼쳤고 죽음의 공포에 두려워했습니다. 잠수함은 물속 1천 피트가 못 되는 가까운 거리로부터 공격을 받는 것은 위험한 일이며, 5백 피트 안쪽이면 대부분 치명적인 결과에 이르는 것입니다. 그런데 우리는 지금 물속 5백 피트쯤되는 거리, 즉 안전도로 본다면 겨우 다리가 잠길 만한 거리에서 공격을 받은 것이었습니다.

이때부터 15시간에 걸쳐 일본 기뢰선은 계속하여 폭뢰를 투하했습니다. 폭뢰가 잠수함의 거리가 15피트 이내라면, 그 진동만으로도 잠수함에 구멍이 뚫리게 됩니다. 수십 개의 폭뢰가 우리에게서 50피트 거리밖에 안 되는 곳에서 폭발했습니다. 우리는 안전을 위해 침상에 조용히 누워 소리를 내지 말라는 명령을 받았습니다. 저는 너무도 무서워서 숨을 쉴 수가 없었습니다. '꼼짝없이 죽었구나!' 나는 이런 말을 몇 번이나 거듭하였습니다. '이제는 죽었구나! 이제는 죽었구나!' 선풍기와 냉방장치를 정지시켰기 때문에 잠수함 속의 온도는 40도가 넘었습니다. 그런데도 저는 공포로 몸이 추워서 스웨터와 털 자켓을 입었음에도 불구하고 사지가 벌벌 떨리기 시작하고 이빨이 서로 딱딱 마주치고 온몸에 식은땀이 주르륵 흘러내렸습니다. 일본배의 공격은 15시간이나 계속되었습니다. 그러다가 별안간 공격이 뚝 끊기고 조용해졌습니다. 아마 일본 기뢰선이 폭뢰의 재고를 다 쓰고 자리를 떠난 것 같았습니다.

이렇게 공격을 받는 15시간이 거의 1,500만 년이나 되는 것같이 생각되었습니다. 이러는 동안 지나간 제 일생이 되풀이하여 제 머릿속을 스치고 지나갔습니다. 저는 예전에 저지른 모든 잘못과 공연히 속을 태웠던 어리석은 사소한 일들까지 모두 떠오르는 것이었습니다.

저는 해군에 들어가기 전에 은행원이었습니다. 저는 그때 근무시간은 길고 월급은 얼마 되지 않는 것과 승진할 기회가 드물다는 것을 오랫동안 걱정한 일이 있었습니다. 또 집 한 채가 없는 것, 새 차를 사지 못하는 것, 제 아내에게 새 옷을 사 주지 못하는 것 같은 문제를 걱정하였습니다. 언제나 잔소리가 많고 핀잔을 잘하는 상사를 미워했고, 저녁 때가 되어 우울한 기분으로 집에 돌아오면 사소한 문제로 아내와 얼마나 자주 다투었던가! 뿐만 아니라 저는 자동차 사고로 이마 위에 보기 싫은 상처가 생긴 것을 항상 걱정했던 것입니다.

이런 모든 문제가 몇 해 전에는 크나큰 걱정의 대상이었습니다. 그러나 이제 폭뢰로 죽음이 문 앞에 닥치니, 그따위 걱정은 모두가 보잘것없는 것들이었습니다. 저는 그때 스스로 맹세했습니다. 제가 다시 해와 별을 보게 될 때는 죽어도 다시는 걱정을 하지 않겠다고. 절대로! 절대로! 절대로! 저는 잠수함에서 공포에 떨던 15시간 동안, 사람이 사는 법에 대해 대학에서 4년 동안 배운 것 이상으로 훨씬 많은 생활의 기술을 많이 배웠던 것입니다."

우리는 인생의 큰 불행은 용감하게 직면하면서, 사소한 문제로 마음을 태우는 일이 많다. 예를 들어 사무엘 피프스의 일기 중에는 해리 반 경이 런던에서 목을 잘리던 광경을 그의 일기에 기록하였다. 해리 반 경은 참수대에 오르자 사형 집행인에게 그의 목숨을 살려달라고는 애원하지 않고 자기 목뒤에 있는 아픈 부스럼을 다치게 하지는 말라고 부탁하였다는 것이다.

버드 제독이 무섭게 춥고 컴컴한 남극 땅에서 밤을 지내는 동안 발견했던 것도 이와 마찬가지였다. 부하 대원들은 커다란 문제로 반항하는 것이 아니라, 그다지 대단하지 않은 문제로 야단법석을 떨었다. 그들은 위험과 곤란과 가끔 영하 80도가 넘는 추위를 그다지 불평 없이 참을 수가 있었다. 그러나 버드 제독은 다음과 같이 기록하였다.

"침대에서 같이 자는 친구들 중에는 남의 옷자락이 자기의 자리에 조금 걸쳤다는 일로 서로 말도 하지 않는 사람이 있었고, 또 어떤 사람은 음식을 삼키기 전에 엄숙한 태도로 스물여덟 번씩 씹는 꼬락서니가 비위에 맞지 않는다고 해서 그 사람이 있을 때에는 절대로 음식을 먹지 않는 사람도 있었습니다."

남극 땅 캠프 속에서 그와 같은 사소한 일이 훈련받은 동료들끼리도 정신을 잃게 하였던 것이다. 이런 문제에 관하여 권위자들은 말하고 있다. 예를 들면 시카고의 조셉 새버스 판사는 4만 건 이상의 불행한 결혼에 대한 조정을 처리한 사람이다. 그는 "대부분의 불행한 부부 생활에는 그 배후에 사소한 문제가 숨어 있습니다."라고 말하였고, 뉴욕의 지방검사 프랭크 S. 호건 씨는 또 이러한 말을 하였다. "우리 법정에서 처리하는 형사사건의 절반이 사소한 문제로부터 비롯되어 일어난 것입니다. 술집에서의 시비, 친구끼리의 말다툼, 모욕적인 언사, 경멸하는 말투와 실례되는 행동 등, 이 모든 사소한 문제가 폭행이나 살인의 원인이 됩니다. 그와 같이 잔인하거나 그렇게 나쁜 사람은 흔치 않은 일입니다. 이 세상의 모든 비극 중 절반은 우리의 자존심을 조금 상하게 하거나 우리를 업신여기거나 우리의 허영심을 약간 해치는 따위의 사소한 문제로부터 일어나는 것입니다."

엘리너 루스벨트 여사가 처음 결혼하였을 때부터 걱정이 있었다. 그는 새로 들어온 요리사의 음식이 자기 입맛에 맞지 않아서 며칠 동안이나 걱정하였다. 그러나 '지금 만일 그런 일이 있다면 나는 아무렇지도 않게 여겼을 것이다.'라고 루스벨트 여사는 말하였다. 그렇다. 이 말이야말로 어른의 마음에서 우러나온 말이다. 무서운 독재자였던 캐더린 대제도 요리사가 요리를 실수했을 때 웃어버리고 말았다고 한다.

나는 아내와 함께 시카고에 있는 어떤 친구 집에서 식사를 한 적이 있다. 그런데 남자 주인이 고기를 썰 때 어떤 실수를 한 모양이었다. 나는 그것을 몰랐고 설령 알았다 하더라도 대수롭지 않게 여길 일이었다. 그러나 그 집 안주인은 그것을 보자마자 바로 우리 앞에서 자기 남편을 몰아세웠다. "존! 정신을 좀 차려요! 당신은 음식도 제대로 먹지 못하오?" 이렇게 말하는 것이었다. 그리고는 우리를 향하여, "저 이는 언제나 저렇게 실수를 한답니다. 도무지 주의를 하려고 들지 않아요."라고 통명스럽게 말하였다.

설령 그 주인이 고기를 잘못 썰었을는지도 모른다. 그러나 나는 이 부인과 같은 아내를 데리고 20년간이나 살아온 그 남편을 오히려 훌륭하게 생각한다. 솔직히 말하여 나는 그런 부인의 잔소리를 들으면서 산해진미를 먹는 것보다 차라리 마음 놓을 수 있는 자리에서 소박한 음식을 먹는 것을 택할 것이다.

이런 일이 있은 지 얼마 지나지 않아 우리 부부는 몇 사람의 친구를 집으로 청하여 저녁을 같이 하게 되었다. 친구들이 도착할 때쯤 아내는 냅킨 석 장의 색깔이 식탁보의 색깔과 맞지 않은 것을 발견하였다. 아내는 나중에 그때의 사정을 나에게 말하였다.

"요리사가 있는 곳으로 달려가서 급히 물어보니, 그 냅킨 석 장이 세탁소로 가 있는 거였어요. 손님들은 벌써 문밖에 와 있었으므로 그 냅킨은 교체하기는 시간이 없었습니다. 저는 그만 울고 싶었습니다. '왜 이러한 실수를 해서 오늘 저녁의 흥을 깨게 하였을까?' 이러한 생각에 자책을 하게 되었어요. 그러다가 다시 생각하기로 했지요. '이게 무슨 큰일이라고? 그까짓 것을!' 저는 그대로 식당에 가서 저녁을 즐기기로 작정했습니다. 저는 손님들이 신경질적이고 까다로운 사람으로 생각하는 것보다는, 차라리 헐렁한 부인이라고 생각하는 편이 낫다고 생각하였습니다. 하여간 그런 일이 있었음에도 손님들은 한 사람도 냅킨에 대해 관심을 두지 않았습니다."

법률상 격언에 '법률은 사소한 일에 얽매이지 않는다'라는 말이 있다. 대개의 경우 사소한 문제에서 비롯되는 고통을 피하는 데는 오직 문제의 중요성을 바꾸는 것, 즉 마음을 새롭고 유쾌한 관점으로 돌릴 필요가 있다.

우리의 사소한 걱정도 대개는 이러하다. 우리는 걱정 근심을 싫어하며, 또 그로 말미암아 속을 태우고 있으나 그러한 걱정 근심은 모두가 중요성을 과장하는 데서 빚어지는 것이다.

디즈레일리는,

> **66** 인생은 하찮게 살기에는 너무도 짧다.(Life is too short to be little.)"

라고 말하였다. 또한 앙드레 말로는 〈디스위크〉지에 다음과 같이 썼다.

"이 말이야말로 내가 겪은 쓰라린 경험에서 저를 도와주었습니다. 우리는 사소한 문제로 당황하고 속을 끓이죠. 우리가 이 세상에 생존하는 것은 앞으로 몇 십년에 불과해요. 세월이 가면 금방 잊혀버리고 말 문제를 너무 심각하게 고민함으로써 아까운 시간을 헛되이 낭비하고 있는 겁니다. 그러므로 우리의 생활을 가치 있는 행동과 감정에, 위대한 사상과 진정한 애정, 그리고 영원한 사업에 집중해야 합니다. 인생은 하찮게 살기에는 너무도 짧은 것이기 때문입니다."

그리스의 현인 페리클레스는 24세기 전에 이렇게 말했다. "여러분! 우리는 너무 오래 사소한 일에 사로잡혀 시간을 낭비한다."라고 말하였다. 그렇다. 과연 우리도 그와 같이 사소한 일에 사로잡혀 있는 것이다.

해리 에머슨 포스틱 박사가 말한 가장 재미있는 이야기 한 토막이 여기에 있다. 그것은 큰 나무 하나가 생명을 걸고 싸워온 싸움의 이야기이다.

"콜로라도 주 롱 피크 산 허리에 큰 나무 잔해가 남아 있었습니다. 박물학자 말에 의하면, 이 나무는 400여 년을 살아 있던 나무라는 것입니다. 콜럼버스가 엘살바도르에 상륙하였을 때 작은 묘목이었던 이 나무는, 120여 년이 지나 영국의 청교도들이 메이플라워 호를 타고 플리머스로 이주했을 때는 어느 정도 크게 자라있었지요. 그렇게 기나긴 세월을 거치는 동안에 이 나무는 열네 번이나 벼락을 맞았고 숱하게 많은 눈보라에 부대꼈으며 4세기에 걸쳐 무서운 폭풍의 매를 맞았습니다.

이 모든 시련을 겪고서도 이 나무는 살아났던 것입니다. 거목으로 성장하였지요. 그런데 어느 순간 딱정벌레 무리가 나무를 공격하여 마침내 순식간에 쓰러뜨리고 말았습니다. 딱정벌레는 나뭇가지를 깊이 조금씩 파고 들어가 쉴 새 없이 공격하여 나무 내부의 힘을 파괴하였습니다.

400여 년의 세월을 견뎌 아직 시들지 않았고, 벼락도 쳐부수지 못했고, 폭풍우도 쓰러뜨리지 못했던 이 거대한 나무는 마침내 사람의 손가락으로 비벼서 죽여버릴 수 있는 작은 벌레 앞에 쓰러지고 말았던 것입니다."

우리 사람도 역시 이와 같이 싸우는 나무와 같은 것이 아닐까? 그리 흔치 않은 인생의 폭풍우와 눈보라, 그리고 우뢰와 벼락을 그럭저럭 견디어 나가면서도 사소한 걱정 근심의 벌레, 즉 손가락으로 비벼서 없앨 수 있는 조그마한 벌레로 말미암아 우리의 마음을 좀먹게 하는 것이 아닐까?

걱정 근심하는 습관이 우리를 정복하기 전에 우리가 그것을 정복하기 위한 제2의 법칙은 다음과 같다.

우리가 무시해야 하고 잊어버려야 할 사소한 문제에 마음을 낙심케 하지 말자. '인생은 시시하게 살기에는 너무도 짧다.'라는 말을 기억하자!

여러 가지 걱정 근심을 물리치는 한 가지 법칙

내가 어려서 미주리주의 농촌에서 자라날 때, 어느 날 어머니와 함께 매실나무 구덩이를 파다가 나는 별안간 울기 시작하였다. "데일, 도대체 뭣 때문에 우는 거야?"라고 어머니가 물었을 때, 나는 훌쩍거리면서, "암만해도 산 채로 땅에 묻힐 것만 같아 걱정이 되어 그래요."라고 대답하였다.

그 시절에 나의 마음은 여러 가지 걱정 근심으로 가득 차 있었다. 천둥이 치면 벼락을 맞아 죽지 않을까 걱정하였고, 불경기가 오면 굶어 죽지 않을까 걱정하였으며, 내가 죽어서 지옥에 가지 않을까 걱정하였다. 그러나 그뿐이랴, 나보다 나이가 많은 샘 화이트라는 아이가 내 큰 귀를 잘라버리지 않을까 두려워할 정도였다. 보통 때 샘 화이트가 그렇게 하겠다고 나를 위협했기 때문이다.

어느 정도로 내가 걱정이 많았냐 하면, 여자애들이 내가 모자 벗고 인사할 때 , 그들이 비웃지나 않을까 걱정하였다. 만일 나와 결혼하자는 여자가 없으면 어찌할까? 결혼을 하면 제일 먼저 나의 아내에게 무슨 말을 꺼내는 것이 좋을까?를 걱정했다. 그리고 나는 다음과 같은 생각도 해보았다.

우리는 아마 어떤 시골 교회에서 결혼식을 올리겠지. 결혼식이 끝나면 오색실로 단장한 마차를 타고 농장으로 돌아올 거야. 그때 마차 속에서 우리는 어떤 이야기를 서로 주고받게 될까? '무슨 이야기를 어떻게?'

나는 밭을 갈면서 내게 무척 중대한 이와 같은 문제의 해결방안을 여러 시간 동안 생각해 보곤 하였다. 그러나 세월이 흘러가자, 나는 차차로 내가 걱정하였던 모든 문제가 거의 99%도 일어나지 않는다는 것을 알게 되었다.

예를 들어, 나는 위에서 말한 바와 같이 일찍부터 벼락을 무서워하였으나, '국민안전보호기관'의 조사에 의하면, 벼락 맞아 죽을 기회는 매년 35만 명 가운데 1명이라는 사실을 알았다.

특히 내가 산 채로 땅 구덩이에 묻힐 것 같다는 걱정은 어리석고 허무맹랑한 우스운 일이었다. 송장을 썩지 않게 보존하여 두는 법이 생기기 전인 옛날에도 산 채로 땅에 묻히는 사람은 1000만 명 중에 1명이 나오기가 어려운 일이었다. 그럼에도 불구하고 나는 그것이 무서워서 울기까지 했던 것이다. 그런데 여덟 사람 중에 한 사람이 암(癌)으로 죽는다. 따라서 내가 무슨 걱정을 해야 한다면 벼락을 맞거나 산 채로 묻히는 것을 걱정하지 말고 차라리 암을 걱정했어야 맞을 것이다.

사실 내가 지금까지 말한 청년들의 걱정 근심에 관한 것도 대개는 무의미한 걱정이다. 그러나 성인들의 여러 가지 걱정 근심도 대부분 우스꽝스러울 정도이다. 당신이나 내가 만일 우리가 한없이 마음만 태우지 말고, 〈평균 감손의 법칙(the law of averages)〉에 의하여, 우리의 걱정 근심에 어떠한 정당성이 있는가 없는가를 발견하기에 힘쓴다면, 아마 우리의 걱정 근심 중 90%는 당장 없앨 수 있을 것이다.

세계적으로 가장 유명한 런던의 로이드 해상 보험회사는 좀처럼 일어나지 않는 일을 걱정하는 인간성을 이용하여 수백만 달러의 재산을 모았다. 런던의 로이드 회사는 사람들이 걱정하고 있는 재난이 과연 절대로 일어나지 않을 것인가를 고객들과 내기를 하고 있다. 그러나 회사 측에서는 그것을 내기라고 부르지 않고 보험이라고 부른다. 사실 그들은 '평균 감손의 법칙'을 밑바탕으로 하는 '도박'을 하는 것이다.

우리가 '평균 감손의 법칙'을 조사해 보면 거기에서 발견되는 여러 가지 사실에 놀랄 때가 많다. 예를 들어 만일 내가 지금부터 5년 이내에 게티스버그 전투 같은 무서운 싸움을 치러야 한다면, 공포에 사로잡혀 보험을 들을 것이며, 유언 따위를 생각하여 처리하며, 나의 모든 문제를 질서 있게 정리할 것이다. 또한 내가 그 전투에서 살아날 가능성이 낮아 몇 해 남지 않은 나의 여생을 가장 유효하게 누리고 싶어할 것이다.

그러나 '평균 감손 법칙'에 의하면 평화로울 때 50세로부터 55세까지 살려는 것이, 게티스버그 전투에서의 위험율 못지 않게 어렵고 위험하다는 점이다. 즉 평화 시에 50세부터 55세까지의 사람 중 평균 천 명을 단위로 죽는 사람의 숫자가 전투에서 싸운 병사 16만 3000명 중 천 명을 단위로 해서 죽은 사람의 숫자와 동일하다.

미국 역사상 가장 위대한 인디언 투사 조지 쿠르크 장군은 그의 자서전에서, 《아메리카 인디언》의 '걱정과 불행은 대부분 그들의 상상에서 오는 것이지 실지로 오는 것이 아니다'라고 말하였다. 내 자신이 과거 수십 년 동안을 회고해 보더라도, 역시 나의 걱정 근심이 상상에서 온다는 것을 알 수 있다. 제임스 그랜트도 역시 나에게 자기의 경험이 그러했다는 것을 고백하였다.

그는 플로리다의 오랜지와 그레이프프루트를 한 번에 10대 또는 15대 차량씩 주문하고 있었는데, 그때마다 자기가 걱정을 한 적이 있었다고 고백하였다. 즉 "어디서 화물차가 전복하면 어찌할까, 우리 과일이 길가에 쏟아지면 어찌할까, 또는 화물차가 철교를 건너다가 사고가 나면 어찌할까?" 등등의 걱정을 한다는 것이다. 물론 과일에 대한 보험을 들어놓기는 하였으나, 과일이 제때에 도착하지 않아서 시장에서 손해를 보거나 거래처를 잃을까봐 걱정하였다. 그 걱정이 지나친 나머지 위궤양이나 재발하지 않았는가 병원에 가기도 했다는 것이다. 그러나 의사의 신경과민 증상 외에 나쁜 데가 없다는 대답을 듣고 안심했다는 것이다.

그는 스스로 자신에게 아래와 같이 묻고 대답하였다. "여보게, 짐 그랜트! 자네가 수 년 동안에 취급한 과일의 화물차가 몇 대나 되는지 알아? 25,000대 가량이지. 그러면 그 중에서 전복사고가 난 화물차가 몇 대나 되었나? 아마 다섯 대인 것 같은데. 25,000대 중에서, 겨우 5대! 25,000대 중에서 다섯 대란 말이지? 그게 무얼 의미하는지 당신은 아는가? 5,000대에 비하여 한 대의 비율! 즉 〈평균 감손의 법칙〉에 의해, 자네의 화물차 1대가 전복되는 동안에 5,000대가 무사히 통과하였다는 말일세. 그러니 자네는 여기서 더 이상 걱정할 필요가 없단 말이지."

다음에 그는 자신에게 이렇게 말하였다.

"'그러나 철교가 끊어지면 어떻게 하지?' 그리고 또 이렇게 물어보았습니다. '실제로 철교가 끊어져서 화차의 손해를 본 것이 몇 대나 되는가?' 대답은 '한 번도 없었지.' 끝으로 저는 자신에게 이렇게 말하였습니다. '그렇다면 자네가 절대로 끊어진 일이 없는 철교 때문에, 또는 5천 번에 한 번밖에 없는 철도사고 때문에 위궤양에 걸릴 정도로 걱정한다는 것이 얼마나 어리석은지 알겠는가?'"

짐 그랜트는 나에게 다음과 같이 말하였다. "그렇게 생각하고 보니 상당히 어리석었다는 것을 깨달았습니다. 그래서 저는 당장 〈평균 감손의 법칙〉에게 나의 걱정을 도맡아달라고 하자, 그 다음부터는 위궤양 때문에 고생하는 일이 없었습니다."

미 해군에서는 군인의 사기를 올리기 위해서 〈평균 감손의 법칙〉을 사용하였다. 예전에 수병이었던 사람이 나에게 자기가 동료들과 함께 고옥탄 휘발유를 운반하는 유조선 근무에 배치되었을 때 그들은 걱정이 태산 같았다고 한다. 즉 그들은 고옥탄 가솔린이 수뢰를 맞으면 배는 단번에 폭발하여 승무원 전원이 사망할까봐 걱정하였다.

그러나 현재 미국 해군에서는 그렇지 않다는 것을 발표하였다. 해군에서는 정확한 숫자를 발표했는데 수뢰를 맞은 유조선 100척 중에서 60척은 침몰하지 않았고, 침몰된 40척 중에서도 10분 내에 침몰된 배는 겨우 5척이라고 한다. 이는 침몰된 배에서 선원을 구조할 시간적 여유가 충분하다는 것을 의미한다. 동시에 사상자는 아주 적음을 의미한다. 그러면 이 발표가 사기를 높이는 데 도움을 주었을까?

지금까지의 이야기를 보면 알 수 있듯이 클라이드 W. 마스 군은 다음과 같이 말하였다.

"〈평균 감손의 법칙〉의 지식이 모든 걱정을 없애 주었습니다. 모든 승무원 전체의 사기가 높아졌습니다. 우리는 살아날 기회가 있다는 것을 알게 되었고, 〈평균 감손의 법칙〉에 의해 살아남을 수 있다는 확신을 갖게 되었습니다."

걱정 근심하는 습관이 당신을 파멸시키기 전에 그것을 깨뜨리는 제3의 법칙은 다음과 같다.

"기록을 조사하여 보자"

다음으로 스스로에게 자문해 보자.

"내가 지금 걱정하고 있는 문제가 실제로 일어날 확률을 〈평균 감손의 법칙〉에 비춰볼 때, 얼마나 되는가?'를 물어보라.

불가피한 사정과는 타협하라

내가 어렸을 때 미주리주 서북부에 있는 낡고 쓰지 않는 통나무집 다락방에서 몇몇 친구들과 놀다가 그만 손가락 한 개를 부러뜨리고 말았다. 나는 놀라서 소리쳐 울었다. 꼼짝없이 죽을 것만 같았다. 그러나 나의 손가락이 나은 후부터는 조금도 나의 손가락을 걱정한 일이 없다. 걱정한들, 무슨 소용이 있을 것인가? 나는 불가피한 사정을 그대로 받아들였을 뿐이다.

나는 지금도 왼손에 엄지손가락 한 개와 나머지 세 개의 손가락밖에 없다는 사실을 한 달에 한 번도 생각해 본 일 없다. 몇 해 전에 나는 뉴욕의 어떤 사무실 건물 속에서 화물 승강기를 운전하는 사람을 만난 적이 있다. 그의 왼손은 팔목에서부터 끊어져 버린 것을 보고 "팔이 없는 것이 걱정되지 않느냐."고 물었다. 그는 "아니올시다. 별로 생각한 일이 없습니다. 저는 아직 총각이기 때문에 간단한 바느질을 하려고 바늘귀 꿸 때 정도 잠깐 생각할 뿐입니다."라고 대답하였다.

어떠한 사정을 막론하고 불가피한 경우에는 그대로 받아들여야 한다. 거기에 자신을 맞춰 나감으로써 우리가 얼마나 빠르게 그것을 잊어버리게 되는가를 생각해 보면 놀라울 정도이다.

폴란드 암스테르담에 있는 15세기 사원의 폐허 위에 새겨져 있던 글귀를 결코 잊을 수가 없다. "원래 그런 것이다. 달리 방법이 없으니까."라는 비명(碑銘)이 새겨져 있었다.

우리는 수십 년의 인생을 살아가는 동안 불가피하게 불쾌한 상황을 만날 때가 많다. 그렇다고 그 사정이 다른 사정으로 변할 수는 없다. 우리에게는 다만 선택권이 있을 따름이다. 이 선택권이란 우리가 그러한 사정을 불가피한 것으로 받아들여 자신을 거기에 맞춰 적응해나가거나, 아니면 반대하는 상황을 고집하거나 집착하다가 자기 생활을 파멸의 구렁텅이로 몰아넣고 결국 신경쇠약에 걸려 인생을 끝마치는 수밖에 없다.

내가 좋아하는 철학자 윌리엄 제임스가 말한 현명한 충고 한 토막이 여기에 있다. "사정을 있는 그대로 받아들이기를 주저하지 말라. 사정을 그대로 받아들이는 것은 모든 불행의 결과를 극복하는 첫걸음이다."

어떠한 사정을 막론하고 그것만으로는 우리가 행복하게 될 수도 없고 불행하게 될 수도 없다. 우리가 그것에 대한 우리의 감정을 결정하는 것이, 곧 그 사정에 대응해 가는 방법이다. 예수는 "너희들의 마음속에 천국이 있다."고 말하였다. 지옥도 역시 우리의 마음속에 있다. 불가피한 사정에 대하여 슬퍼해봤자 그 사정이 변경되는 것이 아니다. 오직 우리가 우리 자신의 마음을 고쳐야 할 것이다. 나는 나의 경험으로 그러한 것을 알고 있다.

나는 일찍이 나에게 닥쳐온 불가피한 사정을 받아들이려고 하지 않은 때가 있었다. 나는 어리석게도 그것을 원망하고 배척하였다. 그리하여 결국 나는 불면증에 걸렸고, 내가 원하지 않았던 여러 가지 문제가 나에게 닥쳐왔다. 1년 동안이나 고통 속에 번민하던 나머지 나는 결국 내가 처음부터 절대로 변경하지 못할 것으로 알고 있었던 그 사정을 그대로 받아들일 수밖에 없었다. 내가 왜 그때 그 시절에 월트 휘트먼의 시(詩)를 몰랐던가?

오, 맞서라.
밤과 폭풍과 주림과
조소(嘲笑)와 사고와 실패를 맞이하되
마치 나무와 동물이 하는 것처럼 할지어다.

나는 12년 동안이나 소와 함께 생활하였다. 그러나 나는 한 번도 날이 가

물어서 목장이 마른다고 걱정하거나 눈발이 세고 일기가 춥다고, 또는 자기가 사랑하는 황소가 다른 어린 암소를 마음에 두고 있다고 해서 젖소가 성을 내는 것을 보지 못하였다. 동물들은 밤과 폭풍과 주림을 냉정한 태도로 맞이한다. 그러므로 동물은 신경쇠약이나 위궤양에 걸리는 법도, 정신 이상을 일으키는 일도 없다.

그렇다고 우리에게 닥쳐오는 모든 불행에 무조건 그것을 그대로 순종해야 한다고 주장하는 것은 아니다. 그것은 단순한 운명론에 불과한 것이다. 어떠한 사태에 대해 우리가 바꿀 수 있는 것이라면 싸워서 그것을 고쳐야 한다. 그러나 우리의 상식으로 생각해 볼 때, 그 사태를 전혀 달리 변경할 수 없는 것이라면, 앞뒤를 돌아볼 때 진짜 안 될 일이라면 굳이 생각하지 말아야 한다.

컬럼비아대학교의 헉스 학장은 〈마더 구스의 노래〉 중의 1절, 노래 한 토막을 자기의 좌우명으로 정했다고 말하였다.

하늘 아래 모든 병에는
치료하는 방법이 있기도 하고 없기도 하니
방법이 있거들랑 그것을 찾아보고
방법이 없을 때는 차라리 생각지 말라.

이 책을 쓰는 동안 수많은 미국 사업가들을 만나보았는데 나는 그들이 불가피한 사정을 받아들임으로써, 걱정 근심을 떠나서 생활할 수 있다는 사실을 알고 크게 감격하였다. 만일 그들이 불가피한 일을 받아들이지 않았다면, 그들은 걱정과 긴장된 생활로 인해 건강을 유지하지 못했을 것이다.

전국적으로 퍼져 있는 '페니 스토어'를 창설자인 J. C. 페니는 이렇게 말하였다. "저는 제 재산 전부를 잃는다 할지라도 걱정하지 않을 것입니다. 왜냐하면 걱정을 해봤자 별 도움이 되지 않는다는 것을 이미 알고 있기 때문입니다. 저는 제가 할 수 있는 일에 최선을 다할 뿐이지요. 그 결과는 하느님의 처분에 맡길 뿐입니다."

헨리 포드 씨도 이와 똑같은 의미로 나에게 "제가 사건을 처리할 수 없을 때는, 저는 그 사건을 받아들입니다." 또 크라이슬러의 K. T. 켈러 사장에게 어떤 방법으로 걱정 근심을 잊었느냐고 물었을 때 그는 아래와 같이 대답하였다.

"저는 곤란한 경우를 당했을 때, 무슨 방법이 있을 때는 그 방법을 사용하고, 없을 때는 그것을 잊어버리고 맙니다. 저는 절대로 장래를 걱정하지 않습니다. 왜냐하면 현재 살고 있는 사람으로서 장래에 일어날 일을 예측할 사람은 하나도 없기 때문입니다. 장래에 영향을 끼칠 요소는 너무나 많을 뿐만 아니라, 이런 요소가 어떻게 생겨나는지도 모르고, 예언할 수도 없습니다. 이러니 우리가 장래를 걱정하는 것이 아무 소용이 없는 일입니다."

이런 말을 한다고 하여 켈러 씨에게 누가 그를 철학자라고 부른다면 그는 약간 당황하고 어색해할 것이다. 그는 다만 훌륭한 사업가 중 한 사람이다. 그러나 켈러의 생각은 우연히 19세기 전에 철학자 에픽테투스가 로마에서 말한 것과 똑같다. 에픽테투스는 로마 시민에게 "행복으로 가는 길이 오직 하나가 있으니, 그것은 우리의 힘의 한계를 넘는 모든 것을 걱정하지 않는 데 있다'라고 가르쳤다.

사라 베른하르트는 '성스런 사라'라고 불린다. 그는 불가피한 사정과 타협할 줄 아는 여자로서 훌륭한 실례라고 말할 수 있다. 그는 반세기에 걸쳐 4대륙을 무대로 한 연극 배우 중에 단연 여왕이었고, 세계에서 가장 귀여움을 받는 여배우였다.

그런데 71세가 되어 건강이 쇠약해졌을 때 그의 재산도 전부 잃고 파산하고 말았다. 담당 의사였던 파리의 포지 교수는 사라 여사의 다리를 잘라야 된다고 말하였다. 사라 여사는 대서양을 건너는 동안 폭풍을 만나 갑판 위에 떨어지는 바람에 다리를 다쳤던 것이다. 그 후 정맥염이 심해지고 다리는 가늘어졌으며 다리가 오글어들었다. 그래서 너무 다리가 아팠기 때문에 의사는 그의 다리를 자를 수밖에 없다고 생각하였다. 하지만 의사는 성미가 급하고 화를 잘 내는 그녀에게 그런 말을 하기를 두려워하였다. 그렇게 무서운 이야기를 듣고 그녀가 화를 폭발시킬 줄 알고 걱정했다.

그러나 그건 의사의 생각이 잘못이었다. 사라는 한참 동안 의사를 쳐다본 다음 낮은 목소리로 "그렇게 해야 한다면 그렇게 할 수밖에 없지요."라고 말하였다. 그것이 그의 피할 수 없는 운명이었다. 사라는 그녀가 수술실로 실려 들어갈 때, 자기 아들에게 명랑한 표정으로 손을 흔들며 유쾌한 말로 "다른 데 가지 말고 기다리고 있어라, 곧 돌아오마"라고 말했다. 수술실로 가는 동안 그녀는 연극의 한 장면을 암송하고 있었다. 그녀에게 누군가가 "자기 자신을 위로하기 위함이냐."라고 물었을 때 그녀는 이렇게 말하였다.

"아니올시다. 의사와 간호부를 즐겁게 하려는 것입니다. 수술 때문에 그들이 긴장하고 있을 것이므로……" 수술이 끝나고 몸을 회복한 사라 베른하르트는 다시 7년에 걸쳐서 세계 각각을 순회하면서 세상 사람들을 열광시켰다.

엘시 맥코믹은 〈리더스 다이제스트〉지에서 "우리가 불가피한 일과 싸우기를 끝내면, 우리는 에너지를 사용할 수 있는데, 이 에너지는 우리에게 더 좋은 생활을 창조할 수 있게 한다."고 말하였다. 누구를 막론하고 한편으로 불가피한 일과 싸우면서 또 한편으로 새로운 생활을 창조할 만큼 감정과 활력을 가진 사람은 없을 것이다. 따라서 두 가지 중에서 한 가지를 택해야 한다. '불가피'라는 눈보라에 그대로 머리를 숙이고 있을 수도 있고, 거기에 저항하여 스스로 부서질 수도 있다.

나는 내가 소유하고 있는 미주리주의 농장에서 한 가지 사실을 경험하였다. 농장에 수많은 나무를 심었는데 처음에는 굉장한 속도로 나무가 자랐다. 그런데 눈보라가 치기 시작하여 크고 작은 나뭇가지들이 무거운 눈덩이에 파묻히고 말았다. 이곳의 나무는 공손히 머리를 숙여 그 무거운 짐을 맞으려 하지 않고, 건방지게 반항하여 나뭇가지가 찢어지고 몸체가 부러져 그만 죽어버리고 마는 것이었다. 이러한 나무는 북방의 수풀이 가진 지혜를 배우지 못한 까닭이었다. 나는 가끔 푸른 캐나다 숲 사이를 지나 수백 마일 여행을 한 일이 있는데, 거기에서 눈덩이나 얼음으로 부러진 소나무나 전나무를 일찍 보지 못하였다. 언제나 푸른 이 나무들은 어떻게 머리를 수그려야 하며, 어떻게 가지를 아래로 내려뜨려야 한다는 것과 어떻게 타협해야 한다는 것을 알고 있었던 것이다.

유도 선생은 제자들에게, "몸을 버들가지와 같이 구부리되, 참나무와 같이 세우지 말라."고 가르친다.

당신은 자동차 타이어가 장기간 사용하는데도 그 충격을 어떻게 견디는지 아는가? 처음에 타이어 제조업자들이 도로의 충격에 저항할 수 있는 타이어를 만들려고 하였다. 그러나 저항하는 타이어는 얼마 안 가서 발기발기 찢어져 버렸다. 그래서 다음에는 도로의 충격을 그대로 흡수하는 타이어를 만들었다. 이렇게 충격을 무마시키자, 타이어는 도로의 충격을 견디어 나갈 수가 있었다. 우리가 만일 험난한 인생 행로의 충격을 그대로 흡수하고 거기에 보조를 맞추어 나가는 방법을 알고 있다면, 보다 긴 인생과 더욱 평탄한 생활을 즐길 수가 있을 것이다.

그러나 만일 우리가 인생의 충격을 흡수하는 대신에 그것을 반항한다면 우리에게 무엇이 찾아올 것인가? 우리가 만일 '버들가지와 같이 구부리는 것'을 싫어하고 참나무와 같이 뻣뻣하기만을 주장한다면 우리에게 어떠한 일이 생기게 될까? 대답은 간단하다. 마음속에 끊임없는 혼란을 일으켜 걱정하고 근심하며 흥분하여 신경과민증에 걸리게 될 것이다. 한 걸음 더 나아가 만일 가혹한 현실 세계를 거부하고 우리 자신이 만든 꿈속에 들어간다면 결국 우리는 정신병자가 되는 수밖에 없다.

예수가 십자가에 못 박힌 이후 온 역사를 통하여 가장 유명한 죽음의 장면은 소크라테스의 죽음이다. 앞으로 1만 세기를 지나더라도 사람들은 역시 플라톤이 이 죽음의 장면을 그린 불후의 문장, 즉 문학 중에서 가장 감격적이고 아름다운 글귀의 하나인 그 문장을 읽고 찬미를 할 것이다.

아테네의 일부 사람들은 늙고 맨발 벗은 소크라테스를 시기하고 질투하여 무고죄를 뒤집어 씌워 그를 재판한 후 사형에 처하게 하였다. 소크라테스에게 호의를 가지고 있던 옥사장은 소크라테스에게 독약을 주어 마시게 하며 이렇게 말했다. "불가피한 사정이니 그대로 곱게 받아들이십시오."라고 말하였다. 소크라테스는 그것을 곱게 받아들였다. 그리하여 그는 침착한 태도로 신성한 죽음을 맞이했다.

'불가피한 일을 곱게 받아들이라.'는 이 말은 그리스도가 탄생 399년 전의 말이지만, 오늘 날 더욱 필요하다. '불가피한 일은 곱게 받아들이도록 하십시오.'

나는 지나간 수년간 걱정 근심을 조금이라도 덜 수 있는 방법이 있는가를 찾아보기 위하여 다양한 모든 책과 잡지와 논문을 읽어 보았다. 당신이나 내가 읽은 모든 문장 중에서 걱정 근심에 관한 가장 좋은 충고 한 토막을 알고 싶다면 그것을 요약한 글귀 하나가 여기에 있다. 이 글귀는 당신이나 내가 세면대에 있는 거울 위에 그것을 붙여놓고, 우리가 얼굴의 때를 씻을 때마다 우리 마음의 걱정 근심도 씻어버리도록 해야 할 것이다.

주여 어찌할 수 없는 사정을
그대로 받아들이도록 맑은 정신을 나에게 허락해 주소서.
내가 고칠 수 있는 것을 고칠 수 있도록 용기를 허락해 주소서.

그리고 옳고 그른 것을 판단할 수 있는 지혜를 허락해 주소서.

— God grant me the serenity

To accept the things I cannot change;

The courage to change the things I can;

And the widsom to know the differece —

걱정하는 습관이 우리를 정복하기 전에 우리가 걱정을 정복하는 제 4법칙은 다음과 같다.

불가피한 일은 받아들여라.

걱정 근심에 대하여 '손실 정지' 지시를 내려라

당신은 월가에서 돈 모으는 방법을 알고 싶지 않은가? 아마 그것을 알고 싶어하는 사람은 수백만 명일 것이다. 따라서 만일 내가 그 대답을 알고 있다면 아마 이 책은 한 부에 1만 달러에 팔릴 것이다. 그러나 하여간 내가 아는 몇몇의 주식판매업자가 사용한 좋은 방법이 여기에 있다. 바로 뉴욕에 사무소를 둔 투자상담가 찰스 로버트이야기이다.

"처음에 몇몇 친구가 주식에 투자하려고 내게 빌려 준 2만 달러를 가지고 텍사스 주에서 뉴욕에 왔습니다. 저는 주식시장의 비결을 알고 있었다고 생각했건만, 어쩐지 한 푼도 남기지 않고 몽땅 잃어버리고 말았습니다. 물론 어떤 거래에서는 제법 이익도 보았으나 결국 남은 것은 빈손뿐이었습니다.

저는 돈을 잃은 것은 그리 걱정이 되지 않았으나, 제 친구들 돈까지 잃게 된 것은 정말 괴로웠습니다. 저는 주식 실패 후에 그들을 만나기가 무서웠습니다. 그러나 한편으로 놀란 것은 그 친구들은 훌륭한 노름꾼이라는 것보다도 말할 수 없는 낙관주의자라는 점이었습니다.

저는 주식투자에서 다른 사람의 의견에 따랐으며, 주로 요행을 바랐다는 사실을 깨우쳤습니다. 필립이 말한 바와 같이 나는 '귀 동냥'으로 주식투자를 해 왔던 것입니다. 마침내 잘못을 알아차리고 다시 주식시장에 뛰어들기 전에 깊이 연구해보기로 결심했습니다. 그래서 성공한 투자전문가를 찾아 그와 친분을 맺었습니다. 그는 버튼 S. 캐슬스라는 사람으로 주식으로 크게 성공한 평판이 높았던 사람이었습니다. 또 그러한 성공이 기회와 요행으로 이루어진 것이 아니라는 것을 알고, 그에게서 많은 지식을 배울 수 있다고 생각했습니다.

캐슬스 씨는 과거에 제가 했던 주식투자에 대해 몇 마디 질문하고, 투자에서 가장 중요한 원칙을 말해 주었습니다. '나는 모든 주식투자에 반드시 '손실정지 명령'(Stop-Loss Order)을 내리고 있습니다. 가령 내가 한 장의 주식을 50달러에 샀다고 하면, 곧 거기에 45달러가 되면 팔도록 주문해둡니다.' 이것은 그 주가가 그 가격 이하로 5점까지 내려갔을 때 자동적으로 되팔게 되어 손해를 5점에서 마치게 합니다."

노련한 그는 다시 말을 계속하였습니다.

"당신이 주식투자에서 첫째로 계획을 잘 세우면 당신의 이익을 10점, 25점, 또는 50점까지도 올릴 수 있을 것이오. 따라서 당신의 손해를 5점에서 끊음으로써 당신은 전체 투자에서 절반 이상의 실수를 한다 해도 역시 많은 돈을 모을 것입니다. 나는 이 원칙을 즉시 받아들였고 끝끝내 사용해 온 결과, 나의 후원자뿐만 아니라 내 자신을 위해서도 수천 달러의 손해를 방지할 수가 있었습니다.

그 후 저는 '손실정지 명령' 원칙을 주식시장이 아닌 경우에도 적용할 수 있음을 깨닫고, 경제 문제 이외의 모든 걱정 근심에 대하여 '손실정지 명령'을 내렸습니다. 동시에 제게 닥쳐오는 여러 가지 귀찮은 문제와 원통한 일에도 적용해보니 이 방법이 놀라울 정도로 효과를 보였습니다.

예를 들면, 어떤 친구와 종종 점심을 같이 먹는 일이 있었는데, 그 친구는 좀처럼 시간을 지키지 않는 사람이었습니다. 그래서 그를 기다리느라 속을 태우곤 하였지요. 그러다가 마침내 저의 시간 손해에 대한 '손실정지 명령'을 내리고 그 친구에게 이렇게 말하였습니다.

"빌! 나는 자네를 기다리는 것에 대해 10분간의 '손실 정지 명령'을 내릴 작정일세. 만일 자네가 앞으로 10분 이상 시간을 늦으면 우리의 점심 약속은 그대로 끝날 것이오. 나는 그대로 이 자리를 떠날 것일세."

남북전쟁 중에 링컨은 그의 몇몇 친구가 링컨의 정적을 비난하고 있는 것을 보고 다음과 같은 말을 했다.

66 여러분은 나보다도 더 많은 개인적 원한을 가지고 있는 것

같소. 아마 내가 제일 개인적 감정이 없는 것 같소만은. 하여간 나

는 그러한 감정이 쓸데없다고 생각하오. 사람은 자기의 반생을 싸

움으로 허비할 수는 없는 일이오. 나는 어떤 사람을 막론하고 그가

나에게 공격하지 않는다면 나는 그의 과거사는 절대로 생각하지 않

고 있소."

벤자민 프랭클린은 일곱 살 적에 저지른 잘못을 70년 동안이나 기억하고 있었다. 그는 일곱 살 적에 호루라기를 너무 좋아하여 갖고 싶어 견딜 수가 없었다. 그래서 장난감 파는 가게에 가서 자기가 가지고 있던 동전을 전부 통틀어서 탁자 위에 쌓아놓고 값도 물어보지 않은 채 호루라기를 달라고 떼를 썼다. '나는 호루라기가 무척 좋아서 집에 돌아오는 길로 호루라기를 불며 온 집안을 뛰어다니며 불었지.'라고. 그는 70년 후에 어떤 친구에게 써 보낸 일이 있다. 그러나 그의 형과 누이들이 비싸게 산 호루라기를 보고 껄껄 웃었을 뿐이었지만, 프랭클린은 제 분을 못 이겨 흐느껴 울었다.

그 후 여러 해가 지나 프랭클린이 피뢰침을 발명한 과학자로서 세계적 인물로 알려지고, 프랑스 대사가 되었을 때 그는 역시 자기가 호루라기를 너무 비싸게 샀던 일을 기억하면서 '호루라기를 얻은 즐거움보다도 도리어 억울한 생각이 들었다.'고 말했다. 그러나 그때 체득한 교훈은 결국 프랭클린에게 값비싼 교훈이 되었다. 그는 다음과 같이 말하였다. '내가 차차 나이를 먹고 사회에 나와 사람들의 행동을 살펴볼 때, 나는 "호루라기에 지나친 값

을 주는 사람을 수없이 만나보았다네. 결국 인간의 불행의 대부분 사물의 가치를 잘못 짐작하는 데서 비롯된다고 생각해. 또 자신들의 호루라기에 너무 많은 값을 지불하는 것이라는 걸 알게 되었다."

길버트와 설리반도 그들의 호루라기에 비싼 값을 치렀거니와 세계에서 가장 걸작으로 평가받는 소설, 즉《전쟁과 평화》와《안나 카레리나》를 저술한 불멸의 작가 레프 톨스토이도 역시 그러하였다. 대영백과사전에 의하면 레프 톨스토이는 그의 말년의 20년 간 '아마 전 세계에서 가장 존경을 받은 사람'이었다.

그가 세상을 떠나기 전 20년 간, 즉 1890년으로부터 1910년 사이에는 그를 찬미하는 사람들이 그의 얼굴을 한 번 보고 그의 음성을 한 번 듣고, 심지어 그의 옷자락을 한 번 만져보기 위해 끊임없이 그의 집에 순례하였다. 그가 말하는 한 마디 한 마디 말은 마치 하늘의 계시와 같이 수첩에 기록되었을 정도였다. 그러나 그의 사생활을 돌아다볼 때, 톨스토이의 분별력은 70세가 되어서도, 오히려 일곱 살 먹은 프랭클린보다 못했다. 말하자면 그의 분별력은 영점이었다.

톨스토이는 그가 가장 사랑하던 소녀와 결혼하였다. 그들은 매우 행복을 느껴 함께 무릎을 꿇고 하늘이 주신 그들의 즐거운 생활이 길이길이 계속되도록 하느님께 기도하였다. 그러나 톨스토이와 결혼한 부인은 선천적으로 질투심이 대단히 강한 여자로서 항상 촌부의 몸차림을 하고 수풀까지 쫓아나와 남편의 일거수일투족을 감시했다. 그들은 가끔 무섭게 싸우기도 하였다. 부인의 질투심은 점점 심해져서 나중에는 그의 자녀까지 시기하여 총을 들어 자기 딸의 사진을 쏜 일도 있었다. 한번은 아편이 들어있는 약병을 입에 물고 마루 위를 뒹굴면서 자살한다고 위협하는 일도 있었다. 그렇게 미치광이처럼 날뛰는 동안에 아이들은 무서워서 방 한쪽 구석에 몰려가 울먹인 일도 있었다.

그러면 그때 톨스토이는 어떻게 하였을까? 그렇다. 그가 흥분하여 차라리 자기집 세간을 때려 부쉈다고 해도 그 사람을 나무라지 않을 것이다. 그러나 그는 오히려 성질이 단순하고 선량한 것이다. 톨스토이는 그보다도 모진 성격이었다. 왜냐하면, 그는 자기의 비밀 일기를 보관하고 있었는데, 그 일기 속에서 일상생활의 모든 허물을 그의 아내 탓으로 돌렸다. 말하자면 이 일기야말로 바로 그의 호루라기이다. 그는 후세 사람들이 자기를 용서하고 그 아내를 비난하도록 만들려는 것이었다.

그러면 그의 아내는 어떻게 하였을까? 물론 그의 일기를 찢어서 불살라 버리고 자기 자신의 일기를 쓰기 시작하였는데, 그는 그 일기에서 톨스토이를 악한으로 만들었다. 그러나 그뿐이랴. 그녀는 《누구의 죄》라는 제목의 소설까지 썼는데, 거기에서 그녀는 남편을 집안 귀신으로, 자신을 희생자로 만들었다. 그러면 대체 무슨 목적으로 그와 같은 일을 꾸몄을까? 무슨 이유로 이 두 사람은 오직 하나밖에 없는 자기 가정을, 톨스토이가 말한 바와 같이 '정신병동'으로 만들었을까?

그 이유는 몇 가지가 있다. 그중 하나는 다른 사람들에게 강한 인상을 주고 싶다는 욕망이 큰 탓이다. 그러나 그들은 우리와 같은 후세 사람들이 그들을 어떻게 판단할 것인가를 걱정했던 것이다. 그러나 과연 우리는 누구누구의 잘못을 저 세상에까지 가서 시비할 것인가? 아니다. 우리는 우리 자신의 문제에 너무 골몰하기 때문에 톨스토이에 관한 것을 생각할 1분의 시간 여유도 없다.

가엾은 두 사람은 호루라기에 얼마나 비싼 대가를 치렀던 것일까? 그들이 겪었던 50여 년 간의 지옥 같은 가정생활은 두 사람 모두 '그만(stop)'이라는 단 한 마디의 말을 할 지각이 없었기 때문이다. 또 사물의 가치를 판단하여, 이런 문제에 즉시 '손실 정지 명령'을 내리자. 우리는 생활을 낭비하고 있으니, 당장 이 자리에서 그만두자고 말하자.' 그 두 사람은 이런 말을 할 용기가 없었기 때문에 50년간 생지옥에서 살다간 것이다.

과연 그렇다. 나는 진실로 가치에 대한 정당한 판단력이 진정한 마음의 평화를 가져오는 가장 큰 비결이라고 생각한다. 또 우리가 일상생활에서 다른 사물의 가치를 평가할 수 있는 금본위를 제정할 수만 있다면, 우리 걱정의 50%를 당장에 없애버릴 수 있다. 그러므로 우리의 걱정 근심하는 습관이 우리를 파괴하기 전에 그것을 파괴하는 제5의 법칙은 다음과 같다.

우리가 일상생활에서 손실을 회복하려다가 더 큰 손해를 볼 때는 잠깐 마음을 진정하고 다음과 같이 세 가지 질문을 자신에게 해보자.

❶ 지금 걱정하는 문제가 실제 얼마나 중요한 일인가?

❷ 나는 어떤 한계에서 이 걱정에 대해 '손실정지' 명령을 내리고 그것을 잊어버려야 할 것인가?

❸ 이 '호루라기'에 대해 정확하게 얼마의 값을 치러야 할 것인가? 이미 그 이상의 값을 치르고 있지는 아니한가?

DALE CARNEGIE

9
남의 비판에
귀 기울여라

- 죽은 개를 걷어차는 사람은
  없다는 말을 기억하라

- 이렇게 하라, 그러면 그대는 비판의 해를
  입지 않을 것이다

- 자기를 반성하는 기회를 가져라

9. 남의 비판에 귀기울여라

우리가 잘못한 일을 기록해 두고 스스로 비판해 보자. 우리는 완전무결을 기할 수 없는 만큼, 공평하고 도움되는 건설적인 남의 비판을 물어보자.

죽은 개를 걷어차는 사람은 없다는 말을 기억하라

전국적으로 교육계를 뒤흔든 사건 하나가 생겨서 이것을 구경하기 위해 많은 학자들이 미국 각처에서 시카고로 모여들었다. 로버트 허친스라는 청년이 웨이터, 벌목 노동자, 가정교사, 세탁소 종업원 노릇을 하면서 예일대를 마친 것은 그보다 몇 해 전 일이었다.

그로부터 겨우 8년이 지난 후, 이 청년이 미국에서 부유한 대학으로 제4위로 손꼽히는 시카고대의 학장으로 취임하게 되었다. 그의 나이는 겨우 30세! 참으로 믿을 수 없는 일이었다. 나이 많은 교육가들은 혀를 내둘렀고 비판의 소리 또한 높았다. 그 청년은 과거에 이러저러했던 사람이며, 나이가 너무 젊고, 경험이 없을 뿐만 아니라 그의 교육 사상이 아무런 주관이 없다는 것이었다. 신문 사설까지도 그를 공격해 마지 않았다.

마침내 그가 학장으로 취임하는 날, 허친스의 친구가 허친스의 아버지 로버트 메이나드 허친스에게 말하였다. "아침 신문에 실린 아드님을 공격하는 사설을 보고 큰 충격을 받았습니다." "글쎄? 좀 심한 비난이더군. 그러나 죽은 개를 걷어차는 사람은 없다는 말을 생각해 보게."라고 허친스의 아버지가 대답하였다.

그렇다. 개가 중요하면 중요할수록 사람들을 그 개를 걷어차는 데 더욱 만족을 느끼는 것이다. 나중에 에드워드 8세가 된 영국 황태자 윈저공도 친구의 발길에 엉덩이를 걷어차인 일을 당했다. 그는 당시 데본셔에 있는 다트머스대학(아나포리스에 있는 해군사관학교에 해당한다)에 다니고 있었는데 그의 나이는 겨우 열다섯 살이었다.

어느 날 해군 장교가 황태자가 울고 있는 것을 보고, 무엇이 잘못되었는가를 물어보았다. 왕자는 처음에 아무 대답도 안 하다가 급기야 사실을 말하게 되었는데, 그는 다른 해군 학생들에게 발길로 걷어 채였다는 것이었다. 학교 교관은 학생들을 한자리에 불러 모아놓고 "황태자는 엉뚱한 불평을 말하는 것이 아니고, 도대체 무슨 까닭으로 자기가 그 험한 장난을 당해야 하는가를 알고 싶어한다."는 것이라고 말했다.

학생들은 한참 동안 주저하고 머뭇거리다가 마침내 고백하길, 자기들이 후일 영국 해군 장교가 되었을 때, 자기가 왕을 걷어찼다는 것을 자랑하고 싶어서 그런 것이라고 말하였다.

그러므로 만약 당신이 남에게 걷어차였다거나 비판을 받았을 때는, 당신을 걷어찬 상대가 그것으로 자신이 우쭐해지는 기분을 맛보고 싶어서 그랬다는 것을 기억해야 한다. 그것은 그대가 어떤 면에서든지 성공했기 때문에, 당신을 시기 질투하는 대상으로 여기고 있다는 것을 의미한다. 세상 사람들 중에는 자기보다 학문이 많고 자기보다 큰 성공을 거둔 사람을 비난하고 악담함으로써 야비한 만족감을 느끼는 자가 많다.

예를 들면, 내가 이 글을 쓰고 있는 동안에도 나는 어떤 여자로부터 구세군의 창설자인 윌리엄 부스 대장을 비난하는 편지를 받았다. 내가 전에 부스 대장을 칭찬한 방송을 한 일이 있었기 때문에, 아마 그 여자가 이와 같은 편지를 보낸 것이다. 하여간 그녀는 부스 대장이 가난한 사람을 돕는다는 명목으로 800만 달러의 돈을 횡령하였다고 말하였다.

물론 그 편지 내용은 가당찮은 비난이다. 그러나 그녀는 사실을 조사해 보려고도 하지 않고 그저 자기보다 나은 사람을 헐뜯음으로써 저급한 만족감을 느끼려고 하고 있다. 나는 악의에 찬 그 편지를 쓰레기통에 넣어버리고, 전능하신 하느님께 내가 그러한 여자와 결혼하지 않은 것을 감사하였다. 그녀의 편지는 부스 대장에 관한 나의 생각에 전혀 영향을 미치지 못했고, 단지 자기 자신이 어떠한 사람이라는 것을 말해 주었을 뿐이다. 쇼펜하우어는 여러 해 전에, "평범한 사람들은 훌륭한 사람의 결점이나 실수에 큰 흥미를 느낀다"라고 말했다.

누구나 예일 대학의 학장이 된 사람을 저속한 인간으로 생각하는 사람은 없을 것이다. 그러나 전 예일대학교 학장 티모시 드와이트는 분명히 미국 대통령으로 출마했던 사람을 비난함으로써 큰 만족을 느꼈던 것 같다. 학장은 그를 비난하여 말하기를 " 만일 그 사람이 대통령에 당선된다면, 우리는 우리의 아내와 딸이 법적으로 공인된 매춘부가 되어 희생양이 될 것이다. 우아하거나 도덕성을 지키는 일이 어려워질 것이다. 그는 도덕과 예의를 모르고 하느님과 사회로부터 미움을 받고 배척당할 것이다."

라고 경고하였다.

그러면 이것이 혹시 히틀러를 비난하는 말이 아닐까? 아니다. 이것은 바로 토머스 제퍼슨을 비난한 내용이었다. 미국 독립 선언서를 쓴 민주주의 수호신이오, 영구 불멸의 토머스 제퍼슨을 말하는 것이 아닐까? 그렇다. 바로 그 사람이다.

미국인으로서 당신은 위선자, 사기꾼, '살인범보다 약간 나은 인간'이라는 비난을 받은 사람이 누구라고 생각하는가? 한 신문 풍자만화에는 그를 단두대 위에 올려놓고 작두로 목을 자르는 모습이 실렸다. 군중은 그를 길거리로 끌고 다니면서 그에게 욕을 하고 조롱을 하며 혀를 찼다. 그러면 이렇게 조롱과 비난을 받았던 사람은 누구였을까? 그는 조지 워싱턴이었다.

그러나 이러한 사건은 모두 지난 과거의 일이다. 인권이 존중받는 오늘날에는 이런 일이 일어나지 않을 것이라고 생각할 수도 있다. 과연 그럴까? 그러면 잠깐 피어리 제독의 실례를 살펴보자.

피어리는 과거 수 세기에 걸쳐 많은 탐험가들이 겪은 어려움과 굶주림을 무릅쓰고 북극 땅에 1909년 4월 6일, 개 썰매를 타고 도착하여 전 세계를 놀라게 만들었다. 피어리는 추위와 굶주림으로 거의 죽기 직전이었고, 그의 발가락은 동상에 걸려 얼어 터져 여덟 개나 잘라버리게 되었다. 그의 육체적 정신적 고통은 참을 수 없는 고통으로 인간의 한계에 도전해야 하는 극한 상황이었다.

그러나 워싱턴의 해군 선배들은 피어리 제독에 대한 인기를 시기하여 그를 비난하기 시작했다. 피어리 제독이 과학적 탐험을 한다는 핑계를 대고 돈을 타놓고도, 피어리는 탐험에 집중하지 않고 있다고 거짓말을 퍼뜨렸으며 그는 북극 땅에서 노닐고 있다고 헛소문을 퍼뜨리고 그를 헐뜯었다. 그들은 마음속으로 정말 그렇게 믿었을지도 모른다. 왜냐하면 사람들은 자기가 믿고 싶은 것만 믿는 습관이 있기 때문이다. 그러나 피어리 제독을 모욕하고 방해하려는 그들의 결의가 몹시 맹렬했기 때문에 피어리의 도전은 제지될 위험에 처했다. 그러나 다행히 맥킨리 대통령의 직접 명령으로 겨우 피어리 제독은 북극에서의 활동을 계속 이어갈 수가 있었다.

피어리 제독이 만일 워싱턴 해군부에서 행정 사무를 보고 있었다면 그러한 비난을 받았을까? 그건 전혀 아니었을 것이다. 그냥 평범하게 행정 사무를 보는 사람이었다면, 그는 남의 질투를 살만큼 중요하지 않았을 것이다.

그랜트 장군은 피어리 제독보다도 더 나쁜 경험을 하였다. 1862년에 그랜트 장군은 북군에게 처음으로 큰 승리를 안겨준 인물이다. 이 승리야말로 반나절 만에 이루어진 승리였으며, 그랜트 장군을 하룻밤 사이에 민족적 우상으로 만든 승리였다. 그 승리는 저 멀리 유럽에까지 무서운 반향을 일으킨 승리였고, 대서양 연안부터 미시시피 강가에 걸친 모든 교회의 종이 울리게 했으며 축하 횃불이 켜지게 만든 승리였다. 그러나 이렇게 큰 승리가 있은 지 6주일도 지나지 않아 장군은 체포당해 군대 지휘권을 빼앗겼다. 그는 굴욕과 절망으로 통곡하였다. 그랜트 장군은 승리의 물결 속에서 체포당했을까? 그 이유는 거만한 상관들의 질투와 시기심을 자극하였기 때문이었다.

부당한 비난에 괴로움을 느낄 때는 다음과 같은 제1의 법칙을 읽어보라.

부당한 비판은 대개 형식을 달리한 칭찬이라는 것을 기억하라.
죽은 개를 걷어차는 사람은 없다는 말을 기억하라.

이렇게 하라, 그러면 그대는 비판의 해를 입지 않을 것이다

나는 예전에 '늙은 사팔눈' '늙은 지옥의 악마'라는 별명을 가진 스메들리 버틀러 소장을 만난 일이 있다. 그가 누구인지를 당신은 아는가? 그는 일찍 미합중국 해군을 지휘하던 쾌활하고 호언장담을 잘 하던 사령관이었다.

그는 나에게 자기가 어렸을 때 대중들의 인기를 끌려고 무척 애썼으며, 누구에게나 좋은 인상을 주려고 노력하였다고 말하였다. 따라서 그는 당시에도 대수롭지 않은 비판에도 신경을 쓰면서 마음을 태웠던 것 같다. 그러나 30여 년 동안의 군 생활을 통해 얼굴 가죽이 꽤 두꺼워졌노라고 고백하였다.

"나는 그동안 종종 꾸지람을 들었고 모욕도 당하였으며, 겁보, 독사, 스컹크 등등의 욕설까지도 들었소. 전문가들의 나쁜 비난도 받았을 뿐만 아니라, 차마 활자화하지 못할 만큼 흉악한 욕설을 들어왔소. 그러면 내가 그것 때문에 무슨 걱정 근심을 하였느냐고? 천만에! 나는 지금 누가 나를 욕할 때는 어떤 사람이 무슨 말을 하고 있는지 고개도 돌이켜보지 않을 정도라오."

물론 '늙은 사팔눈' 버틀러 장군은 남의 비판에 너무 무관심한 건지도 모른다. 그러나 한 가지만은 확실하다. 우리는 대개 우리에게 던져지는 사소한 조롱이나 악담을 너무 심각하게 생각하는 경향이 있다. 나는 몇 해 전에 뉴욕 〈선〉지의 기자가 나의 성인 교육반 전시회에 나왔다가 나와 나의 사업을 조롱한 기사를 쓴 것을 보았다. 나는 분개하여 나에 대한 인신공격이라 여겨서 집행위원장인 길 하지스 씨에게 항의 전화를 걸었다. 또 기사가 나를 조롱한 기사가 아니라는 사실을 신문에 게재해달라고 요구하였다. 나는 기자에게 끝까지 책임을 물을 생각이었다.

그러나 지금 생각하면 그때 취한 행동이 얼마나 부끄러운 일이었는지 자책할 뿐이다. 그때 신문을 산 사람들 절반은 기사를 읽지도 않았고, 그것을 읽은 절반도 그 기사를 한갓 허물없는 장난으로 알았을 뿐이었을 것이다. 혹시 그중에 흥미를 가지고 읽은 사람들도 있었겠지만, 그도 역시 며칠이 지나면 그 기사 따위는 모두 잊어버린다.

모든 사람들은 결코 남에게 그리 관심이 없다는 것을 뒤늦게 깨달았다. 그들은 모두 아침이나 낮이나 밤늦게까지 오로지 자기 일에만 집중해서 생각한다. 그들은 당신이나 내가 죽었다는 소식보다도 자신들의 하찮은 감기가 몇천 배나 중요하게 생각되기 때문이다. 누가 사기를 당하거나, 비웃음을 받았거나 배반을 당하거나, 음해를 당하더라도 자기 연민에 빠져서는 안된다. 심지어 가장 친한 친구 여섯 명 중에서 한 사람씩 우리를 노예로 팔아먹는 일이 있다 해도 말이다. 오히려 우리는 그와 똑같은 일이 그리스도에게도 있었다는 것을 생각해 봐야 한다.

그리스도에게 가장 신임을 받던 가장 친한 열두 사도 중의 한 사람은 돈으로 계산하면 19달러 정도밖에 안 되는 뇌물을 받고 그를 배반하였다. 또 다른 제자는 예수가 곤경에 빠졌을 때 그를 버리고 달아나서 자기는 예수를 전혀 모른다고 세 차례나 말했고 맹세까지 하였다. 이것이 예수 그리스도에게 일어났던 일이다. 그런데 우리가 예수 그리스도보다 나은 그 이상을 기대하는 것은 무리라고 생각한다.

나는 오래전에 남에게 부당하게 비판받지 않는 것은 불가능한 일일 수도 있다는 생각을 했다. 그러나 그런 부당한 비판을 신경 쓰지 않는 것은 가능하다는 것을 깨달았다. 나는 실제로 모든 비판을 무시하라는 말은 아니다. 절대로 그런 것이 아니라, 오직 부당한 비판만을 무시하라는 것이다. 나는 일찍 엘리너 루스벨트 부인에게 부당한 비판을 처리하는 방법을 물은 일이 있다. 루스벨트 부인이 숱한 비판을 받은 것은 널리 알려진 사실이다. 아마 백악관에서 생활한 다른 어떤 부인보다도 열렬한 팬과 맹렬한 적군을 동시에 가졌던 사람이다.

루스벨트 부인은 내게 자기가 어렸을 때 거의 병적으로 수줍어하는 성격이었다고 말했다. 그는 남의 비판을 너무 무서워하였기 때문에 고모와 의논했다고 한다. "고모, 저는 이런 일을 하고 싶은데 남이 뭐라고 할까 봐 너무 겁이 납니다."라고 말할 정도였다.

시어도어 루스벨트의 누이동생은 엘리너 루스벨트의 눈을 한참 들여다본 후, "네 마음에 옳다고 생각되는 한 누가 뭐라고 하든지 절대로 염려하지 말라."고 말하였다. 엘리너 루스벨트는 내게 자기 고모의 그 한 마디가 백악관의 안주인이 되었을 때 되새겨보는 지침이 되었다고 말하였다. 그는 모든 비판을 피할 수 있는 유일한 방법은 마치 튼튼한 질그릇 같은 인간이 되어 조금도 동요하지 않는 데 있다고 말하였다.

"하여간 타인의 비판은 언제나 있을 것이므로 자기가 옳다고 생각하는 일을 하라. 해도 욕을 먹고 하지 않아도 욕을 먹는다." 이것이 그녀의 충고였다.

딤스 테일러는 한 걸음 더 나아가 비판을 들어도 대중 앞에서 껄껄 웃어버림으로써 그것을 해결하였다. 그가 '뉴욕 필하모닉 심포니 오케스트라'의 라디오 콘서트 해설할 때였다. 저녁 방송에서 해설하고 있을 때 그에게 편지를 보내 '거짓말쟁이, 반역자, 독사, 바보, 멍텅구리'라고 하였다. 테일러 씨는 저서 《사람과 음악》에서 "아마 나의 이야기가 자기 마음에 안 들었나 보다."라고 적고 있다.

그는 다음 주 방송을 통하여 그 편지를 수백만 시청자 앞에서 읽었다. 그러자 며칠이 지난 후 그 여자가 다시 편지를 보내왔다. 역시 예전과 마찬가지로 테일러가 '거짓말쟁이, 반역자, 독사, 바보 멍텅구리'라는 것이었다.

나는 자신에 대한 비판에 이렇게 냉정하게 처리하는 사람을 보고 놀랐다. 우리는 테일러 씨의 침착성과 평정심, 자신에 찬 자세, 그리고 유머에 경의를 보낸다.

만약 미국의 남북전쟁 당시 링컨이 자기에게 몰아닥치는 무서운 비난에 대답하는 방법을 알지 못했다면 그는 남북전쟁의 긴장으로 파멸할 지경에 이르렀을 것이다. 링컨이 자신을 비판하는 사람에게 어떻게 대처했는가를 기록한 말은 책으로 엮었고, 오늘날에도 문학작품 중 고전으로 평가받고 있다. 맥아더 장군은 전쟁 중에 그 글귀를 써서 자기 사령부에 걸어놓았으며,

윈스턴 처칠도 이것을 액자에 넣어서 자기 서재 벽에 걸어 놓았다고 한다. 그 글귀는 다음과 같다.

> " 나에게 가해지는 모든 비평에 일일이 신경을 쓰거나 그 내용을 읽는다면, 나는 지금의 하던 일을 그만두고 다른 직업을 찾아보는 것이 좋을 것이다. 나는 내가 아는 지식을 전부 동원하여 가장 좋은 방법을 취하고 있다. 나는 마지막까지 그렇게 해나갈 것이다. 그래서 만일 결과가 좋다면 나에게 가해졌던 비평은 문제가 되지 않을 것이다. 그러나 만일 결과가 나쁘다면 열 명의 천사가 내가 옳다고 하더라도 아무 소용이 없을 것이다."

당신이 부당한 비판을 받을 때는 다음과 같은 제2의 법칙을 기억하자.

당신이 할 수 있는 가장 좋은 일을 하라. 그래도 남의 비판은 있을 것이다. 또 자기가 옳다고 생각하는 일을 하라. 아마 그렇더라도 욕을 먹을 것이다.

자기를 반성하는 기회를 가져라

나는 '내가 잘못한 어리석은 행동들(Fool Things I Have Done)', 즉 약자로 해서 〈FID〉라 표시한 이름의 파일을 보관하고 있다. 그 파일 속에는 내가 잘못한 모든 일이 기록되어 있다. 대개 비서를 시켜 이것을 받아 쓰게 하고 있으나, 그중에는 너무 사적인 내용도 있고 너무 어리석은 내용도 있어서 비서에게 시키기가 부끄러운 경우도 있다. 그럴 때는 혼자서 기록한다.

지금도 15년 전의 나에 대한 비판을 기억하고 있다. 내가 만일 조금의 속임도 없이 철저하게 정직한 인간이었다면, 그 기록이 얼마나 더 많아졌을지 알 수 없는 일이다. 기원전 10세기 구약시대에 사울 왕이 "나는 어리석고 잘못한 일이 너무도 많도다."라고 한 말이 나에게도 그대로 적용된다는 것을 말하고 싶다. 나는 자신에 대한 비판을 다시 꺼내 읽어봄으로써, 앞으로 내게 닥쳐올 어려운 문제를 해결하는 데 큰 도움을 받고 있다.

나는 일찍이 나의 곤란을 남의 탓으로만 돌려보낸 적도 있다. 그러나 내가 성장하고 경험을 해보니, 과거 모든 불행은 결국 자신의 탓이라는 것을 깨달았다. 수많은 사람들도 성장하면서 그것을 발견하게 된다. 나폴레옹은 세인트 헬레나에서 다음과 같이 말하였다.

> 66 나의 실패에 대한 책임을 질 사람은 나 자신 이외에 아무도 없다. 나 자신이 내 최대의 적이오, 나 자신이 비참한 운명의 원인 이었다."

엘버트 허버드는 다음과 같이 말했다.

> 66 누구를 막론하고 매일 적어도 5분간씩은 어리석은 짓을 하

게 된다. 그 한계를 넘지 않는 사람이 어질고 지혜로운 사람이다."

어리석은 사람은 사소한 비판에도 흥분하고 화를 내지만, 현명한 사람
은 자기를 비난하고 공격하고 논쟁한 사람에게서도 무엇인가를 배우려고
노력한다.

월트 휘트먼은 이에 대해 다음과 같이 말하였다.

> 66 당신은 당신을 칭찬하고, 친절하고 상냥하게 대하며, 언제
> 나 당신 편을 드는 사람에게서만 교훈을 받았는가? 당신을 반대하
> 고, 공격하며, 싸우러 덤비는 사람에게서도 큰 교훈을 배운 일은 없
> 는가?"

적이 우리를 비판하기 전에, 우리가 그들보다 더 먼저 스스로에 대한 객
관적이고 냉철한 비평가가 되어야 한다. 우리는 적이 비평을 하기 전에, 우
리 자신이 스스로 결점을 발견하여 이것을 고쳐야 할 것이다. 이것이 바로
찰스 다윈이 15년 동안이나 해온 일이었다. 그 내용은 다음과 같다.

다윈이 그의 저서 《종의 기원》 원고를 작성하였을 때, 그는 생명체의 기
원에 관한 다윈의 혁명적인 개념 설명이 지식인층이나 종교계를 놀라게 할
것이라고 생각하였다. 그리하여 '그는 자기 자신이 비평가가 되어 다시 15
년 동안 다시 사실을 조사하였고 추론의 재검토를 거쳤으며, 계속해서 결론
을 비판하였다.'

만일 누가 당신을 '어리석은 자'라고 비난한다면 당신은 어떻게 할 것인

가? 성을 내고 분개할 것인가? 링컨의 실례가 여기에 있다. 링컨이 대통령이었을 당시 국방장관이었던 에드워드 M. 스탠튼이 링컨을 '어리석은 자'라고 말했다. 스탠튼은 링컨이 자신의 업무에 너무 간섭한다는 이유로 분개하였다. 링컨은 어떤 이기적인 정치가의 환심을 사기 위하여 모 연대를 어떤 다른 곳으로 옮기라는 명령에 서명하였다. 스탠튼은 링컨의 명령 이행을 거부하였을 뿐만 아니라, 그러한 명령에 서명한 링컨을 '바보, 멍청이'라고 비난하였다. 그 후 어떻게 되었을까? 링컨이 스탠튼의 말을 들었을 때 그는 침착한 태도로 '만일 스탠튼이 나를 어리석은 자라고 불렀다면 나는 그러한 인간임에 틀림이 없을 거야. 왜냐하면 그의 의견은 언제나 십중팔구가 옳기 때문에. 내가 직접 그를 찾아가 만나보겠어.'라고 말하였다.

링컨은 스탠튼을 찾아갔다. 스탠튼은 링컨에게 그 명령이 옳지 않다는 것을 설득하였고, 링컨은 그의 설명을 듣고 그 명령을 취소하였다. 링컨은 자기에 대한 비판이 진실되고, 학문적 바탕에서 비롯된 것이며, 올바른 정신에서 나온 것이라면 언제나 그것을 환영하였던 것이다.

우리도 모두 그와 같은 비평은 환영해야 할 것이다. 시어도스 루스벨트가 백악관에 있을 때 그렇게 되기를 희망하였던 숫자이다. 가장 위대한 과학자 아인슈타인은 자기가 결론을 내릴 때 그의 99%는 잘못된 것이라고 말하였다. "나에 대한 적의 의견은, 나에 대한 나 자신의 의견보다 훨씬 진실성이 많다."라고 라 로쉬푸코는 말하였다.

나는 이 말이 어디까지나 옳다고 생각한다. 그러나 누가 나를 비판하려 할 때, 나는 상대방이 장차 무엇을 말할 것인지도 모른 채, 즉시 자동으로 자기방어의 태세를 취하게 된다. 이것은 나도 좋지 않다고 생각한다. 우리는 비난이나 칭찬이 합당하건 부당하건 간에, 누구나 비난은 싫어하고 칭찬을 좋아할 것이다. 우리는 논리적인 동물이 아니라 감정의 동물이다. 우리의 논리는 감정이라는 깊고 어두운 폭풍의 바다에 던져진 자작나무 껍질로 만든 배와 같다.

누군가가 우리를 나쁘게 말한다는 소리를 듣거든 우리는 자신을 방어하려고 애쓰지 말자. 어리석은 자는 누구나 스스로를 변명하기에 바쁘다. 우리는 보다 독창적이고, 태도를 변하지 말고 겸손하며, 훌륭하게 행동하자. 또한 "나를 비판하는 사람이 만일 내 결점을 전부 알고 있다면, 그가 한 것보다도 훨씬 더 혹독하게 나 자신을 비평해야 한다."고 말함으로써, 그 비평자를 당황하게 만드는 동시에 우리에 대한 칭찬을 받도록 하자.

앞에서, 나는 우리가 부당하게 비난을 받았을 때 어떻게 해야 한다는 것을 말한 바 있다. 또 다른 한 가지의 방법이 여기에 있다. 즉, 그대가 부당한 비난을 받고 노여움이 떠오를 때 잠깐 마음을 진정하고 다음과 같이 말하여 보라.

"가만, 있어 보자. 나도 내가 완전무결할 리가 없다고 생각해. 아인슈타인도 그의 결론 99%가 잘못된 것을 인정했잖아. 나는 적어도 80%쯤은 잘못되었을지도 몰라. 어쩌면 내가 이러한 비평을 받는 것이 올바른 일인지도 모르겠어. 만일 그렇다면 나는 오히려 그 비판을 감사히 생각해서 내가 거기에서 이익을 얻으려고 노력해야 할 것 같아."

펩소던트 회사 사장인 찰스 럭먼은 미국의 유명한 코미디언 '밥 호프'의 방송 출연을 위해 매년 100만 달러를 지출하고 있었다. 럭먼은 호프의 방송 출연에 대해 좋게 칭찬하는 편지는 보지도 않고, 비난하는 편지만을 선별해서 읽었다. 럭먼은 그 비난에서 무엇인가 배울 수 있음을 알기 때문이다.

포드 회사는 모든 종업원에게 회사를 비판하는 내용의 투서를 하도록 했다. 회사의 경영과 운영에 무슨 잘못이 있는가를 알아보기 위해서였다.

나는 비누회사 외판원으로 있던 사람이 항상 남의 비판을 요구하러 다닌 사실을 알고 있다. 그가 처음 콜게이트 회사의 비누를 팔러 다닐 때, 주문이 적었기 때문에 그는 자기의 직업을 잃을까 염려하였다. 그러나 그는 비누와 가격에 아무런 결점이 없는 만큼 과실은 자기에게 있다고 생각하였다. 그리하여 판매가 저조할 때면 흔히 거리를 돌아다니며 무엇이 나빴던가를 조사해 보곤 하였다. 그것도 막연히 조사하는 것이 아니라 성심성의껏 조사하였다. 그는 가끔 비누장사를 찾아가서 이렇게 말하곤 하였다.

"제가 당신을 찾아온 것은 비누를 팔러온 것이 아니라, 당신의 충고와 비판을 들어보기 위한 것입니다. 제가 지난번 비누를 팔 때 무슨 잘못이 있었거든 그것을 말씀해 주십시오. 당신은 저보다 훨씬 더 경험이 많고 성공하신 분이니, 부디 당신의 비판을 들려주시오. 솔직히 말씀하여 주시되 조금도 주저하지 마시고요."

그는 이와 같은 태도로 많은 친구를 만들 수 있었고, 사업에 유익한 귀중한 충고를 얻었다. 그렇다면 그는 어떻게 되었을까? 그는 세계 최대의 비누, 치약, 기타 목욕용품을 제조하는 콜게이트 팔몰리브 피트 비누회사의 사장인 E. H. 리틀이다. 지난 1년 동안에 미국 내에서 그보다 많은 수입을 올린 사람은 겨우 열네 명에 불과했다.

　이제 당신은 남이 안 보는 곳에서 거울을 들여다보고 당신이 현존하는 훌륭한 인물들 사이에 끼어 있는가를 스스로 물어보라. 남의 비판을 걱정하지 않기 위하여 다음과 같은 제3의 법칙이 있다.

　우리가 잘못한 일을 기록해 두고 스스로 비판해 보자. 우리는 결코 완벽할 수 없으니, 공평하고 도움이 되는 건설적인 남의 비판을 물어보자.

DALE CARNEGIE

10
피로와 걱정을 잊고
삶의 의욕을
북돋우는 법

- 깨어 있는 생활을 한 시간씩 늘리는 법

- 불면증을 걱정하지 말라

DALE CARNEGIE

10. 피로와 걱정을 잊고 삶의 의욕을 북돋우는 법

자주 휴식을 취하라. 당신의 심장이 하는 것처럼 피로하기 전에 휴식하라.
그렇다면 당신은 깨어 있는 생활을 하루에 한 시간씩 늘릴 수 있을 것이다.

깨어 있는 생활을 한 시간씩 늘리는 법

내가 왜 걱정 근심을 잊기 위한 이 책에서, 굳이 피로 방지에 관한 글을 여기에 추가하였을까? 이유는 간단하다. 피로는 흔히 걱정 근심의 원인이 된다기보다는 적어도 그 원인에 가까워지기 쉬운 환경을 조성하기 까닭이다. 의학자는 누구나 피로가 보통 감기와 기타 여러 가지 질병에 대한 육체적 저항력을 저하시킨다고 말하고 있으며, 어떤 정신병 학자는 피로가 공포와 걱정 근심에 대한 저항력까지도 저하시킨다고 말한다. 그러므로 피로를 방지하면 걱정 근심도 방지할 수 있다.

나는 여기에서 걱정 근심을 막을 수 있다고 말했는데, 에드먼드 제콥슨 박사는 훨씬 확실하게 말하였다. 제콥슨 박사는 휴양에 관한,《적극적 휴식》과《휴식의 필요》라는 두 권의 책을 썼다. 또 시카고 대학의 임상생리학 연구소장으로서 여러 해 동안 휴양을 의학적 치료 효과가 있는지 알아보는 연구를 진행한 사람이다. 그는 어떠한 신경질적인 상태나 긴장도 "완전한 휴식을 취하면 모두 없앨 수 있다."고 말하였다. 이것은 곧 다시 말하면 "휴식 상태에 있으면 걱정 근심이 없다."는 말이다.

그러므로 피로와 걱정 근심을 방지하려면, 첫째로 자주 쉬고 피로하기 전에 미리 쉬라는 말이다. 그러면 왜 휴식이 그렇게도 중요할까? 그것은 피로가 쌓이는 정도는 놀라울 만큼 빠르기 때문이다. 미국 육군에서는 여러 번 실험하여 본 결과, 여러 해 동안 군대 훈련으로 튼튼한 젊은 사람들도 매 시간마다 10분씩 배낭을 내려놓고 휴식을 하면 행군의 능률도 오르고 인내력도 좋아진다는 사실을 발견하였다. 따라서 미국 육군에서는 휴식의 중요성을 매우 강조하고 있다.

우리의 심장도 미국 군대와 같이 정확하다. 우리의 심장은 매일 넉넉한 피를 길러서 전신에 순환시키기 위해 활동하고 있다. 24시간에 2만 킬로그램의 석탄을 3피트의 높이에 올려놓는 데 필요한 에너지를 소비하는 것도 동일한 양이다.

이와 같이 심장은 50년 동안, 70년 동안, 또는 90년 동안 도저히 우리가 믿을 수 없을 만큼 놀라운 분량의 일을 한다. 그렇다면 심장은 어떻게 그와 같은 일을 견뎌내는 것일까? 하버드 대학의 월터 B. 케넌 박사는 다음과 같이 설명하였다.

"대부분 사람들은 심장이 언제나 활동하고 있는 것처럼 생각하고 있으나 실제로 심장은 한 번 수축할 때마다 일정하게 쉬는 것이다. 매분 70이라는 적당한 속도로 움직일 때, 실제로 심장은 24시간 중 겨우 9시간만 활동하고 있으므로 전체로 보아 심장의 휴식 시간은 매일 꽉 찬 15시간 정도 된다."

제2차 세계대전 중 윈스턴 처칠은 60대 후반에서 70대 초반이었는데도, 여러 해 동안 대영제국의 전쟁을 지휘하느라 매일 16시간씩 활동할 수가 있었다. 참으로 놀라운 기록이다. 그렇다면 처칠의 엄청난 활동 비결은 무엇이었던가?

그는 매일 아침 11시까지 침상에서 보고서를 읽고, 명령서를 기록하며, 전화통화를 하고 중요한 회의를 하였다. 점심을 먹은 후에는 다시 침상에 돌아가 한 시간 동안 낮잠을 잤다. 저녁때가 되면 또 한 번 6시부터 8시까지 두 시간을 잤다. 그는 피로를 회복한 것이 아니라 미리 방지했다. 왜냐하면 그는 자주 휴식을 취함으로써 새로운 정신과 튼튼한 원기로써 한밤중까지 일할 수가 있었다.

존 록펠러 1세는 두 가지 특수한 기록을 세웠다. 당시에 세계에서 제일이라고 할 수 있는 거대한 재산을 모았고, 또 98세까지 장수하였다. 어떻게 그럴 수가 있었을까? 물론 장수하는 유전적 요인도 있었겠지만, 또 다른 한 가지의 이유는 매일 점심때 30분씩 낮잠을 자는 버릇이 있었기 때문이었다. 그는 자기 사무실 침상 위에 누워 자곤 하였으며 그가 자는 동안에는 미국 대통령도 그를 전화로 불러내지 못하였다.

다니엘 W. 조슬린은 훌륭한 그의 저서 《피로의 원인》에서 "휴식은 아무 일도 하지 않는다는 문제로서만 끝나는 것이 아니고, 휴식은 회복하는 힘을 가졌다."라고 말하였다. 잠시의 휴식에도 굉장한 회복력이 있어서 약 5분간 낮잠을 자는 것으로도 피로를 예방하는 데 큰 도움이 된다. 야구계의 노장인 커니 맥은 나에게 경기가 시작되기 전에 자기가 낮잠을 자지 못했을 때는 5회전부터 피로하지만 단 5분간이라도 낮잠을 잤을 때는 조금도 피로 없이 끝마칠 수 있다고 말했다.

엘리너 루스벨트 부인에게 어떻게 12년 동안이나 백악관에 있으면서 그와 같은 바쁜 용무를 처리하였느냐고 물었을 때, 그는 자기가 어떤 군중과 대하거나 어떤 연설을 하기 전에는 반드시 습관적으로 의자나 소파에 앉아 약 20분 동안 눈을 감고 휴식을 취했다고 말하였다.

나는 최근 메디슨 스퀘어 가든 분장실 구석방에서 진 오트리와 이야기를 나눈 적이 있다. "저는 매일 오후 저 침대에 누워 연주와 연주 사이에 한 시간씩 낮잠을 잡니다."라고 말하는 오트리는 그대로 말을 이어 "제가 할리우드에서 영화를 제작할 때는 흔히 커다란 안락의자에 누워 하루에 두세 번씩 10분간 낮잠을 자곤 하는데 그 정도로도 기력이 매우 회복됩니다."라고 말하였다. 에디슨은 그의 놀라운 정력과 인내력은 아무 때나 자고 싶을 때 자는 습관에서 생겼다고 말하였다.

내가 헨리 포드를 80세가 되기 바로 직전에 만나보았을 때, 그가 매우 정정하고 너무 젊어 보여서 놀랐다. 그에게 젊음의 비결을 묻자 "저는 앉을 수 있을 때 절대로 서 있지 않고, 드러누울 수 있을 때 앉아 있지 않는다."라고 말하였다.

현대 교육의 아버지라고 부르는 호러스 맨도 고령이 되어서는 그와 같은 방법을 썼다. 그는 안티옥 대학의 총장으로 있을 때 학생과 면회하는 동안에도 흔히 침대의자 위에 비스듬히 누운 채로 말했다.

나는 일찍 할리우드의 어떤 영화감독에게 그와 똑같은 방법을 권고해 보았더니, 그것이 기적적인 효과가 있었다고 고백하였다. 나는 할리우드 최고 감독의 한 사람인 잭 처토크에게 이 방법을 해보라고 권하였다. 몇 해 전에 그가 나를 찾아왔을 때는 그가 메트로 골드윈 메이어 영화회사의 단편물 영화부장이었다. 당시 그는 너무 몸이 쇠약하여 강장제와 비타민과 그 밖의 여러 가지 약을 복용했으나 아무런 효과를 보지 못하였다. 그래서 나는 그에게 날마다 일정 시간 반드시 휴식을 취하도록 권고하였으며, 사무실 내에서 간부들과 회의를 할 때 다리를 쭉 펴고 몸을 편히 가지라고 말하였다. 그 후 2년이 지나 다시 만났을 때 이렇게 말하였다.

"주치의가 참으로 기적이 일어났다고 말했어요. 전에는 제가 단편물 영화에 대해 토의를 할 때 긴장하고 단정한 태도로 앉아 있었지만, 지금은 사무실 침대의자에 몸을 비스듬히 누워서 토의하곤 합니다. 지금까지 저는 20년 동안 이렇게 기분 좋은 때가 없었어요. 전보다 하루에 두 시간씩 더 많은 일을 하고 있지만, 피로를 느끼지 않는답니다."

그러면 앞에 말한 모든 방법을 당신은 어떻게 실행할 수 있을 것인가? 만일 속기사라면 에디슨이 하던 바와 같이 사무실에서 낮잠을 잘 수 없을 것이며, 만일 회계사라면 사장과 회계 문제를 토의할 때 비스듬히 누운 자세로 말하지는 못할 것이다. 그러나 당신이 만일 조그마한 도시에 살고 집에 돌아가 점심을 먹을 수 있다면 식 후에 10분쯤은 낮잠을 자는 것은 가능할 것이다.

조지 C. 마셜 장군도 휴식하는 방법을 터득하였다. 그는 전쟁 중 미국 군대를 지휘하기에 너무 바빠서 점심때 자는 것이 필요하다고 생각하였다. 만일 당신이 50세가 지나도 일이 바빠서 휴식을 취할 수 없다면 빨리 생명보험에 많이 들어 두는 것이 좋다. 최근에는 장례비용도 많이 들고 별안간 찾아올지도 모를 죽음을 대비해야 하기 때문이다.

설령 그대가 낮잠을 잘 수 없다 하더라도 적어도 저녁 먹기 전에 한 시간쯤은 드러누워 지낼 수 있을 것이다. 그것은 하이볼 한 잔보다 값이 쌀 것이며, 그와 같은 휴식은 피로회복에 몇천 배 효과가 있을 것이다. 당신이 오후 5시나 6시, 또는 7시쯤에 1시간만 잘 수 있다면, 깨어 있는 생활을 하루에 한 시간씩 늘릴 수가 있을 것이다. 왜냐하면, 식사 전 한 시간 낮잠과 밤에 자는 6시간의 잠을 합한 전부 7시간의 수면은 계속해서 자는 8시간의 수면보다 훨씬 몸에 유익하기 때문이다. 육체노동자는 휴식을 많이 취할 수 있다면 더 많은 일을 할 수 있다.

프레데릭 테일러는 베들레헴 강철회사에서 과학적 경영의 기사로 있을 동안 그것을 실제로 증명하였다. 그는 노동자들에게 매일 약 12.5톤의 철근을 화물차 위에 싣는데 그들이 정오 때가 되면 피로해 지쳐버린다는 것을 알았다. 그리하여 여러 가지 피로의 원인을 과학적으로 연구한 결과 그 노동자들이 매일 12.5톤의 강철이 아니라 매일 47톤을 실어야 된다는 것을 발견하였다. 그는 노동자들이 현재 하는 것보다 거의 4배 일을 하더라도 피로하지 않는다는 것을 증명하였다.

테일러는 슈미트라는 사람 하나를 선택한 후 스톱워치에 따라 일을 시켜

보았다. 슈미트는 시계를 가지고 옆에 서 있는 사람이 시키는 대로 행동하였다. "자, 철근을 들고 걸어라. 앉아서 쉬어라. 걸어라."라고 말하는 식이었다.

결과는 이러하였다. 다른 사람들이 한 사람당 겨우 철근 12톤밖에 운반하지 못할 때 슈미트는 47톤을 운반하였으며, 실지로 그는 프레데릭 테일러가 베들레헴 강철회사에 있는 동안 줄곧 그와 같은 정도로 일했다. 슈미트가 이와 같이 일한 것은 피로하기 전에 휴식을 취할 수 있었기 때문이다. 그는 한 시간에 약 26분은 일하고 34분은 휴식을 취하였다.

그는 노동보다도 휴식을 많이 하였건만 다른 사람보다도 거의 4배나 되는 노동을 할 수 있었다. 이것은 내가 단순히 그것을 누구한테서 듣고 하는 이야기가 아니다. 프레드릭 윈슬로 테일러가 쓴《과학적 경영법》을 읽어보면 확인할 수 있다. 내가 다시 한 번 말하고 싶은 것은 미국 육군에서 하는 바와 같이 자주 휴식을 취하라는 것이다.

당신의 심장이 하는 것처럼 피로하기 전에 휴식하라. 그렇다면 당신은 깨어 있는 생활을 하루에 한 시간씩 늘릴 수 있을 것이다.

불면증을 걱정하지 말라

당신은 잠 못 자는 것을 걱정하고 있는가? 만일 그렇다면 저 유명한 국제 법률가인 사무엘 운터마이어가 일생을 통하여 밤에 잠을 제대로 자지 못하였다는 이야기를 듣고 그대는 흥미를 느낄 것이다.

운터마이어가 대학에 다닐 때에 고질병인 천식과 불면증으로 무척 심한 고통을 받았다. 그는 이 두 가지 병을 고칠 수 없다고 생각하고 다음과 같은 가장 좋은 방법으로 잠 못 자는 시간을 유효하게 사용하기로 결심하였다. 밤마다 잠을 이루지 못해 고통스러워하는 대신 그대로 일어나 앉아 공부하기로 작정하였다. 그 결과 마침내 그는 모든 학급에서 우등상을 독차지하였으며 뉴욕시립대학교의 천재 중 한 사람으로 손꼽히게 되었다.

그가 변호사 개업을 한 후에도 불면증은 계속되었다. 그러나 운터마이어는 걱정하지 않고 다만, "조물주가 나를 돌보아줄 것이다."라고 말하였다. 과연 조물주는 그를 돌보아주었다. 얼마 잠을 자지 않는데도 불구하고 그의 건강은 유지되었다. 뉴욕 변호사계의 어떤 젊은 변호사 못지않게 일을 할 수 있었다. 뿐만 아니라 다른 변호사가 자고 있는 동안에도 일을 하였기 때문에 그는 엄청난 양의 일을 처리하였다.

운터마이어는 21세 때에 1년에 7만 5000 달러의 수입이 있어 다른 젊은 변호사들이 그의 비법을 배우려고 법정으로 몰려간 일이 있었다. 어떤 때는 그가 사건 하나를 처리하여 수임료로 일금 100만 달러의 현금을 받은 적도 있었다.

그러나 그의 불면증은 여전히 계속되었다. 밤중까지 글을 읽고 또 새벽 5시에 다시 일어나서 변호할 원고를 읽었다. 다른 사람들이 겨우 일을 시작할 무렵 그는 하루 일의 절반을 마칠 수 있었다. 이와 같이 좀처럼 밤잠을 자지 못한 운터마이어는 80세까지 장수하였다. 만일 그가 불면증을 걱정하고 조바심만 하였다면 그는 필연코 자기의 수명을 짧게 하였을 것이다.

우리는 인생의 3분의 1을 잠으로 보내고 있지만, '잠이 무엇인가'를 제대로 아는 사람은 없다. 우리는 수면이 일종의 습관이며, 자연에 안겨 원기를 회복하는 휴식의 상태라는 것을 알고 있다. 하지만 사람마다 몇 시간의 수면이 필요한가를 아는 사람은 없을 뿐만 아니라, 우리가 꼭 자야 하는지 그것조차도 모르고 있다.

제1차 세계대전 때, 폴 케른이라는 헝가리 병사가 대뇌엽의 전단에 관통상을 입은 일이 있었다. 상처는 나았는데도 불구하고 이상하게도 잠을 이루지 못하였다. 의사가 여러 가지로 치료해 보았고, 갖가지 진정제와 마취약과 최면술까지도 사용해 보았으나 폴 케른은 잠을 자기는커녕 졸음도 오지 않았다.

의사들은 대부분 그가 오래 살지 못할 것이라고 말하였다. 그러나 케른은 그 말을 무시하고 직업을 얻어 여러 해 동안 건강한 몸으로 활동하였다. 그러나 그는 보통 사람들처럼 누워서 눈을 감고 휴식을 하였으나 도무지 잠이 들지 않았다. 그의 증상은 의학상의 한 수수께끼로서 수면에 대한 우리의 관념을 깨뜨리고 있다.

사람에 따라서는 남보다 더 많은 수면을 필요로 한다. 토스카니니는 하룻밤에 겨우 5시간을 자는 데 비하여, 칼빈 쿨리지 대통령은 그보다 배 이상 잠을 잤다고 한다. 즉 쿨리지는 24시간 중 11시간을 잤다. 이는 토스카니니가 그의 인생의 약 5분의 1일을 자는 반면, 쿨리지는 그의 생활을 거의 절반을 잠으로 보내고 있는 셈이다.

불면증에 대한 걱정이 불면증보다도 더 많이 사람에게 해를 끼친다. 예를 들면, 내 강좌 학생이었던 아이라 샌드너는 만성 불면증으로 인해 거의 자살할 지경에 이르렀다. 아이라 샌드너는 나에게 다음과 같이 말하였다.

"저는 실제로 정신 이상이 생긴 줄로 알았습니다. 처음에는 제가 너무 잠꾸러기가 되어서 걱정이었습니다. 흔히 자명종 소리가 울린 후까지도 잠을 깨지 못하였기 때문에 아침 업무 시간을 맞추지 못해 무척 긴장하였으며, 사실상 상사에게 지각하지 말라는 경고를 받은 적도 있습니다. 만일 제가 그대로 늦잠을 자다가는 직업까지 잃게 될는지 모르겠다고 긴장했습니다.

그래서 제가 친구들에게 말했더니 친구 한 사람이 저에게 잠을 자기 전에 자명종 소리에 정신을 집중하라고 권해주었어요. 이것이 불면증의 시초였습니다. 자명종의 '째깍째깍' 하는 소리는 제 신경을 끊임없이 자극하였습니다. 온밤을 꼬박 새우게 되었으며, 아침이 되면 거의 환자가 되어 있을 지경이었죠. 저는 피로와 걱정으로 병이 나서 8주일 동안을 앓았어요. 얼마나 애를 태웠는지 이루 형언할 수가 없습니다. 전 정신 이상이 생길 거라고 각오했지요. 가끔 거실을 오랫동안 왔다 갔다 서성이곤 했습니다. 정말 저는 창에서 뛰어내려 그대로 죽어버리고 싶은 심정이 간절했어요. 견디다 못해 저는 아는 의사를 찾아갔습니다. 의사는 제게 다음과 같은 말을 하였습니다."

"아이라 씨 나도 당신을 도와줄 수 방법이 없네. 다른 사람도 마찬가지야. 그 이유는 모든 것이 당신 자신에게서 생겨났기 때문이네. 밤마다 자리에 누워 잠이 안 오거든 차라리 모든 것을 잊어버리게. 그리고 이렇게 말해보게. '난 잠을 못 자서 죽어도 좋다. 내가 아침까지 꼴딱 밤을 새워도 상관없어.' 그다음에 눈을 감고, 가만히 누워 아무 걱정도 하지 않고 있으면 휴식이 되니 괜찮은 걸세."

"저는 의사의 말대로 실천해보았지요. 그랬더니 약 2주일 남짓하여 잠이 들기 시작했고요. 또 한 달이 못 되어 8시간씩 잠을 자게 되니, 신경도 원상 회복이 되었습니다."

아이라 샌드너를 괴롭힌 것은 불면증이 아니고 불면증에 대한 그의 걱정이었다. 시카고 대학교수 나다니엘 클라이트만 박사는 수면에 관한 세계적 권위자였다. 그는 불면증으로 죽은 사람은 아직 보지 못하였다고 말하였다. 사람은 불면증에 대한 걱정이 지나쳐서 점차 생존의 힘을 잃어버리게 되고 결국 병원균의 침입을 받아 사망에 이를 수도 있다. 그러나 그것은 어디까지나 걱정으로부터 오는 것이지, 불면증 자체에서 생기는 것은 아니다.

클라이트만 박사는 불면증을 걱정하는 사람들은 오히려 자기 자신이 생각하는 것보다 많이 잠을 자는 수가 많다고 말한다. "나는 지난밤에 한숨도 못 잤다."고 한탄하는 사람은 자기도 모르는 동안에 몇 시간을 잤는지 잘 모른다고 한다. 예를 들면, 19세기의 가장 저명한 사상가인 허버트 스펜서는 늙은 총각으로 하숙 생활을 하고 있었는데, 항상 자기의 불면증을 얘기하는 버릇이 있어서 다른 사람들을 귀찮게 하였다. 그는 잡음을 차단하고 신경을 안정시키기 위하여 귀마개를 사용하기까지 하였으며, 때에 따라서는 잠을 청하기 위하여 아편을 먹었다. 그런데 어느 날 옥스퍼드 대학의 세이스 교수와 같은 호텔에서 한방을 쓴 일이 있었다. 다음 날 아침 스펜서는 역시 전날 밤에 한숨도 못 잤다는 말을 하였다. 그러나 사실 한숨도 못 이룬 사람은 세이스 교수였다. 그는 스펜서의 코 고는 소리에 긴 밤을 새웠다고 한다.

밤잠을 잘 자기 위한 필수 조건은 마음의 안정이다. 우리는 우리 자신보다 더 큰 어떤 힘이 아침까지 우리를 지켜주고 있다고 느낄 필요가 있다. 토마스 히슬로프 박사는 영국 의학협회에서 했던 연설 중에서 다음과 같은 점을 강조하였다.

> 66 저는 여러 해 동안 실험한 결과, 잠을 오게 하는 가장 좋은 방법은 기도임을 알았습니다. 성직자가 아니라 의사의 입장에서도 기도가 중요함을 말씀드리는 것입니다. 기도는 마치 의사의 진료와도 비슷합니다. 항상 기도하는 사람에게 기도라는 행위는 마음을 평온하게 하고 신경을 진정시키는 데 가장 적당한 행동이라고 생각할 수 있지요."

자네트 맥도널드는 자기가 마음이 무겁고 걱정이 생겨서 잠을 이루지 못할 때는 〈시편 23편〉을 여러 번 외움으로써 마음의 평온을 찾았다고 한다.

"하느님은 나의 목자시니 내게 부족함이 없으리로다. 나로 하여금 푸른 풀밭에 놀게 하시며 잔잔한 물가로 인도하여 주시네 ……."

그러나 당신이 만일 종교인이 아니라서 위와 같은 방법을 실행하기 어렵다면, 육체적으로 휴식하는 방법을 배우라. 《신경성 긴장으로부터의 해방》이라는 책을 쓴 데이비드 해롤드 핑크 박사가 추천한 방법은 자신의 신체와 대화를 나누라는 것이다. 핑크 박사의 의견에 따르면 말이 모든 종류의 최면의 열쇠라고 한다. 불면도 자신을 스스로 그 상태로 빠뜨리기 때문이라는 것이다. 이를 바로잡기 위해서는 자기 최면에서 깨어나야 한다. 그 후 신체와 근육에게 이렇게 말해야 한다. "쉬어라, 쉬어라. 몸을 풀고 푹 쉬어라."라는 말을 계속적으로 해보라. 그러면 자기도 모르는 동안에 잠이 들게 될 것이다. 우리는 이미 근육이 긴장 상태이면 마음과 신경이 휴식을 취하지 못한다는 것을 알고 있다. 그러므로 우리가 잠을 자고 싶을 때는 근육부터 쉬도록 해야 한다. 핑크 박사는 다음과 같은 방법을 실행할 것을 권하고 있다. 다리에 긴장을 풀기 위하여 베개 하나로 무릎에 괴이고, 또 똑같은 방법으로 조그마한 베개 한 개를 팔 밑에 넣어라. 그리고 턱과 눈과 팔과 다리에 대하여 차례차례 이완시키도록 한다.

불면증을 고치는 가장 좋은 방법 중 하나는 정원 꾸미기, 수영, 테니스, 골프, 스키 또는 그 밖의 간단한 노동으로 육체를 피곤하게 만든다. 이는 시어도어 드라이저가 사용한 방법이다. 그가 젊은 무명작가였을 때, 그는 불면증으로 고생하였다. 그리하여 뉴욕 센트럴 철도회사의 철로 보수원으로 취직하였는데, 그가 철로에 못을 박고 삽으로 자갈을 퍼 올리면서 종일토록 일하고 돌아오면 너무도 피곤하여 저녁밥 먹자마자 졸음이 몰려왔다고 한다.

사람이 극도로 피로하면 벼락이나 전쟁의 위험이 있어도 족히 잘 수가 있다. 유명한 신경의학자 포스터 케네디 박사는 1918년 영국 제5 군단이 후퇴할 때, 사병들이 너무 피곤하니까 그대로 땅에 주저앉아 정신 모르고 자는 것을 목격했다고 한다. 박사는 그들의 눈꺼풀을 꼬집어 당겨도 잠을 깨지 않았고, 그들의 눈동자가 거의 다 눈시울 위쪽으로 올라간 것을 보았다고 했다. 그래서 나는 그 후 잠을 이루지 못할 때 나의 눈동자를 그와 같이 눈시울 위쪽으로 올려보는데 과연 몇 초가 안 돼서 하품이 나고 졸음이 왔다. 이와 같은 현상은 거의 자동적으로 일어나는 것으로써 나도 어떻게 할 수가 없었다.

잠을 자지 못해 자살한 사람은 없거니와 앞으로도 없을 것이다. 자연은 인간이 잠들지 않으려고 아무리 버텨도 강제로 수면 상태에 빠지게 한다. 자연은 우리에게 음식이나 물을 오랫동안 참게 할 수는 있어도 잠은 오래 참지 못하게 한다.

자살 이야기와 관련된 사례를 살펴보자. 헨리 C. 링크 박사가 그의 저서 《인간의 재발견》이라는 책에 기록된 사실 하나를 기억하고 있다. 링크 박사는 심리학협회 회장으로 걱정과 절망 속에서 헤매는 수많은 사람을 만났던 사람이다. 그는 〈공포와 걱정을 정복하는 방법〉이라는 1단원에서 자살을 원하는 환자의 이야기를 하고 있다. 링크 박사는 불면증 환자와 논쟁하는 것은 도리어 문제를 더욱 악화시킬 뿐이라는 것을 알고 있었기 때문에, 그는 환자에게 말했다. "당신이 이왕 자살할 바에는 적어도 영웅 같은 방법을 취해 보세요. 예를 들면 이 시가지를 힘껏 달음박질치다가 마지막에는 기진맥진하여 쓰려져 죽는 건 어떤가요?"

환자는 여러 차례 의사 선생님의 조언을 실행해 보았다. 한 번이 아니고 두세 번 계속해서 시도해 보았다. 그런데 신기하게도 그럴 때마다 몸은 힘들었지만, 기분은 점점 상쾌해졌다. 사흘 밤이 되자 환자는 링크 박사가 처음부터 예상했던 바와 같은 현상이 일어났다. 환자는 육체적으로 너무 피로하고 몸이 풀려서 나무토막처럼 쓰려져 잠들기 시작하였다. 그 후 환자는 체육 클럽에 가입하여 여러 가지 경기에 출전하여 우승하였다. 그뿐만 아니라 얼마 후 기력을 완전히 회복하여 죽기는커녕 오래 살고 싶다는 염원을 갖게 되었다.

그러므로 불면증에 대한 걱정을 잊는 데는 다섯 가지 법칙이 있다.

❶ 잠을 이루지 못하거든 일어나서 졸음이 올 때까지 일하고 독서하라.

❷ 잠이 부족하여 죽은 사람은 없다는 것을 생각하라. 불면증에 대한 걱정이 대개
   불면증 그것보다도 더 많은 해를 끼친다.

❸ 기도를 하라. 또는 자네트 맥도널드처럼 '시편 23편'을 반복해서 읊어라.

❹ 근육의 긴장을 풀라.

❺ 운동을 하라. 당신의 몸을 육체적으로 피곤하게 만들어 깨어 있을 수 없도록
   하라.

DALE CARNEGIE

11
평화와 행복을 위한
심적 태도

11. 평화와 행복을 위한 심적 태도

우리는 다 같이 행복해지기 위해 노력하자. 당신이 만일 심적 태도를 기르고 싶다면, 유쾌하게 생각하고 행동하라. 그러면 당신은 유쾌한 감정을 느끼게 될 것이다.

생활을 변화시킬 수 있는 말

얼마 전 라디오 프로그램에서, "지금까지 당신이 경험한 가장 좋은 교훈은 무엇인가요?"라는 질문을 받았다. 대답은 수월했다. 내가 배운 교훈 중에서 무엇보다도 가장 훌륭한 교훈은 "우리가 생각하는 것 자체가 중요하다."는 것이다. 내가 만일 당신이 무엇을 생각하고 있는지 안다면, 나는 당신이 어떤 사람인가를 알 수 있을 것이다. 이는 곧, 우리가 하는 생각이 바로 우리를 만든다는 것이다. 따라서 우리의 정신 태도는 우리의 운명을 결정하는 요소이다.

에머슨은 "그 사람이 온종일 생각하고 있는 것, 그것이 곧 그 사람이다."

라고 하였다. 이는 말 그대로이다. 어떻게 그가 다른 사람이 될 수 있겠는가?

내가 확신하고 있는 것은 올바른 생각을 가지는 일이다. 만일 올바른 생각을 가질 수만 있다면 우리 앞날은 탄탄대로라서 모든 문제를 해결할 수 있다. 로마제국을 통치하던 위대한 철학자 마르쿠스 아우렐리우스는 그것을 다음과 같이 표현하였는데 그 말은 우리의 운명을 결정할 수 있는 말로 요약했다.

"우리의 인생은 우리의 생각이 만드는 것이다." 그렇다. 우리가 행복한 생각을 하면 우리는 행복해질 것이요, 우리가 비참한 생각을 하면 우리는 비참해질 것이다. 무서운 생각을 하면 무서워질 것이고, 병적인 생각을 하면 병들 것이다. 우리가 실패할 생각을 하면 영락없이 우리는 실패할 것이요, 슬픈 생각만 하고 있다면 많은 사람이 슬픔에 쌓인 우리를 피하고 멀리할 것이다.

노먼 빈센트 필 씨는 "사람은 자신이 생각하는 그러한 자기가 아니며, 생각하는 것 그 자체가 바로 그 사람이다."라고 말하였다.

그러면 모든 문제에 습관적으로 '낙관적인 태도'를 취하라는 것일까? 아니, 그렇치 않다. 불행히도 인생은 그처럼 단순하지 않다. 내가 주장하고 싶은 것은 우리가 소극적인 태도를 취하지 말고 적극적인 태도를 취해야 한다는 것이다. 다시 말하면 우리가 자신의 문제에 관심을 가질 필요는 있으나, 걱정할 필요는 없다는 것이다. 그렇다면 생각과 걱정의 차이는 어떠한 것일까? 나는 이렇게 설명하고 싶다. 가령 내가 교통이 번잡한 뉴욕의 거리를 건너갈 때, 나는 동작을 조심하지만 걱정은 하지 않는다. 생각한다는 것은 문제의 성질을 알아서 냉정한 태도로 대책을 취하는 것이요, 걱정이라는 것은 불쾌하고 이익도 없이 문제의 주변을 쓸데없이 헤매는 것을 말한다.

정신적인 태도는 우리가 믿을 수 없을 정도로 체력에도 영향을 끼친다. 영국의 정신과 의사 J. A. 하드필드는 《심리의 힘》이라는 책에서 놀라운 실례를 들고 있다. 그는 "제가 세 사람을 선택하여 심리적 암시가 체력에 어떤 영향을 끼치는가를 실험하였습니다. 그들에게 악력계를 사용하여 암시가 완력에 미치는 영향에 대하여 알아보았습니다."라고 기록하였다. 먼저 그들에게 있는 힘을 다해 악력계를 쥐어보라고 말했다. 이를 각기 다른 세 가지 조건하에서 실험해 보았다.

보통 상태에서 평균 악력은 101파운드였고, 그들에게 최면술을 쓰고 그들에게 '당신은 힘이 매우 약하다.'는 말을 하였을 때는 보통 악력의 3분의 1도 안 되는 겨우 29파운드였다. 세 명 중의 한 사람은 권투선수였는데 그에게 최면술을 쓰고 '당신은 힘이 약하다.'는 말을 하자, '자기 팔이 마치 아이들의 팔과 같이 가늘게 생각되었다.'고 고백하였다.

이번에 하드필드는 세 사람에게 최면술을 쓰고 '당신은 강하다.'는 말을 하였더니, 그들의 악력은 평균 142파운드에 이르렀다. 그들의 마음이 자기 자신의 힘에 대한 적극적인 생각으로 가득 찼을 때는 그들의 실제 체력도 거의 50%나 증가하였다. 우리의 심적 태도가 이처럼 놀라운 힘을 가지고 있다.

나는 확실히 믿고 있다. 우리 마음의 평화와 생활에서 얻는 즐거움은 우리가 놓여 있는 장소나 소유물 또는 우리가 누구인지와는 상관없고, 오직 우리가 어떤 생각을 하고 있느냐에 달려 있다.

이러한 실례로 존 브라운의 사건을 들어보기로 하자. 브라운은 하퍼스 페리에 있는 미국 병기고를 점령하고 노예를 선동하여 폭동을 일으키려고 하였다는 죄명으로 교수형을 당한 사람이다. 그가 관 위에 앉아 교수대로 끌려갈 때, 옆에 앉아 있던 간수는 무서워서 애를 태우고 있었다. 그러나 늙은 브라운은 침착하고 냉정한 태도를 잃지 않았다. 버지니아 브루 리지 산을 바라보면서, "오! 아름다운 산천이여! 나는 일찍이 이곳을 지나볼 기회가 없었노라!"라는 말을 하여 감탄하였다는 것이다.

처음으로 남극에 도착한 영국인 로버트 팰콘 스코트와 그 일행도 그러하였다. 그들이 돌아오는 길은 아마 인간이 경험한 여행 중에서 가장 참혹했던 여행이었다. 식량과 연료는 전부 없어져 떨어졌다. 무서운 눈보라는 열하루 동안이나 밤낮으로 계속되었으며, 바람은 매섭게 차서 극지 벌판을 휩쓸었고, 얼음판 위는 융기와 균열이 생겼다. 그들은 한 발자국도 떼어놓을 수가 없었다. 스코트와 그 일행은 모두 죽기를 각오하였으며, 또 이러한 비상시를 생각하여 약간의 아편을 준비하고 있었다. 큰 아편 덩어리 한 개만 있으면 그들은 모두 곱게 잠들어 영원히 깨지 않을 수가 있었다. 그러나 아편 대신에 '유쾌한 노래를 소리쳐 부르면서' 죽어 갔던 것이다. 이러한 사실은 그들이 죽어서 8개월이 지난 후 수색대가 그들의 동사체에서 발견한 유서 때문에 알게 되었다.

우리가 만일 용기와 평정심, 창의적 사고력을 지니고 있다면 우리는 관에 걸터앉아 교수대로 향해 끌려가면서도 주변 경치를 감상할 수도 있고 굶주림과 추위로 죽어가면서도 유쾌한 노래로 천막을 뒤흔들 수 있다.

《실락원》을 쓴 작가 밀튼은 300년 전에 눈이 먼 몸으로서 이와 똑같은 진리를 발견했다.

> 마음은 언제나 제자리에 있건마는
> 그 마음 그 속에서 우리는
> 지옥을 천당으로 만들 수도 있고
> 천당을 지옥으로 만들 수도 있다.

나폴레옹과 헬렌 켈러는 밀튼의 이 말을 완전히 실증하여 주었다. 나폴레옹은 인간이 보통 열망하는 모든 영예와 권력과 재산을 가지고 있었건만 세인트 헬레나에서 "나는 일생을 통하여 행복한 날이 엿새에 불과하다."고 말하였고, 헬렌 켈러는 눈멀고 귀먹고 벙어리 신세였건만 "나의 인생은 참으로 아름다웠다."라는 감탄하는 말을 하였다.

스토아학파의 위대한 철학자 에픽테토스는 '우리는 몸에서 종기와 부스럼을 없애는 것보다 마음속의 잘못된 생각을 없애는 데 더욱 힘써야 한다'고 경고하였다. 에픽테토스는 19세기 전에 이 말을 하였거니와, 현대의 의학계에서도 이것을 지지하고 있다. G. 캔비 로빈슨 박사는 존스 홉킨스 병원에 입원한 환자 가운데 5명 중의 4명은 일부 정신적 긴장과 과로에서 생긴 병으로 고생하고 있다고 한다. 이런 현상은 기질성 환자에게서도 가끔 찾아볼 수 있다. "결국 사람의 질병은 자기 생활과 생활에 따르는 여러 문제를 잘 조화시키지 못하는 데서 생긴다."고 로빈슨 박사는 말하였다.

프랑스의 위대한 철학자 몽테뉴는 다음의 말을 그의 좌우명으로 삼았다.

> 66 사람은 일어난 사건 그것보다도 그 사건에 대한 자기의 생각 때문에 더욱 상처를 받는다."

그리고 일어날 일에 대한 우리의 생각이란 오로지 우리 자신이 가지는 마음 여하에 달려 있다. 그러면 이는 무엇을 의미하는가? 곤란한 문제에 눌려 당신의 신경이 곤두섰을 때, 의지의 힘으로 당신의 심적 태도를 변경할 수 있다는 것일까? 그렇다. 바로 그 말이다. 그러나 결코 그것으로 끝이 아니다. 나는 그대에게 방법을 가르쳐주겠다. 약간의 노력은 필요할지 모르나 이 비방은 매우 간단하다.

응용 심리학의 제일인자 윌리엄 제임스 씨는 다음과 같이 말했다.

> 66 행동이 감정을 따르는 것같이 보이지만, 실제로 행동과 감정은 병행하는 것이다. 그러므로 우리는 보다 직접적인 의지의 지배를 받는 행동을 조절함으로써 감정까지도 간접적으로 조절할 수 있다."

다시 말하면, 우리는 하고자 하는 마음만으로는 즉시 우리의 감정을 고칠 수는 없으나 행동은 고칠 수 있으며, 행동이 고쳐질 때 감정은 자동적으로 바꿀 수 있다는 것이다.

    " "유쾌한 감정이 없어졌을 때 자발적으로 유쾌한 감정을 일으키는 최고의 방법은 유쾌한 마음 자세를 가지고 벌써 유쾌한 일이 자기에게 닥쳐온 것처럼 행동하고 말하는 데 있다."

고 하였다.

과연 이러한 간단한 방법이 효과가 있을 것인가? 자신이 시험해 보라. 당신의 얼굴에 미소를 띠고, 가슴을 쭉 펴서 숨을 길게 들이쉬고 노래를 불러보라. 만약 노래를 못하겠거든 휘파람이라도 불어보라. 또 휘파람도 못 불겠거든 흥내만이라도 내보는 것이 좋다. 그러면 윌리엄 제임스 씨가 무슨 말을 하였는가를 깨달을 것이다. 당신이 행복에 취한 것 같은 행동을 취하면서 우울한 감정에 잠겨 있다는 것이 불가능함을 알게 될 것이다.

몇 해 전에 나는 작은 책 한 권을 읽고 깊은 감동을 받았다. 제임스 알렌의 《생각하는 대로》라는 책이다. 거기에는 다음과 같은 말이 있었다.

"사람은 타인과 여러 사물에 대한 자기 생각을 바꾸면 타인과 사물도 그에 대한 생각을 변화시킨다는 것을 깨닫게 될 것이다. …… 사람이 근본적으로 자기의 생각을 고칠 때는, 자기 성격의 급속한 변화 또 그 변화가 생활의 외적 조건에 미치는 영향을 보고 놀랄 것이다. 사람은 자기가 원하는 것을 끌어들이는 것이 아니고, 있는 그대로의 현상만을 끌어들이는 것이다. …… 우리의 목적을 이루어 주는 신성은 우리 자신 속에 있다. 사람의 모든 성공은 자기 자신이 생각한 직접적인 결과이다. …… 사람의 출세와 승리와 성공은 오직 자기의 생각을 고양함으로써 이룰 수 있으며, 사고의 고양을 거부한다면 그는 한낱 약하고 비참하고 가엾은 상태를 벗어날 수 없을 것이다."

《구약성서》의 '창세기'에 따르면, 조물주는 인간에게 이 넓은 지구 전체를 지배할 권리를 주었다고 적혀 있다. 이는 참으로 위대한 선물이다. 그러나 나는 자신에 대한 지배권, 나의 생각에 대한 지배권, 나의 공포에 대한 지배권, 나의 마음과 나의 정신에 대한 지배권을 원하고 있다. 그리고 내가 아는 위대한 사실 중 하나는 단순히 나의 행동을 지배하고 그 행동이 모두 나의 반향을 지배함으로써 위에 말한 바와 같이 모든 지배권을 놀라울 정도로 어느 때나 마음대로 얻을 수 있다는 사실이다.

그러므로 우리는 다음과 같은 윌리엄 제임스 씨의 말을 기억할 필요가 있다. "피해자가 단순히 그의 심적 태도를 공포로부터 투쟁으로 옮기는 것으로써, 우리가 악이라 부르는 것은 흔히 훌륭한 선으로 바꿀 때가 많다." 그렇다. 다 같이 우리의 행복을 위하여 투쟁하자!

당신이 만일 평화와 행복을 우리에게 가져오는 심적 태도를 기르고 싶다면 거기에 대한 제1의 법칙은 다음과 같다.

유쾌하게 생각하고 유쾌하게 행동하라.
그러면 당신은 유쾌한 감정을 느끼게 될 것이다.

적대감정을 가지지 말라

몇 해 전 내가 옐로우 공원에 여행한 일이 있었다. 어느 날 밤 나는 다른 여행객 몇 사람과 더불어 소나무와 전나무가 우거진 숲을 향하여 있는 야외 관람석에 앉아 있었을 때의 일이다. 얼마 안 되어 우리가 보고 싶어 한 짐승, 숲속의 공포물인 회색빛의 곰 한 마리가 전등 빛 아래로 어슬렁어슬렁 걸어 나와 공원 호텔 식당에서 내다 버린 음식 찌꺼기를 허겁지겁 먹기 시작하였다. 산림 감독 마틴데일 소령은 말을 타고 앉아 있었는데, 이 광경을 보고 흥분한 여행객들에게 곰에 대한 이야기를 했다.

회색빛 곰은 서부의 들소나 코디악 곰 이외의 다른 모든 짐승을 때려누일 수 있다고 말했다. 그러나 그날 저녁 나는 곰이 다른 짐승 스컹크(건드리면 독한 냄새가 나는 짐승)에게 음식 찌꺼기를 나누어주는 것을 보았다. 회색빛 곰은 물론 스컹크 한 마리쯤이야 그의 힘센 앞다리로 단번에 없앨 수가 있다고 생각하였을 것이다. 그러면 왜 곰은 그렇게 하지 않았을까? 그는 경험에 비춰 보면 그렇게 하는 것이 수지타산이 맞지 않는다는 것을 알고 있었기 때문이다.

나도 이와 같은 이치를 알고 있다. 내가 어려서 농촌에서 자랄 때 미조리 지방 덤불 속에서 네 발 달린 스컹크를 잡은 일이 있었다. 어른이 되어서는 뉴욕에서 가끔 두 발로 걷는 스컹크를 만난 일이 있었으나, 나는 경험상 어느 쪽을 건드리든지 그것이 모두 수지가 맞지 않는다는 것을 알고 있었다.

우리가 적을 미워하는 것은 적에게 우리보다 나은 힘을 주는 것이다. 즉 수면과 식욕과 혈압과 건강과 행복에서 적에게 우리보다 나은 힘을 준다. 적이 만일 자기로 말미암아 우리의 마음속에 걱정이 생기고 혼란이 일어나 한풀 꺾였다는 것을 안다면 그것만으로도 기뻐서 춤출 것이다. 우리가 느끼는 미움은 적에게는 아무 해를 끼치지 못하고, 도리어 자기 생활을 지옥같은 고통으로 끌어들일 뿐이다.

"만일 이기주의자가 당신을 부당하게 이용하려고 한다면 그와 상대하지 말라. 복수하려면 당신은 상대보다도 훨씬 손해를 보게 될 것이다." 복수하려 할 때 우리는 어떠한 해를 입는가? 여러 가지 종류의 손해가 있다. 〈라이프〉 지에 의하면 우리의 건강까지도 해를 입는다는 것이다. '고혈압을 앓고 있는 사람의 인간적 특징은 울분인데, 그 울분이 만성이 될 때에는 만성적 고혈압과 심장병이 따르게 된다.'고 기술하고 있다.

우리는 예수가 '원수를 사랑하라.'고 말씀한 것이 단지 건전한 도덕만을 설교한 것이 아니라, 현대의학까지 설명하였다. 예수가 "일곱 번의 70배까지 용서하라."고 말씀할 때, 우리에게 고혈압, 심장병, 위궤양과 기타 여러 가지 질병을 방지하는 방법을 가르쳐 준 것이다.

예수께서, '원수를 사랑하라'고 말씀하였을 때, 예수는 또 우리에게 우리가 마음가짐을 어떻게 아름답게 해야 하는지도 말씀하셨다. 우리는 남을 미워하는 생각 때문에 얼굴에 주름살투성이의 흉한 얼굴을 하고 있는 사람을 많이 알고 있다. 이 세상에 어떠한 미용술도 용서와 친절한 사랑으로 마음이 가득 찬 사람의 얼굴에 비하여 그 절반도 아름답게 꾸미지는 못할 것이다.

중오는 우리의 음식을 맛보는 능력까지도 파괴한다. 《성경》에서는 "사랑이 있는 곳에서 나물을 먹는 것이, 서로 미워하며 살진 소를 먹는 것보다 낫다."라는 말로 표현되어 있다.

우리의 적은 우리가 그들을 미워함으로써, 지치고 피로해지며 신경쇠약에 걸리고 얼굴이 상하는가 하면 심장병에 걸려 자신의 수명을 짧게 한다면 얼마나 손뼉치며 좋아할 것인가? 설령 우리가 적을 사랑하지는 못한다 할지라도 자기 자신은 사랑해야 한다. 적에게 우리의 행복과 건강과 용모를 해치지 못하도록 우리 자신을 스스로 사랑해야 한다.

셰익스피어는 말하였다.

> 너의 원수 때문에 난롯불을 뜨겁게 지피지 마라.
> 오히려 그 불이 그대 자신을 태우리라."

우리는 적을 사랑할 만큼 어질지는 못할 수도 있다. 하지만 적어도 자신의 건강과 행복을 위하여 적을 용서하고 원수를 잊어야 할 것이다. 그렇게 하는 것이 현명한 일이다. 공자는 "모욕을 당하거나 도둑을 당하더라도, 우리가 그것을 잊어버리기만 하면 결국 아무 일도 일어나지 않은 것과 같다."고 말하였다.

내가 일찍 아이젠하워 대장의 아들 존에게, 그의 아버지가 남을 원망하는 일을 본 적이 있느냐고 물었을 때 존은 즉석에서 "아니오. 우리 아버지는 자기가 싫어하는 사람에 관한 일은 단 1분도 생각하는 일이 없었습니다."라고 대답하였다.

옛날 격언에도 "분개할 줄 모르는 사람은 천치 바보요, 분개하지 않는 사람은 어진 사람"이라는 말이 있다.

나는 전날 윌슨, 하딩, 쿨리지, 후버, 루즈벨트, 트루먼 등 6명의 대통령의 신뢰를 차례로 받아온 버나드 바루치에게 지금까지 정적의 비난 때문에 걱정한 일이 있느냐고 물었다. 그는 "누구도 나를 모욕하거나 괴롭힐 수는 없습니다. 애초에 그렇게 당할 일을 만들지 않으니까요."라고 대답하였다. 처음부터 비난을 받을만한 일을 만들지 않는다면, 아무도 우리를 모욕하거나 괴롭힐 수는 없다.

몽둥이나 돌멩이는 나의 뼈를 부수어 버릴지 모른다. 그러나 말로는 결코 나를 다치게 할 수 없다. 자고로 인간은 자기의 적에 대해 아무런 악의도 품지 않는 그리스도와 같은 사람들을 존경한다.

우리의 적을 용서하고 잊어버리는 가장 확실한 방법은 우리가 우리 자신보다 훨씬 높은 어떠한 목적에 우리의 마음을 전부 바치는 데 있다. 그렇게 할 때에 우리는 우리의 목적 이외의 모든 것을 잊어버리는 까닭에 우리가 당하는 모든 모욕과 적의가 우리에게 아무런 영향을 끼치지 못한다.

에픽테토스는 "우리가 뿌린 씨는 우리가 거둔다."고 말하였고, 또 어떠한 방법으로나 우리의 운명은 우리가 실행한 일에 대해 대가를 치르게 한다고 지적하였다. 그는 이렇게 말하였다.

66 누구를 막론하고 결국 자기 잘못에 대해 대가를 치르게 된다. 이것을 아는 사람은 누구에게도 화내지 않고, 누구에게도 분개하지 않고, 누구도 꾸짖거나 허물을 탓하지 않고 누구도 미워하지 않게 될 것이다."

아마 미국 역사에서 링컨처럼 비난과 미움과 배반당한 사람도 없을 것이다. 그러나 헌든의 유명한 전기에서 링컨에 대해 이렇게 말하고 있다.

66 절대로 사람을 자기가 좋아하고 싫어하는 것으로써 판단하지 않는다. 어떠한 일을 해야 할 경우, 그는 자기의 적이라도 능히 그 일을 누구에게도 못지않게 할 수 있는 능력이 있다면 기용하였다. 따라서 그는 어떠한 사람이 악의를 품고 있어도 그 사람이 그 자리에 가장 적당하다고 생각될 때는 자기의 친구보다도 그 사람에게 그 자리를 맡겼다. …… 나는 링컨이 자기의 적이라고 해서, 또는 자기가 싫어한다고 해서 어떤 사람을 해고한 실례를 보지 못하였다."

링컨은 자기가 직접 높은 자리에 임명한 사람들, 즉 맥레런, 시워드, 스탠턴, 체이스와 같은 사람들의 비난과 모욕을 당했다. 그러나 그의 법률 상담역이던 헌든은 링컨에 대해 이렇게 말하였다. "어떠한 사람을 막론하고 그가 무엇을 하였다고 해서 그를 칭찬할 것도 아니오, 또 무엇을 안 했다고 그를 비난할 것도 없다. 왜냐하면 우리는 여러 가지 조건과 사정, 환경, 교육, 습관등으로 인해 인성이 형성된다. 이렇게 인간은 유전 요소로 만들어졌기 때문이다."라는 신념을 가지고 있던 것이다.

과연 링컨의 생각이 옳았다. 만일 우리가 정적들이 물려받은 것과 동일한 육체, 정신, 감정의 특징을 물려받고, 또 적이 경험한 것과 같은 생활을 해왔다면 우리는 적이 행동한 바와 똑같은 행동을 하게 될 것이다. 적과 다른 행동은 전혀 하지 못 했을 것이다. 그러므로 우리는 자비한 마음으로 수우족 인디언들의 기도문처럼 '오오, 위대한 신이여! 내가 그의 가죽신을 신고 2주일 동안 다녀보기 전에는 그를 판단하고 비평하지 않도록 인도하여 주소서'라는 주문을 반복하여 보자.

그러므로 우리는 적을 미워하지 말고 그를 가엾게 생각하며 우리를 그렇게 만들지 않은 것을 하느님께 감사하자. 적에 대한 비난과 원한을 쌓아두지 말고, 그들에게 이해와 동정과 원조와 관용과 기도를 바치기로 하자.

우리에게 평화와 행복을 가져오는 마음을 기르기 위하여 다음과 같은 제2의 법칙을 기억하자.

우리의 적에 대하여 적대 감정을 가지지 말라. 적대 감정을 가지는 것은 적을 해롭게 하기보다 우리를 더 많이 해롭게 할 뿐이다. 우리가 싫어하는 사람 때문에 1분도 시간을 낭비하는 일이 없도록 하자!

배은망덕을 분개하지 말라

텍사스에서 어떤 사업가 한 사람이 매우 성이 나서 펄펄 뛰는 것을 보았다. 그는 나를 만나자마자 숨돌릴 틈도 없이 말하기 시작했고, 그 말은 벌써 11달 전에 일어난 사건임에도 불구하고 그는 여전히 분개하고 있었다. 그는 자기가 데리고 있는 35명의 회사원에게 크리스마스 상여금으로 약 300달러씩이나 분배하여 주었으나, 한 명도 고맙다는 말을 한 사람이 없었다는 것이다. "그들에게 한 푼이라도 보태준 것이 도리어 후회가 됩니다."라는 말이 핵심이었다. 곧, 배은망덕도 유분수라는 이야기였다.

공자는 '성난 사람의 마음은 언제나 독으로 가득 차 있다.'고 말하였다. 이 사업가의 마음도 독으로 가득 차 있는 것을 보고 오히려 그가 불쌍해 보였다. 그의 나이는 60세 정도였는데 수준은 16세 정도였다. 생명보험 회사의 통계를 보면, 사람들은 평균 현재의 나이와 80세 사이에 있는 차이의 3분의 2보다 조금 더 살 수 있다는 것이다. 그렇다면 이 사업가는 오래 살아봤자 앞으로 14년이나 15년 밖에는 못 살 것이다. 그럼에도 불구하고, 이미 11개월이나 지나간 일을 못 잊어 후회하고 분개함으로써 남은 수명의 1년분이 부질없이 소모하고 있다.

그는 분개하고 후회하지 말고, 오히려 왜 종업원들이 자기에게 감사하지 않는가를 자신에게 물어보아야 할 것이었다. 종업원들을 값싼 급료로 지나치게 부려먹지나 않는가, 또는 종업원들이 크리스마스 상여금을 선물이라고 생각하지 않고 월급으로 알았는지도 모른다. 그렇지 않으면 그가 너무

엄격하고 잔소리가 심해서 사원들이 감히 사장 앞에 나서서 고맙다고 말하지 못하는가, 혹은 결국 세금으로 낼 돈이니까 직원에게 생색이나 내보자는 계산으로 사원에게 상여금을 주었는가, 도무지 까닭을 모를 노릇이었다.

또는 종업원들이 개인주의이며 예의를 모르는 사람들일 수도 있다. 하여간 자세히 알지 못하지만, 사무엘 존슨이 말한 바와 같이, "감사의 마음은 높은 교양에서 우러나오는 것으로, 저속한 인간에게서는 이를 찾아볼 수 없다."는 말이 맞을 수도 있다.

만약 당신이 사람의 생명을 구조해 주었다면 감사 인사를 기대할 수도 있다. 그러나 사무엘 라이보위츠는 그가 판사가 되기 전에 유명한 사건 변호사로 있었는데, 그의 변호사 시절에 78명의 사형수를 죽음으로부터 구해 주었다. 그러면 그 후 그중에서 사무엘 라이보위츠에게 감사의 말은 고사하고 크리스마스 카드 한 장이라도 보낸 사람이 몇 명이나 될까? 과연 몇 장의 크리스마스 카드를 받았을까? 미안하지만 한 장도 없었다.

그리스도는 어느 날 저녁에 문둥병 환자 10명을 고쳐 주었다. 그중에서 몇 명이 그리스도에게 감사의 뜻을 표하였던가? 〈누가복음〉을 보면 오직 한 명뿐이었다. 그리스도가 제자들을 돌아보고 "나머지 아홉 사람은 어디 있는가?"하고 물었을 때, 그 아홉 사람은 모두 달아나 버리고 없었다. 여기에서 나는 당신에게 이러한 질문을 하고 싶다. 우리는 텍사스 사업가나 혹은 다른 사람이라도, 우리가 남에게 베푼 사소한 은혜에 대하여 그리스도가 받은 것 이상으로 감사를 기대할 수 있을까?

이것이 세상의 인심이다. 인간성은 언제나 이런 것이며, 우리가 사는 동안에 그것이 변하지 않을 것이다. 그러므로 이를 받아들일 수밖에 없지 않겠는가. 왜 우리는 이러한 진리에 대하여 저 로마제국의 가장 현명한 통치자였던 마르쿠스 아우렐리우스처럼 현실적인 태도를 취하지 못하는가? 아우렐리우스는 그의 일기에 다음과 같은 말을 기록하였다.

> 66 나는 오늘 말 많고 이기주의적이며 자기중심적이며 배은망덕한 사람을 만나기로 하였다. 그러나 나는 절대로 놀라지도 않고 마음 상하지도 않을 것이다. 왜냐하면 나는 도무지 이러한 사람이 없는 세상을 상상할 수 없기 때문이다."

과연 옳은 말이다. 우리가 만일 배은망덕하다고 불평을 말한다면 그것은 누구의 허물일까? 인간성 자체의 잘못일까? 또는 인간성이 어떻다는 것을 우리가 모르는 까닭일까? 어쨌든 우리는 남이 나에게 감사하기를 기대하지 말라. 간혹 감사하다는 사람이 있으면 의외의 기쁨을 맛볼 것이고, 설혹 감사하지 않더라도 그것으로 인해 그다지 마음이 상하지 않을 것이다.

인간의 천성은 감사할 줄을 모른다.
그러므로 우리가 인간의 감사를 기대하면
우리는 가슴 아픈 경험을 하게 될 것이다.

아리스토텔레스는 이렇게 말하였다.

> 이상적인 사람은 남에게 은혜 베풀기를 좋아하고, 남에게 친절을 받는 것을 부끄러워한다. 왜냐하면 남에게 친절을 베푸는 것은 자기의 우월성을 나타내는 것이오, 남에게서 친절을 받는 것은 열등을 표시하기 때문이다."

여기에서 말하려는 한 토막의 글귀는 다음과 같다.

"우리가 행복해지기를 원한다면 상대에게 감사 인사를 받든가 받지 아니하든가 상관없이, 오직 남에게 무엇을 베풀어주는 것으로써 마음속에 즐거움을 느껴야 한다."

오랜 옛날부터 부모들은 자녀들이 은혜를 모르는 것으로 인해 가슴이 아플 때가 많았다. 셰익스피어의 리어왕도 "은혜를 모르는 자식을 둔 것은 독사에게 물린 것보다 더 독하도다!"라고 탄식하였다.

그러나 우리가 자식을 그렇게 교육하지 않고서 어떻게 그들에게서 감사를 기대할 수 있을 것인가? 배은망덕은 자연스러운 현상으로 마치 들풀과 같으나 감사는 장미와 같이 물을 주어 이것을 기르고 사랑하며 가꿔야만 한다. 만일 우리의 자녀가 배은망덕하다면 그것은 누구의 잘못인가? 바로 우리 자신의 잘못이다. 우리가 자녀에게 감사 인사를 가르치지 않고 어떻게 그들이 우리에게 감사 인사할 것을 기대할 수 있을 것인가?

배은망덕에 대한 분개심과 걱정을 피하기 위한 제3의 법칙이 여기에 있다.

❶ 배은망덕을 걱정하는 것보다도 차라리 그것을 예상하라. 예수가 하루에 문둥병자 열 명을 고쳤는데 단 한 사람만이 그에게 감사하였다는 사실을 기억하라. 어떻게 예수가 받은 것 이상으로 남에게 감사 인사를 받을 것인가?

❷ 행복에 이르는 유일의 방법은 남에게서 감사를 기대하지 말고, 남에게 주는 기쁨만을 기억하며 베풀면 족하다.

❸ 감사하는 마음은 배워서 길러진 특성이다. 감사 인사를 하게 하려면 그것을 교육시켜야 한다.

지금 자기가 가진 것에 감사하라

나는 여러 해 전부터 해롤드 애보트 군을 알고 있다. 그는 미주리주 웨브 시티에 사는데, 오랫동안 나의 강연 매니저 역할을 했다. 어느 날 우연히 캔자스 시티에서 그를 만났다. 그는 자동차로 미주리주에 있는 나의 농장에 데려다주었는데, 내가 그에게 어떤 방법으로 걱정 근심을 잊느냐고 물어보았다. 그랬더니 그는 잊지 못할 감동적인 이야기를 나에게 들려주었다.

"지난날 나는 많은 걱정 근심을 가지고 있었습니다. 그러나 어느 날 내가 웨브 시티의 거리를 걸어갈 때 어떤 장면을 목격하고 모든 걱정 근심이 단번에 사라져버리고 말았습니다. 그것은 단 10초 사이에 일어난 일이었으나, 나는 그 10초 동안에 내가 지금가지 10년을 두고 배운 것 이상으로 어떻게 살아가야 할 것인지에 대해 깨우쳤습니다.

나는 2년 동안 웨브 시티에서 식료품 잡화상을 경영하였습니다. 그러나 장사에 실패하여 모은 돈을 모두 잃어버렸고, 그 후 7년 동안이나 빚을 갚아야만 했습니다. 어느 토요일 상점을 폐점해버리고, 다음 주부터 캔자스 시티로 가서 일자리를 구하러 갈 여비를 마련하려고 은행에 가던 길이었습니다. 나는 초라한 차림에 얼빠진 사람 모양으로 길을 걸어갔습니다.

그때 마침 다리 없는 사람이 내 쪽을 향하여 다가오는 것을 보았습니다. 그는 롤러스케이트용 바퀴를 단 조그만 널조각 위에 앉아 양쪽 손에 쥔 나무 토막으로 땅을 찍어대며 굴러오고 있었습니다. 내가 그를 만난 것은 바로 그가 큰길을 건너서 보도 위로 올라서려고 약간 몸을 들었을 때였습니다. 그가 막 널조각을 보도턱에 대었을 때 우리는 서로 눈이 마주쳤습니다. 그는 유쾌하게 웃으면서 먼저 인사를 하더군요. '안녕하십니까? 날씨가 매우 좋습니다그려!' 기운차게 말하였습니다.

나는 우두커니 서서 그를 바라보았습니다. 나는 두 다리가 있고 걸어 다닐 수가 있지 아니한가? 나는 오늘까지 자기 자신을 가엾게 생각하여 온 것을 부끄럽게 생각하였습니다. 나는 자신에게 이렇게 말했습니다. 다리 없는 사람이 저렇게 행복하고 유쾌하고 자신이 넘치는데, 두 다리가 이렇게 멀쩡한 내가 유쾌하지 못할 이유가 어디 있겠나?

나는 문득 그 순간 저절로 용기가 생겼습니다. 처음에 은행에서 단돈 100달러만 빌리려고 하였으나, 금방 200달러까지 빌릴 자신이 생겼습니다. 처음에는 캔자스 시티에 가서 '일자리를 찾아보려고 한다.'고 말할 생각이었지만, 나는 캔자스 시티에 '직장을 구해서 간다.'고 자신 있게 말할 수 있게 되었습니다. 그러자 은행에서 돈도 빌리고 곧 직업도 얻었습니다.

지금 나는 욕실 거울에 다음과 같은 글귀를 붙여놓았다. 그리고 면도할 때마다 그 글귀를 되새기고 있다.

신발이 없음을 한탄하며 밖에 나오니
거리에는 발이 없는 사람도 있더라.

언젠가 에디 리켄베이커에게, 그가 태평양에서 조난당하여 다른 조난자들과 함께 뗏목을 타고 22일간이나 바다를 표류했을 때 배운 큰 교훈이 무엇이냐고 물었다. "조난을 당한 경험에서 배운 가장 큰 교훈은, 마시고 싶은 깨끗한 물과 먹고 싶은 음식만 있다면 우리는 더 이상 아무것도 불평할 필요가 없다는 것이었습니다."라고 말하였다.

우리는 스스로에게 '대체 무슨 걱정을 하는 것일까?'라고 반성하지 못하는가? 그러면 아마 우리는 걱정이 별거 아니라는 사실을 발견할 수 있을 것이다. 우리 인생에서 좋은 일은 약 90%요, 나쁜 일은 10%다. 그러므로 우리가 행복하기를 원한다면 90%의 옳은 일에다 마음을 집중하고, 10%의 잘못을 무시하면 된다. 그와 반대로 우리가 걱정 근심과 비관으로 위궤양에 걸리고 싶다면, 정신을 10%의 잘못에 집중하고 보람 있는 90%의 것을 무시하면 된다.

'생각하고 감사하라(Think and Thank).' 이 말은 영국의 크롬웰 종파의 여러 교회에 걸린 현판에 새겨져 있다. 이 말은 우리의 가슴에도 '생각하고 감사하자'는 말을 새겨두어야 할 것이다. 우리가 감사해야 할 모든 것을 생각하고 우리에게 준 모든 복과 은혜를 하느님께 감사해야 할 것이다.

《걸리버 여행기》를 쓴 조나단 스위프트는 영국 문학계에서 가장 대표적인 염세주의자였다. 그는 자기가 이 세상에 태어난 것이 너무도 원통하여 생일날에는 검은 옷을 입고 단식하기도 했다. 그럼에도 불구하고 영국 문학에서 제일 염세주의자인 이 스위프트가 그와 같은 절망 속에서도 유쾌하고 행복을 느끼는 거룩한 인간의 힘을 찬미하였다. 그는 "세상에서 가장 훌륭한 의사는 식이요법 의사이고, 평온 의사, 명랑 의사이다."라고 하였다.

우리는 날마다 항상 우리가 가진 보배를 생각해 보라. 알리바바의 재산보다도 훨씬 훌륭한 우리가 가진 재물에 주의를 기울임으로써 '명랑 의사'의 봉사를 무료로 받을 수가 있을 것이다. 우리는 10억 달러에 우리의 양쪽 눈을 팔아버릴 수 있을 것인가? 우리의 두 다리를 주고 무엇을 받을 것인가? 우리의 손을? 우리의 귀를? 우리의 귀중한 자녀들을? 그리고 우리의 가족을? 우리가 가진 재산을 전부 다 헤아려보라. 그러면 록펠러, 포드, 모건 등의 전재산을 다 한데 뭉쳐서 받는다 해도 우리가 가진 것을 팔 생각이 없다는 것을 알게 될 것이다.

그런데 우리는 실제로 우리가 가진 것들의 진가를 모른다. 쇼펜하우어는 말하였다. "우리는 이미 가진 것에 대해서는 좀처럼 생각하지 않고, 언제나 없는 것만을 생각한다.'라고. 하지만, '우리가 가진 것을 좀처럼 생각하지 않고 언제나 없는 것만을 생각하는' 이 경향이야말로 지상 최대의 큰 비극이다. 이것은 아마 인류 역사상 벌어진 온갖 전쟁과 질병보다도 더 큰 불행을 빚어내고 있다고 말할 수 있다.

로건 피어설 스미스는 여러 가지 진리를 한데 뭉쳐서 다음과 같이 표현하였다.

> 인생의 목적에는 두 가지가 있으니, 첫째는 우리가 원하는 것을 얻는 것이요. 둘째는 그것을 즐기는 일이다. 그러나 둘째의 목적은 오직 지혜 있는 사람만이 이룰 수 있다."

부엌에서 접시 닦는 일일지라도 감동스러운 일이 될 수 있다는 것을 그대는 아는가? 만일 그것을 알고 싶으면 불굴의 용기와 감격이 담겨 있는 버그힐드 다알이 쓴 《나는 보고 싶었다》라는 책을 읽어보라.

이 책은 50년 동안이나 눈을 보지 못하고 살아온 한 부인이 집필한 책이다. "나는 한쪽 눈만 가지고 있었다. 그것도 눈 자위가 두터운 막으로 넓게 덮여져 있기 때문에, 그 눈 왼쪽에 난 조그마한 구멍을 통하여 겨우 밖을 내다볼 수가 있다. 내가 책을 읽을 때에는 책을 얼굴에 바싹 들이대고 눈동자를 왼쪽으로 힘껏 몰아서 글자를 보곤 하였다."

그러나 그녀는 슬퍼하지 않고 자기가 남과 다르다고도 생각하지도 않았다. 어렸을 때 그는 다른 아이들과 비석차기 놀이를 하고 싶었으나 표적이 보이지 않아 걱정이었다. 그래서 다른 아이들이 모두 집으로 돌아간 후 홀로 남아서 운동장 위에 그려진 표적에 눈을 가까이 대고 엎드려 기어가며, 다른 아이들이 놀던 땅의 생김새를 낱낱이 기억하여 나중에는 뜀박질 선수가 되었다. 집에 돌아오면 큰 글자로 씌어진 책을 들고 눈썹이 책장에 스칠 만큼 눈을 책에 가까이 대고 글을 읽곤 하였다. 그리하여 미네소타 대학에서 문학학사 학위를, 콜롬비아 대학에서 문학석사 학위를 받았다.

처음에는 미네소타주 트윈 벨레의 조그마한 시골 마을에서 교편을 잡았으나 나중에는 오거스태너 대학에서 신문학과 교수가 되었다. 이곳에서 13년 간 강의를 했으며 부인 클럽에 나가 강연도 하고 자신의 도서와 삶에 대한 방송도 하였다. 그녀는 이렇게 썼다. "언제나 내 머릿속에는 '혹 눈이 전부 멀지나 않을까?' 하는 공포심이 내 머리를 떠나지 않았다. 그래서 공포감을 극복하려고 인생에 대한 태도를 항상 유쾌하게 가지려고 노력하였다."

그런데 52세 되던 해, 기적이 일어났는데, 마요 진료소에서 실시한 수술이 성공하였다. 그 결과 예전보다 약 40배나 좋아진 시력으로 세상을 볼 수 있게 되었다. 새롭고 신기한 사랑의 세계가 눈앞에 펼쳐졌다. 그녀로서는 부엌 설거지통에서 접시를 닦는 일조차도 기막힌 감격을 느끼고 있었다.

"나는 설거지통에 있는 희고 고운 비눗물로 물장난을 해 보았다. 비누 거품 속에 깊이 손을 담갔다가 조그마한 비누 거품 한 덩어리를 들어 햇빛에 비춰 보았다. 비누거품의 방울마다 아름다운 빛을 띤 찬란한 무지개가 떠오르는 것을 볼 수 있었다."

그가 설거지통 너머로 우연히 밖을 내다보았을 때 거기에는 회색빛 참새들이 날개를 치며 함박눈이 꽃송이처럼 탐스럽게 내리는 눈 사이로 이리저리 날아다니고 있었다.

그녀는 비누 거품과 참새 떼를 보고 마음이 황홀하여, 저서에서 다음과 같은 말로 끝을 맺었다.

"나는 이렇게 혼잣말로 속삭였습니다. 사랑하는 하느님, 하늘에 계신 우리 아버지시여! 감사합니다. 나의 하느님 당신께 감사합니다."

접시를 닦으면서, 비누 거품 속에 비치는 무지개와 눈 속을 날아오르는 참새를 보고 하느님께 감사할 수 있을까 생각하여 보라!

우리는 자기 자신을 돌이켜보며 부끄러워해야 할 것이다. 우리는 이미 태어나면서부터 이렇게 아름다운 세상에 살고 있건만, 우리는 너무도 눈이 멀어 그 신비를 알아보지 못하고, 배가 불러 인생의 참맛을 모르고 있다.

만일 당신이 걱정 근심을 잊고 살아가기를 원한다면 여기에 제4의 법칙이 있다.

그대의 복을 생각하고 걱정 근심을 생각하지 말라.

자기 자신을 발견하고 자기 자신이 되라, 이 세상에서 자기와 같은 사람은 자기밖에 없다

나는 로스캐롤라이나주 마운트 에리어의 에디스 얼레드 부인한테서 편지 한 통을 받았다. 그 사연은 이러하다.

"나는 어렸을 때 지나치게 감정이 예민하고 수줍기 짝이 없었습니다. 나의 몸이 너무 뚱뚱한 데다가 양쪽 볼이 축 처져서 실제보다 몸이 더 비대한 것처럼 보였습니다. 나의 어머니는 고루하여 고운 의상을 입는 것을 어리석은 일이라고 생각하였습니다. 그래서 언제나 '크고 넉넉한 옷은 입을 수 있어도 작은 옷은 찢어진다.'고 말씀하셨고, 나의 옷도 항상 넉넉한 옷을 만들어 주었습니다. 나는 절대로 어떠한 파티에도 참여하지 않았고 운동경기 같은 데도 참가하지 않았습니다. 나의 부끄러움은 거의 병적이었으며, 나는 다른 모든 사람보다 '모자라는 사람'이라고 자처하는 동시에 언제나 따돌림당

한다고 스스로 생각했습니다.

결혼 적령기가 되어 나보다 나이가 많은 남자와 결혼하였습니다. 그러나 내 성격은 조금도 달라지지 않았습니다. 시집 식구들은 퍽 점잖고 자부심이 강한 사람들이었습니다. 모든 점에서 아무것도 나무랄 데 없는 사람들이었지만, 나는 도무지 거기에 끼어들지 못했습니다. 그들과 친하게 지내고 싶었지만 아무런 소용이 없었습니다. 그들이 나에게 친숙하게 대하면 대할수록 나는 점점 기가 죽고 말았습니다. 나는 신경과민 증상이 나타났으며 아무 때나 자주 화를 내기 시작했습니다. 모든 친구를 피하게 되었습니다. 심지어 밖에서 초인종 울리는 것도 공포를 느낄 지경이었습니다. 나는 완전히 열등감에 사로잡혀 있었습니다. 스스로 그것을 알아차렸으며 남편이 그것을 알까 봐 두려웠습니다. 그래서 남들 앞에 나갈 때는 일부러 화려한 차림을 하고 쾌활하게 행동했습니다. 하지만 의식적으로 과장된 행동을 한 후에는 마음이 예전보다 더 불쾌해졌습니다. 나중에는 살아가야 할 의미조차 잃어버리게 되어 자살까지 생각해 보았습니다."

그렇다면 무엇이 이 불행한 여자의 생활을 고쳐 주었을까? 그것은 우연히 들은 말 한마디 때문이었다고 얼레드 부인의 편지에서 밝히고 있다.

66 어느 날 시어머니는 어떻게 자녀를 길러냈는지를 말씀하셨습니다. '어떠한 일이 있던지 언제나 자식들에게 자기자신이 되라고 강조해 왔다.'고 말하였습니다. '무엇보다 더 자기자신이 되어야 해!' 바로 이 말이었습니다. 시어머니 말씀을 들으며 그 자리에서 나

의 머리에 문득 떠오른 것은 나의 모든 불행이 나에게 맞지 않는 틀에 내 자신을 억지로 맞추려고 하는 데 있다는 것을 깨달았습니다. 나는 하룻밤 사이에 마음을 고쳐먹고 스스로 자기자신이 되기를 결심하였습니다. 자신의 성격을 연구하였습니다. '나의 생긴 그대로'를 찾아보려고 애썼습니다. 장점을 발견하는 동시에 내 의상의 빛깔과 모양을 잘 연구하여 나의 몸에 맞게 만들었습니다. 더 나아가 친구도 사귀고 사회단체에도 가입하였습니다. 처음에는 작은 모임에 참가하였으나 나중에는 그들이 나에게 연설을 해달라고 부탁하게 되었습니다. 처음에는 두려움에 떨었으나 한두 번 해보니 용기가 생겼습니다. 물론 이렇게 되기까지 시간이 오래 걸렸지만, 전에는 꿈에도 생각해 보지 못할 만큼 행복해졌습니다. 지금 나의 자녀를 기르는 데도 나의 쓰라린 경험에서 얻은 교훈을 항상 잊지 않고 가르칩니다. 즉 '어떤 경우일지라도 언제나 자기 자신이 되어라!'라는 말을 가르치고 있습니다."

제임스 고던 길키 박사는 이처럼 자기 자신이어야 한다는 문제는, "역사와 같이 오래 되었고, 인간 생명과 같이 보편적이다."라고 말하고 있다. 자기 자신이 되기를 거부하는 것은 모든 신경증과 정신 이상, 강박관념의 잠재적 원동력이 되고 있다.

안젤로 패트리는 아동 교육에 관하여 13종류의 책을 쓰고 수많은 논문을 발표한 사람이었는데, 그는 '가장 비참한 인간은 자기의 몸과 마음속에 있는 자기 자신이 되려고 하지 않고, 그와 다른 사람이나 그와 다른 그 무엇이 되기를 원하는 사람이다.'라고 말하였다.

이처럼 자신과 다른 그 무엇이 되려는 사람들은 특히 할리우드에서 많이 볼 수가 있다. 할리우드에서 가장 이름난 영화감독 샘 우드는 그가 열성적인 젊은 배우들에게 '자기 자신이 되라고 충고하는 일이 가장 골치 아픈 일'이라고 말하였다. 그들은 모두 라나 터너의 이류, 클라크 케이블의 삼류가 되기를 원하고 있다. 그러나 우드 감독은 항상 그들에게 "대중들은 이미 그러한 배우에 대한 취미를 경험하였으므로 이제는 그와 색다른 무엇을 요구하고 있다."고 말하고 있다.

우드 감독은 《굿바이 미스터 칩스》, 《누구를 위하여 좋은 울리나》 등의 영화를 감독하기 전까지 오랫동안 부동산 매매업에 관련된 일을 했기 때문에, 세일즈 맨의 요령을 잘 알고 있던 사람이다. 그런데 위에서 말한 사업의 원칙이 영화계에서 뿐만 아니라 사업계에서도 그대로 응용된다고 말한다. 단지 원숭이 흉내는 아무 도움도 되지 않으며, 결코 앵무새가 될 수도 없는 일이다. 그는 "내 경험에 의하면 자기 자신이 아닌 사람이 되려는 자는 될 수 있는 대로 얼른 해고하는 것이 최선이라는 것을 알았다."고 말하였다.

나는 소커니 베큐엄 석유회사의 인사부장 폴 보인튼 씨에게, 취업을 희망하는 자들이 범하는 가장 큰 실수가 무엇이냐고 물어본 일 있다. 그는 이미 6만 명 이상의 취업 희망자 면접을 담당했으며, 《취업하는 여섯 가지 방법》이라는 책을 쓴 사람이기 때문이다.

"취업을 희망하는 자들이 범하는 가장 큰 실수는 자기 자신이 되려고 하지 않는 데 있습니다. 그들은 침착하고 솔직한 말을 하려고 하지 않고, 흔히 면접자의 비위만 맞추려고 합니다."

그러나 자신이 아닌 것처럼 행동하는 것은 아무 소용이 없는 일이다. 왜냐하면 아무도 가짜를 원하지 않기 때문이다. 위조지폐를 가지려는 사람은 한 사람도 없다.

그러면 여기서 좋은 실례를 하나 들어보기로 하자. 어떤 전차 차장의 딸이 오래 노력한 끝에 그러한 교훈을 얻었다. 그녀는 가수 지망생이었는데 그녀의 얼굴이 가수를 하기에는 적합하지 않은 것이 흠이었다. 그녀는 입이 크고 이빨이 앞으로 뻐드러져 있는 뻐드렁니였다. 그녀가 뉴저지 나이트클럽에 모인 대중 앞에서 처음으로 노래할 때 그녀는 윗입술로 뻐드렁니를 가리려고 애쓰고 있었다. 그녀는 이빨을 가리고 매력적인 몸동작을 취해 보았지만, 결과는 도리어 웃음거리가 되었고 그녀의 꿈이 실패로 돌아갈 찰나였다.

그런데 나이트클럽에서 그녀의 노래를 듣고 가수로서 성공할 자질이 있다고 생각한 남자가 있었다. 그는 직접 그녀에게 다가가 "나는 당신의 제스처를 보고 당신이 무엇을 감추려고 하는지 알았소. 당신은 뻐드렁니를 부끄러워하는 거죠?"하고 물었다. 그녀는 무안해했다. 그러나 남자는 그대로 말을 이었다.

"뻐드렁니가 무슨 관계가 있다는 말이오. 뻐드렁니를 가진 것이 무슨 죄가 될 것이 있소. 절대로 그것을 감추려고 하지 말고 입을 크게 벌리시오. 그러면 청중은 부끄러워하지 않는 당신의 자신감 있는 태도를 보고 당신을 칭찬할 것이오." 그는 또 격려하는 말로, "당신이 감추려고 하는 그 이빨이 당신의 팔자를 고쳐 줄지도 모르오."라고 말하였다.

캐스 달리는 이 남자의 충고에 따라 자기의 뻐드렁니를 의식하지 않게 되었다. 이때부터 그녀는 청중만을 생각하였다. 가능하면 입을 크게 벌려

명쾌한 태도로 노래를 부르기 시작하여, 영화와 라디오에서 대스타가 되었다. 다른 희극 배우들은 도리어 이 캐스 달리의 흉내를 내려고 하고 있다.

유명한 윌리엄 제임스가 보통 사람은 자기의 숨은 정신적 능력을 10%밖에 발휘하지 못한다고 말한 것은 바로 이 자기 자신을 발견하지 못하는 사람들을 두고 한 말이다. 그는 다음과 같이 말하고 있다.

> 66 우리는 자기가 타고난 인물의 그릇을 겨우 절반밖에 채우지 못하고 있다. 우리는 육체·정신적 능력의 극히 일부만을 이용하고 있다. 이것을 대체로 보면 인간은 자기 자신의 한계보다 훨씬 멀리 떨어져 생활하고 있다. 사람은 여러 종류의 힘을 가지고 있건만 관습적으로 그것을 이용하지 못하고 있다."

우리는 모두 무한한 능력을 가지고 있다. 그러므로 우리가 남과 같지 않다고 해서 잠시라도 걱정할 필요는 없다. 그대는 이 세상에서 새로운 그 무엇이다. 세상이 처음 생길 때부터 오늘에 이르기까지 그대와 똑같은 사람은 단 한 명도 없으며, 앞으로 수억 년을 가더라도 그대와 똑같은 사람은 역시 하나도 나오지 않을 것이다.

실험 유전학의 새로운 과학에 의하면, 당신은 아버지에게서 받은 23개의 염색체와 어머니에게서 받은 23개의 염색체로 이루어진 것으로써, 이 46개의 염색체가 그대의 유전을 결정한 모든 요소이다.

그리고 앰런 샤인펠트는 이렇게 말했다.

66 각 염색체 속에는 어느 부분을 막론하고 수십 개로부터 수백 개에 이르는 유전자가 있는데 경우에 따라 그 한 개의 유전자가 한 인간의 전 생명을 변경시킬 수 있다. 우리의 몸은 이렇게 놀라울 정도로 위대하게 만들어져 있다."

어머니와 아버지가 만나 결혼한 이후에도 당신과 같이 지정된 한 인간이 태어나게 되는 확률은 300조의 단 한 번의 기회가 있을 뿐이다. 다시 말하면 그대가 300조 명의 형제자매가 있다 해도 그대를 빼놓고는 전부 그대와 다를 것이다. 이것은 결코 나의 주먹구구에서 나온 이야기가 아니고 과학적 사실에 의하여 증명된 것이다. 그러므로 그대는 우선 그대 자신이 되라.

어빙 벌린이 고(故) 조지 거쉰에게 말한 현명한 충고에 따라 행동하라. 벌린이 처음 거쉰을 만났을 때 벌린은 이미 유명한 작곡가가 되어 있었고 거쉰은 뒷골목에서 일주일에 35달러를 받고 일하는 가난하고 젊은 작곡가였다. 벌린은 거쉰의 재주에 감격하여 당시 거쉰이 받던 급료의 거의 3배나 되는 보수를 주고 자기의 음악 비서가 되지 않겠느냐고 권해 보았다. 그리고 벌린은 이렇게 충고를 하였다.

"그대는 이 직업을 가지지 말게, 만일 이 일을 한다면 그대는 벌린 이류가 될 것이야. 그대가 어디까지나 자기 자신을 지켜나간다면 그대도 어느날 일류 거쉰이 될 수 있을 것일세."

거쉰은 이 충고를 귀담아 듣고 자기 자신이 되기를 꾸준히 노력한 결과 마침내 당대에 있어서 유명한 작곡가의 한 사람이 되었다.

찰리 채플린이 처음으로 영화계에 발을 디뎠을 때 영화 감독은 채플린에게 당시의 인기 있던 독일의 한 희극 배우를 흉내내라고 권고하였다. 그러나 찰리 채플린은 자신만의 독특한 캐릭터를 연기하여 세상에 널리 알려졌다. 밥 호프도 그와 비슷한 경험을 가지고 있다. 여러 해 동안 노래와 함께 춤을 추는 연극을 하였으나 아무런 성공을 거두지 못하였다. 그러다가 만담으로 자신의 독특한 개성으로 표현해내니 세상에 크게 알려지게 되었다.

윌 로저스는 수년 동안 아무 말 없이 희가극 연예장에서 로프만 꼬고 있었으나, 결국 남을 웃기는 자기의 독특한 재주를 발견하여 로프를 휘두르며 익살을 부리기 시작한 다음부터 비로소 이름을 날리게 되었다.

마리 마가렛 맥브라이드가 처음 방송을 하였을 때, 그는 아일랜드 희극 배우의 흉내를 내려다가 실패하였다. 그러나 자기가 생긴 그대로를, 즉 미주리주 태생의 시골뜨기 아가씨의 태도를 드러내자 그녀는 단숨에 뉴욕에서 가장 인기 있는 방송 배우가 되었다.

진 오트리가 처음 텍사스의 사투리를 감추려고 도시 청년이 입는 옷을 입어 마치 자기가 뉴욕 태생인 것처럼 행세하려 할 때 사람들은 등 뒤에서 그를 비웃었다. 그러나 한 번 밴조를 안고 카우보이의 민요를 부르자 진 오트리는 영화나 라디오를 통해 세계에서 제일 인기 있는 카우보이가 되었다.

나는 이 세상에 하나밖에 없는 유일한 사람이다. 그것을 기뻐하고 조물주가 내게 주신 것을 가장 적절하고 유효하게 이용하라. 결국 모든 예술은 자전적이다. 오직 나만의 노래를 부를 수 있고 나만의 그림을 그릴 수 있을 뿐이다. 내 경험과 나의 환경과 내 유전자가 만들어 놓은 나다운 내가 되어야만 한다. 좋거나 나쁘거나 나는 오로지 나 자신의 조그마한 정원을 가꿔야 할 것이며, 좋든 싫든 인생이라는 오케스트라에서 나 자신의 작은 악기를 연주해야 할 것이다.

에머슨은 《자기 신뢰》라는 수필에서 이렇게 말하고 있다.

> " 모든 사람의 교육에 있어서 반드시 다음과 같은 신념에 도달하는 때가 있다. 즉 질투는 무지의 소치이며, 모방은 자살 행위이다. 그러므로 좋든 싫든 자기 자신을 주어진 운명으로 받아들인다면 아무리 넓은 우주에서도 자신의 곡식은 자기에게 주어진 좁은 땅에서 자기 스스로 노력하여 얻은 것밖에 없다는 사실을 알게 될 것이다. 자기에게 부여된 힘은 자연에 있어서 전혀 새로운 것이다. 따라서 자기가 할 수 있는 것을 아는 사람은 자기 자신 이외에 아무도 없다. 또한 자기가 실제로 시도해 보기 전에는 그것이 무엇인가를 알 수 없다."

시인 더글러스 말록은 이렇게 말했다.

언덕 위에 소나무가 되지 못할진대
산골짜기의 잡목이 되어라.
그러나 시냇가의 키 작은 아름다운 나무가 되어라.
나무가 되지 못하거든, 덩굴이 되어라.

그대 만일 덩굴이 될 수 없거들랑,

한 주먹 작은 풀이 되어 큰길을 아름답게 할지어다.

그대 만일 노루의 사향이 되지 못한다면 갈대가 되어라.

그러나 호수에서 가장 생생한 갈대가 되어라.

모두가 선장이 못 되거든

선원이 되어라.

그대들은 이곳에서 제각기 할 일이 있나니,

어떤 것은 큰 일이오, 어떤 것은 작은 일이로되

그대들이 해야 할 과업은 가까운 곳에 있느니라.

큰 길이 되지 못하거든 작은 길이 되어라.

태양이 못 되거든 별이 되려므나.

그대의 성공과 실패는 크고 작은 데 있는 것이 아니니

무엇이 되든지 가장 좋은 것이 되어라.

우리에게 평화를 가져다주고 걱정 근심을 물리쳐 주는 우리의 심적 태도를 기르는 데는 다음과 같은 제5의 법칙이 있다.

남을 모방하지 말라, 자기 자신을 발견하고 자기 자신이 되어라.

레몬이 있으면 그것으로 레몬주스를 만들어라

이 책을 쓰는 동안, 나는 시카고 대학의 로버트 메니너드 허친스 총장을 방문하여 어떻게 걱정 근심을 잊고 지내느냐고 물어본 일이 있다. 그는 "나는 언제나 시어스 로벅 회사의 사장이었던 줄리어스 로젠월드가 나에게 한 한 마디의 충고, 즉 '레몬이 있으면 그것으로 레몬주스를 만들어라(when you have a lemon, make a lemonade)'는 말을 실천하기에 힘쓰고 있다"라고 말하였다. (레몬은 과일 이름 이외에도 나쁜 물건이라는 의미도 된다. 그러므로 여기에서 나쁜 물건을 가지거든 좋은 물건으로 만들라 ─ 전화위복(轉禍爲福)하라는 말이다.)

위대한 교육자는 이와 같이 실천하고 있다. 그럼에도 불구하고 어리석은 인간들은 이와 정반대로 행동한다. 자기에게 나쁜 일이 닥쳐왔을 때는 모든 것을 단념하고, '할 수 없다. 이것이 운명이다. 나에게는 좋은 기회가 돌아오지 않는다!'라고 말을 하며 오로지 세상을 원망하고 자기를 가엾게 여기곤 한다. 그러나 지혜로운 사람은 나쁜 일을 당했을 때 이렇게 말을 한다.

"나는 이 불행에서 어떤 교훈을 배울 것인가? 어떤 방법으로 나의 처지를 개선할 수 있을까? 또 어떻게 하면 레몬을 레몬주스로 만들 수가 있을 것인가?"

위대한 심리학자 알프레드 아들러 씨는 그의 일생을 통해 인간과 그의 잠재력에 관한 연구를 한 나머지, "인간의 참으로 알 수 없는 위대한 특징 중 하나는 마이너스를 플러스로 만드는 그들의 힘이다."라고 말하였다.

이 말처럼 마이너스를 플러스로 바꾼 사례가 있다. 내가 알고 있는 그녀의 재미있고 동기부여를 일으키는 사례를 소개해보겠다. 그녀의 이름은 델마 톰슨으로 뉴욕에 살고 있다. 그녀의 경험담은 다음과 같다.

전쟁 중 남편은 캘리포니아의 모제이브 사막 근처에 있는 육군 훈련소에 배치되었습니다. 저는 남편과 가까이 있기 위하여 그곳으로 옮겨 갔습니다. 저는 그곳이 싫었습니다. 싫다는 것보다도 진저리가 났습니다. 일찍이 그와 같은 고생을 해본 적이 없었습니다. 남편이 작전으로 모제이브 사막에 나가는 명령을 받았을 때는 저는 조그마한 통나무집에 혼자 남아 있게 되었습니다. 날은 무섭게 더워서 선인장 응달까지도 50도가 넘었습니다. 말동무라고는 멕시코 사람과 인디언뿐이었고 그들은 영어를 몰랐습니다. 바람은 쉴새 없이 불어와 제가 먹는 음식은 물론 숨 쉬는 공기까지도 모래투성이가 되기 일쑤였습니다.

저는 너무도 고생스럽고 견딜 수가 없어서 저의 친정 부모님께 모든 것을 다 내버리고 집으로 돌아가겠다는 편지를 보냈습니다. 일 분 일 초도 더 참을 수가 없다는 말과 이렇게 살 바에는 차라리 감옥으로 가는 것이 낫겠다는 말까지 편지에 썼습니다. 이 편지를 받은 아버지는 단 두 줄의 글을 써서 답장을 보내왔습니다. 단 두 줄의 글! 이것이야말로 그 후 언제나 제 머리를 떠나지 않았을 뿐만 아니라 저의 생활 전부를 완전히 변경시켜 주었던 것입니다.

두 사나이가 감옥에서 창문으로 밖을 바라보았다.

한 사람은 척박한 땅을 바라보았고 또 한 사람은 어두운 밤하늘을 비추는 별을 바라보았다.

저는 이 두 줄의 글을 몇 번이나 읽어 보고 스스로 내 자신을 부끄러워하였습니다. 그때부터 현재의 환경에서 좋은 것을 발견하기로 결심했습니다. 즉 별을 보려고 노력했습니다. 원주민들과 친구가 되어 그들의 반응에 퍽 흥미를 느꼈습니다. 제가 그들의 편물과 도자기에 대해 흥미를 보이자, 그들은 일반 여행객들에게 팔지 않는 좋은 피륙을 제게 선물로 주곤 하였습니다. 저는 선인장, 난초, 여호수아 나무와 같은 기묘한 초목의 성장 과정을 연구했습니다. 초식동물 모르모트에 대해서도 알게 되었으며, 사막의 낙조도 감상하였을 뿐만 아니라, 그 사막이 바다의 밑바닥이었던 수천 년 전부터 남아 있는 조개껍질을 찾아보기도 했습니다.

그러면 무엇이 제게 이와 같은 놀라운 변화를 가져왔을까? 모제이브 사막도 변한 것이 없었고 인디언도 달라진 것이 없었습니다. 변한 것은 오직 제 자신뿐이었습니다. 저의 마음가짐이 달라진 것입니다. 저는 그와 같은 쓰라린 경험을 제 생활에서 가장 즐거운 모험으로 변화시켰습니다.

저는 제가 발견한 새로운 세상에 마음이 끌리어 흥분을 느꼈습니다. 너무 감격한 나머지, 그것을 소재로 해서 《빛나는 성벽(城壁)》이라는 소설을 썼습니다. 저는 자신이 만든 감옥의 창문을 통하여 별을 보았던 것입니다.

델마 톰슨 부인이여! 당신은 바로 그리스도가 탄생하기 500년 전에 그리스인들이 가르쳤던 오랜 진리, '가장 좋은 일은 가장 어렵다.'는 것을 발견했던 것입니다.

20세기의 해리 에머슨 포스틱도 "행복이란 대체로 쾌락에 있는 것이 아니라, 대개는 승리에 있는 것이다."라고 말하였다. 나는 언젠가 플로리다에서 독이 있는 레몬까지도 레몬주스로 만들었다고 하는 행복한 농부 한 사람을 찾아간 일이 있었다. 그가 처음으로 자기 농장에 발을 디뎠을 때 그는 퍽 실망하였다. 땅은 너무 메말라서 유실수도 심을 수 없었고 돼지도 기를 수 없는 형편이었다. 그곳에서 자랄 수 있는 것은 오직 작은 가시나무와 방울뱀뿐이었다. 그는 여기에서 한 가지 아이디어를 떠올렸다.

이토록 불리한 조건을 하나의 재산으로 만들어 보기 위하여 방울뱀을 가장 효과적으로 사용하려고 하였다. 누구나 놀랄 일이지만 그는 방울뱀 고기로 통조림을 만드는 사업을 시작하였다. 몇 해 전에 내가 이곳을 처음 방문하였을 때, 1년 평균 2만 명씩의 여행객이 방울뱀을 보려고 모여드는 것을 목격하였다. 그 방울뱀 이빨에서 빼낸 독은 항독용 독소를 만들기 위하여 수많은 실험소로 보내졌고, 방울뱀 가죽은 부인들의 구두와 핸드백을 만드는데 쓰려고 값비싼 값으로 매매되었다. 방울뱀 고기는 통조림으로 가공되어 전 세계로 수출되었다. 나는 그곳의 그림엽서 한 장을 사서 그 지방 우체국에서 친구에게 부쳤는데, 동네의 이름은 독 있는 레몬을 맛있는 레몬주스로 만든 이 농부를 기념하기 위하여 플로리다주 '방울뱀 동네'라는 이름으로 부르고 있었다. 나는 줄곧 여행하면서 정말로 '마이너스를 플러스로 바꾸는 힘'을 보여주는 많은 사람들을 볼 수 있었다.

《하느님을 배반한 열두 사람》이라는 책을 쓴 윌리엄 보리소는 이렇게 표현했다.

> 66 인생에서 가장 중요한 것은 이로운 조건에서 덕을 보는 것이 아니다. 그것은 아무리 어리석은 자도 할 수 있는 일이다. 참으로 중요한 것은 불리한 조건에서 이익을 보는 것으로써, 그것은 지혜를 요구하는 것이며, 따라서 슬기로운 사람과 어리석은 인간의 차이가 거기에서 나타난다."

보리소가 이런 말을 한 것은, 그가 철도 사고로 한쪽 다리를 잃은 뒤였지만 나는 두 다리를 모두 잃고 마이너스를 플러스로 만든 사람 하나를 알고 있다. 그는 벤 포트슨이다. 나는 그를 조지아주 아틀랜트의 어떤 호텔 엘리베이터 속에서 만난 일이 있다. 내가 엘리베이터에 들어서자, 나는 두 다리가 없는 사람이 바퀴 달린 휠체어에 앉아서 싱글벙글 웃고 있는 것을 발견했다. 엘리베이터가 내릴 층에 도착하자 내게 아주 유쾌한 말투로, 한쪽으로 비켜 달라고 부탁하면서 '수고스럽게 해서 대단히 미안합니다.'라고 말하였다. 그가 이 말을 할 때 은근하고 친절한 웃음이 그의 얼굴을 스쳐 지나갔다.

나는 엘리베이터에서 내려서 내 방으로 들어간 후에도 이 유쾌한 친구 인상이 내 머릿속에서 지워지지 않아 그를 찾아서 이야기를 들어보았다. 그는 미소 띤 얼굴로 다음과 같이 이야기하였다.

"오래 전에 일어난 일이었습니다. 저는 정원의 강낭콩 밭에 울타리를 만들기 위하여 호두나무를 베러 나갔습니다. 잘라낸 나무토막을 포드 차에 싣고 집으로 돌아오는 도중이었습니다. 그때 별안간 나무통 하나가 굴러떨어져 급히 자동차 핸들을 옆으로 바싹 틀었는데, 핸들이 말을 듣지 않았습니다. 순간 제 자동차가 언덕 아래로 굴러떨어졌고 저는 나무와 부딪쳤습니다. 이 사고로 저는 척추를 다쳐서 두 다리가 못 쓰게 되었습니다. 그때 제 나이가 스물네 살이었고 그 후 줄곧 저는 한 발자국도 떼어 놓을 수가 없었습니다."

겨우 스물네 살 때 평생 바퀴 달린 의자를 타라는 선고를 받다! 나는 그에게 어떻게 그것을 용감하게 참아낼 수 있었느냐고 물어보았다. 그는 "처음에는 어려웠다."고 대답하였다. 처음에는 화를 내고 몸부림을 쳤으며 자기 운명을 저주했다고 말하였다. 그러나 세월이 흘러가면서 그런 반항이 오히려 자신을 괴롭힐 뿐이라는 것을 깨달았다.

"저는 마침내 다른 사람이 제게 배려와 친절을 베푼다는 사실을 알았고, 저도 다른 사람에게 친절을 베풀어야 한다고 생각했습니다."

내가 그에게 한참 시간이 지난 지금에 와서 생각해 보면, 그 사건을 역시 불행한 사고로 생각하느냐고 물었더니 그는 이렇게 대답하였다.

"아닙니다. 이제는 차라리 그것이 다행이었다고 생각하고 있습니다."

그는 사고의 충격과 슬픔에서 서서히 회복되면서 새로운 생활을 하기로 했다. 그는 문학에 대한 취미를 기르기 시작하여, 14년 동안 적어도 1,400권의 서적을 읽었다. 독서 이후 그의 앞에 새로운 세상이 전개되었고, 그의 생활은 사고 이전에 상상도 못했을 만큼 풍부한 생활을 하게 되었다고 한다. 그는 좋은 음악을 듣기 시작하여 음악에 대한 소양도 깊어졌다. 그러나 무엇보다도 가장 큰 변화는 사물에 대해 생각할 시간을 갖게 되었다는 점이다.

"난생처음 이 세상을 바로 보고 진정한 가치를 발견할 수 있게 되었습니다. 제가 예전에 애써서 얻으려고 했던 모든 것이 대부분 전혀 가치가 없는 것이었다는 사실을 깨달았습니다."

독서를 통해 그는 정치에도 흥미를 갖게 되었고 공공문제를 연구하게 되었으며, 휠체어를 타고 다니며 연설을 하기 시작하였다. 그는 국민을 이해하고 국민도 그를 이해하게 되었다. 마침내 이 벤 포트슨은 역시 바퀴 달린 의자에 앉은 채 조지아주 국무담당관이 되었다.

내가 35년간에 걸쳐 뉴욕 시에서 성인 교육에 종사하는 동안 새로운 사실을 알아냈다. 성인 학생들이 가장 안타까워하는 것이 대학에 진학하지 못한 점이라는 것이다. 그들은 대학교육을 받지 못한 것을 커다란 핸디캡이라고 생각하고 있었다. 그러나 나는 반드시 그렇다고 생각하지 않는다.

왜냐하면 나는 고졸이지만 크게 성공한 수많은 인물을 알고 있기 때문이다. 나는 가끔 학생들에게 초등학교도 마치지 못한 인물 이야기를 들려준다. 그 사람은 몹시 가난한 가정에서 자라났다. 그의 아버지가 돌아가셨을 때 아버지의 친구들이 돈을 모아서 관을 사서 장례를 치르게 했고, 그의 어머니는 남편이 죽은 후 우산공장에서 하루 10시간씩 일을 하거나 밤 11시까지 야근을 하기도 하였다.

이런 환경에서 자라난 그 소년은 가까운 교회 클럽에서 공연되는 연극에 출연할 기회가 있었다. 그는 연극에 참여하면서 대중 앞에 서는 것에 재미를 붙여서 대중 연설을 공부하기 시작하였고 이것이 동기가 되어 정치계에 발을 내디디게 되었다.

그가 30세가 되었을 때 그는 뉴욕 주의원으로 뽑혔다. 그러나 그는 주의원 직책을 수행하기에는 너무 기초 지식이 없었다. 사실상 그 당시 자신은 아무것도 몰랐다고 고백하였다. 그는 찬반 투표를 해야 할 상황하고, 길고 복잡한 법안을 연구하여 보았으나 도무지 알 길이 없었다는 것이다. 그는 한 번도 수풀 속에 발을 디뎌보지 못한 채 산림법 위원이 되었고, 은행과 거래해본 적도 없었으나 주립 은행법 조사위원회의 위원으로 선출되어 애를 태운 경험이 있었다.

자기가 너무 아는 지식이 없어서 주의회 의원직을 사임할까 생각했으나 자기 어머니에게 차마 말을 꺼내기가 부끄러워서 실행하지 못했다고 말했다. 그 후 그는 새로운 배움에 도전하였다. 하루에 16시간씩 공부하여 '무지(無知)라는 레몬을 지식의 레몬주스'로 만들었다. 그렇게 공부함으로써, 그는 한 지방 정치가로부터 전 국민의 주목을 받는 존재로 부상하였다. 동시에 〈뉴욕 타임스〉지에서 그를 인터뷰하며 '뉴욕에서 가장 사랑을 받고 있는 시민'이라고 표현할 만큼 유명인이 되었다.

내가 지금까지 말한 것은 알 스미스 씨에 관한 이야기이다.

알 스미스가 정치적인 교육을 독학한 지 10년이 지나자, 그는 뉴욕주의 정치에 대한 가장 최고의 전문가가 되었다. 그는 뉴욕지사로서 아무도 경험하지 못한 네 차례의 임기를 성공적으로 마쳤으며, 1928년에는 민주당 대통령 후보로 출마하였고 콜롬비아와 하버드를 포함한 6개 유명한 대학에서 초등학교도 졸업하지 못한 그 사람에게 명예 학위를 수여하였다.

"내가 만일 하루에 16시간씩 힘써 배워서 마이너스를 플러스로 만들지 않았다면 이와 같은 결과는 얻지 못하였을 것입니다."

니체의 초인(超人)에 관한 법칙에도, "궁핍을 참고 견딜 뿐만 아니라, 그것을 사랑하는 자가 진정한 초인이다."라고 했다. 성공한 사람들의 경력을 연구하여 보면 볼수록 그들이 불리한 조건에서 출발함으로써 그것을 극복하려고 노력했기 때문에 큰 성공을 거두었다는 것을 확신할 수 있었다.

윌리엄 제임스가 말한 바와 같이 "우리의 약점, 그것이 의외로 우리를 돕고 있다"는 것은 바로 이를 가리키는 말이다. 과연 그렇다. 밀턴은 그가 눈이 멀었기 때문에 더 좋은 시를 썼을 것이오. 베토벤은 그의 귀가 들리지 않았기 때문에 더 나은 곡조를 만들었을 것이다. 헬렌 켈러의 찬란한 생애는 '장님과 귀머거리, 벙어리'라는 그의 핸디캡을 극복해내는 과정에서 커다란 성공을 이루는 것이 가능했을지도 모른다.

차이콥스키가 만일 그의 비극적인 결혼 생활으로 실망과 낙담으로 거의 자살할 지경에 이르지 않았다면, 만일 그 자신의 생활이 그만큼 비참하지 않았다면, 아마 저 불후의 명작《비창(悲愴)》을 작곡하지 못하였을 것이다. 도스토예프스키와 톨스토이도 고난의 생활을 하지 않았다면 아마 위대한 소설을 쓰지는 못했을 것이다. "내가 만일 그처럼 병약한 사람이 아니었다면, 내가 실지로 한 바와 같이 그렇게 많은 일은 하지 못했을 것이다."라고 한 과학자가 말했다. 그는 지구상의 생명에 관한 과학적 개념을 근본적으로 변경시킨 찰스 다윈이 한 말이다. 이것은 찰스 다윈이 자기의 핸디캡이 오히려 자기를 도와주었다는 사실을 스스로 고백한 말이다.

다윈이 영국에서 출생한 바로 그날, 미국 켄터키주에서는 숲속의 조그마한 통나무 집에서 태어난 아기가 있었다. 이 아이도 역시 그가 가진 약점의 도움을 받았다. 그의 이름은 바로 에이브러햄 링컨이다. 에이브러햄 링컨이 만일 상류층 귀족 집에서 자라나 하버드 대학에서 법학사의 학위라도 받고 행복한 결혼 생활을 했더라면, 그가 게티스버그에서 불멸의 성공을 거둔, 영원히 잊지 못할 연설을 하지 못했을지도 모른다. 또한 제2차 대통령 취임식에서 말한 가장 고귀하고도 아름다운 말을 떠올리지 못했을지도 모른다. "그어느 누구에게도 악의를 품지 말며 만인에게 자애를……"라는 시(詩)의 구절이 그의 마음속에서 우러나오지는 못하였을 것이다.

해리 에머슨 포스딕은 그의 저서 《사물을 꿰뚫어 보는 힘》이라는 책에서 이렇게 말했다.

> 66 인생을 살아가며 우리가 되새겨볼 말이 있는데, 그 중 스칸디나비아에는 '폭풍이 바이킹(8세기로부터 10세기에 이르기까지 유럽 서해안을 침략하였던 북유럽 사람들)을 만든다.'라는 말이 있다. 이것은 우리 생활에 대한 격려로 받아들일 수 있다. 안전하고 유쾌한 생활이나 어려움이 없는 만족하고 평이한 환경이 인간을 선량하게 만들고 우리를 행복하게 만든다는 관념은 사실인가?
>
> 이와 반대로 자기를 불쌍히 여기는 사람은 부드러운 자리에 누워서도 언제나 자기를 가엾게 여긴다. 역사를 통하여 알 수 있듯이 인간이 자신을 확실하게 책임질 수 있을 때 행복은 선악을 불문하고 온갖 상황에 직면한 사람들에게 찾아오는 것이다. 그러므로 우리는 폭풍이 바이킹을 만든다는 말을 다시 한번 되새겨보자."

설혹 우리의 실망이 너무 커서 도저히 우리의 레몬을 레몬주스로 만들 수 없는 절망스러운 상황이라고 생각해 보자. 그래도 우리는 하여간 노력해야 할 두 가지 이유가 있다. 즉, 우리는 무엇이든 시도한다면 얻을 수는 있어도, 잃을 것이 없는 두 가지 이유이다.

첫째, 우리는 성공할는지도 모른다.

둘째, 설령 우리가 성공하지 못하더라도, 단순히 마이너스를 플러스로 만들려고 하는 그 의욕만으로도 우리는 뒤를 돌아보지 않고 앞을 내다보게 될 것이다. 마음가짐에 따라 부정적인 생각이 긍정적인 생각으로 변화된다. 또한 긍정적인 생각이 창조적인 에너지를 발생시켜서 우리를 바쁘게 만듦으로써, 과거에 있었던 일이나 영원히 지나간 일을 슬퍼할 시간도 없고 고민할 필요도 없게 만들어준다.

세계적으로 유명한 바이올리니스트 올레 불이 파리에서 연주할 때 별안간 바이올린의 A줄이 끊어졌다. 그러나 그는 아무렇지 않은 태도로 나머지 세 줄로 연주를 무사히 마쳤다. "그것이 인생이다. A현이 끊어져도 나머지 세 개의 현으로 무사히 연주를 끝내는 것이 인생인 것이다." 이것은 해리 에머슨 패스딕의 말이다. 이러한 인생이야말로 단순한 인생 그것이 아니요, 인생 이상의 인생인 것이며 승리의 인생인 것이다.

내가 만일 그렇게 할 수만 있다면 나는 윌리엄 보리스의 아래와 같은 말을 영구 불변하는 동판에 새겨 모든 초등학교마다 그것을 걸어 놓고 싶다.

 인생에서 가장 중요한 것은, 이익을 자본으로 만드는 일이 아니다. 그것은 아무리 어리석은 자라도 할 수 있는 일이다. 참으로 중요한 일은 불리한 조건에서 이익을 올리는 것이다. 그것은 지혜를 요구하는 것이며, 따라서 슬기 있는 사람과 어리석은 인간의 차이가 거기에 있는 것이다."

우리에게 평화와 행복을 가져오는 우리의 정신적 태도를 기르기 위한 다음과 같은 여섯 번째 법칙은 다음과 같다.

운명이 우리에게 레몬을 주거든 그것으로 레몬주스를 만들자.

우울증 해소법

내가 이 책을 쓰기 시작할 때, 나는 200달러의 상금을 걸고 〈나는 걱정을 이렇게 극복했다〉는 제목으로 가장 도움이 되고 감격적인 실화를 모집한 일이 있었다. 여기에 응모한 실화 중, 두 편의 이야기는 어떠한 차이를 발견할 수 없을 정도로 똑같이 훌륭하였기 때문에, 우리는 상금을 두 사람에게 똑같이 나누어 준 적이 있다.

첫 번째 실화는 다음과 같다.

"나는 아홉 살에 어머니는 집을 나가셨고, 열두 살이 되어서 아버지를 사고로 잃었습니다. 나의 아버지는 죽어서 작별하였지만, 어머니는 어린 누이동생 두 명을 데리고 나가서서 그 후 한 번도 만나보지 못하였습니다. 아버지는 어머니가 집을 나간 지 3년 후, 자동차 사고로 세상을 떠났습니다. 사고 당시 아버지는 아버지와 함께 카페를 경영하던 동업자가 아버지의 출장 중에 카페를 팔아먹었기 때문에, 다른 친구로부터 '빨리 돌아오라.'는 전보를 받고 서둘러 급히 돌아오던 중 캔사스주 살리나스 지방에서 자동차 사고로 세상을 떠났습니다.

부모를 잃은 나와 나의 어린동생은 누구에게 의지할 곳이 없이 거리를 방황하고 있었습니다. 우리는 고아라는 소리를 듣고 고아처럼 대접을 받는 것이 무섭고 괴로웠습니다. 그러나 우리의 공포는 얼마 안 되어 현실화되고 말았습니다. 나는 한동안 내가 살던 동네의 어떤 가난한 가정에 들어가 살았으나 불경기가 계속되었고 또 주인이 직업을 잃었기 때문에 나를 먹여 줄 수가 없게 되었습니다.

그러는 동안 로프틴이라는 늙은 부부가 시내에서 10마일 떨어져 있는 그들의 농장에 나를 데려다 살게 하였습니다. 로프틴 노인은 70세가 된 분으로서 대상포진으로 병석에 누워 있었는데, 내가 '거짓말을 하지 않고, 도적질을 하지 않고, 말을 잘 듣는다면' 한집에 같이 살 수가 있다고 말하였습니다.

이 세 가지 조건은 나에게 〈성경〉과 같이 인식되어 반드시 그것을 꼭 지켰습니다. 나는 학교에 다니기 시작하였으나 일주일 동안은 집에 돌아올 때마다 어린아이처럼 울었습니다. 다른 아이들이 나의 큰 코를 조롱하며 나를 '벙어리니, 거지새끼니' 하거나 아비 없는 자식이라고 놀렸습니다. 나는 너무 분하여 싸우려 하였으나, 나를 맞아 준 농부인 로프틴 노인은 '언제나 싸움을 피하는 사람이 싸움을 하는 사람보다 더 큰 용기가 필요하다.'라고 하였습니다. 나는 나를 놀리는 놈들을 때려줄 수 없어서 매우 속상했습니다. 그러던 어느 날 한 놈이 학교 뒤에 있는 닭 사육장에 있는 닭똥을 한 움큼 집어와 내 얼굴에 뿌렸습니다. 나는 화가 폭발하여 힘껏 그놈을 두들겨 패주었습니다. 이 일을 계기로 몇 명의 친구들도 사귀게 되었는데, 그들은 모두 그놈이 잘못한 것이라고 나는 위로해주었습니다.

나는 로프틴 노인이 나에게 사준 모자를 자랑스럽게 생각하며 쓰고 다녔습니다. 그런데 어느 날 나이 많은 여학생이 모자를 툭 쳐서 떨어트린 후, 모자에 물을 가득 담아서 못 쓰게 만들어 놓았습니다. 그 여학생은 나에게 '너 같은 큰 돌머리는 적셔야 해. 머리가 잘 돌아가도록 말이야.'라고 놀렸습니다. 이런 일을 겪을 때마다 학교에서는 절대로 울지 않았으나 집에 돌아와 울곤 하였습니다. 그럴 때마다 로프틴 부인은 나를 위로하고 달래주었습니다. 그 후 점차 걱정과 근심이 사라졌으며 적도 친구로 만들 수 있었습니다. 그녀는 나에게 이렇게 말했습니다.

'랄프! 네가 만일 다른 아이들에게 관심을 가지고 될 수 있는 한 그 아이들을 도와준다면 그들은 절대로 너를 놀리거나 거지새끼라고 부르지 않을 거야.'라고 말하였습니다. 나는 그 부인의 충고에 따랐고 힘껏 공부하였습니다. 그래서 반에서 1등을 했으나, 내가 다른 아이들을 도와주었기 때문에 그들의 시기를 받지 않았습니다. 나는 다른 아이들을 위해 작문숙제를 도와주었고 연설문도 써 주거나, 혹 어떤 아이에게는 토론 문제 전부를 만들어 주기도 하였습니다. 어떤 아이는 내가 자기를 도와주는 것을 다른 아이가 알까 봐, 자기 어머니에게는 들에 쥐를 잡으러 간다고 거짓말하고 와서 로프틴 농장으로 찾아와 문 앞에 개를 매어두고 나에게서 공부를 배웠습니다. 나는 남학생의 숙제를 대신 해주기도 했고, 며칠에 걸쳐서 여학생의 수학 숙제를 도와주기도 했습니다.

그때 마침 우리 마을에 죽음의 신이 방문했습니다. 연로한 농부 두 사람이 세상을 떠났고, 어떤 여인은 남편에게 버림을 받았습니다. 그래서 4가구 중에 남자라고는 나 하나밖에 없었습니다. 나는 3명의 과부들을 2년 동안이나 도와주었습니다. 나는 학교에서 돌아오자마자 그들의 농장에 들러 풀도 뽑아주고, 소젖도 짜주며, 가축에게 물도 먹였습니다. 그러자 마을 사람들 모두 나를 귀여워했으며 친구로 대해주었습니다.

몇 년 후 내가 해군서 제대하고 집에 돌아왔을 때, 그들은 진심으로 나를 반겨 맞이해 주었습니다. 내가 집에 돌아오던 첫날 무려 200명의 농부가 나를 반겨 맞이해 주었으며, 그중에 나를 80마일이나 차에 태워다 준 사람도 있을 정도로 나에 대한 그들의 관심이 지극히 컸습니다. 나는 다른 사람들을 돕기에 바빴고 걱정 근심을 하지 않을 뿐만 아니라, 그 후 13년간 한번도 '아비 없는 자식'이라는 말을 들어 본 적이 없습니다.

장하다. 버튼 씨 만세! 그대는 지금 친구를 얻는 방법뿐만 아니라, 걱정 근심을 정복하고 인생을 즐기는 법까지 한꺼번에 알았도다! 워싱턴주 시애틀에 살던 프랭크 루프 박사도 이와 같은 방법을 사용하였다. 박사는 33년간이나 관절염으로 병석에 누워 있었다. 〈시애틀 스타〉지의 스튜어드 화이트 하우스 씨가 나에게 편지를 보내왔다.

"나는 때때로 루프 박사를 여러 번 방문하여 이야기를 나누었다. 세상에서 그 분처럼 이타적이며 인생을 잘 사는 사람을 일찍 보지 못하였노라."는 말이 적혀 있었다.

병석에서 신음하는 루프 박사가 어떻게 그와 같이 인생을 즐길 수 있었을까? 우리는 여기에서 두 가지 방법을 생각하여 볼 수 있다. 즉, 그가 불평을 늘어놓고 세상을 원망해서일까? 아니다. 그러면 그가 스스로 슬퍼하고 세상 사람의 동정을 구하는 것일까? 아니다. 그것도 아니다. 박사는 영국 황태자 같은 태도로 '나는 봉사한다.'는 말을 좌우명으로 삼았기 때문에 인생을 즐길 수 있었던 것이다.

박사는 다른 환자들의 주소와 성명을 적은 주소록을 만들어 그들에게 즐겁고 기운나는 편지를 써 보냄으로써, 그들을 격려하고 자기도 위로하였던 것이다. 사실상 그는 환자를 위해 편지 쓰는 클럽을 조직하여 환자끼리 서로 편지를 써 보내게 하였는데, 나중에는 환자협회라는 전국적인 기관이 만들어졌다. 그는 병석에 누워서 1년 동안에 1,400통의 편지를 썼으며 라디오와 책을 환자에게 소개함으로써 수천 명의 환자에게 즐거움을 선사하였다.

위대한 정신과 의사인 알프레드 아들러 박사는 우리에게 매일 좋은 일을 하라고 권하고 있다. 그러면 좋은 일이란 무엇을 말하는 것일까? 예언자 마호메트는 말하였다. '좋은 일이란 남의 얼굴에 기쁜 웃음을 가져오게 하는 일이다.'라고.

어째서 매일 좋은 일을 하는 것이, 그것을 하는 사람에게 그와 같은 놀라운 영향을 미칠 수 있는 것일까? 남을 기쁘게 하려는 생각으로 말미암아 자기 자신을, 즉 걱정과 공포심과 우울증을 일으키는 바로 그 자체를 잊어버리게 되기 때문이다.

뉴욕에서 비서 양성소를 경영하고 있는 윌리엄 T. 문 여사는, 자신의 우울증을 고치기 위하여, 남을 기쁘게 해주는 방법을 배우는 데 2주일도 걸리지 않았다. 여사는 알프레드 아들러보다 한 걸음, 아니 열세 걸음을 더 나아갔다. 그는 하루 만에 두 명의 고아를 기쁘게 해주는 방법을 생각함으로써, 그의 우울증을 14일 동안이 아니라 단 하루 동안에 고쳤다.

문 여사는 그 이야기를 이렇게 들려주었다.

"지금으로부터 5년 전 12월의 일입니다. 그때 나는 슬픈 생각과 자기연민의 감정에 사로잡혀 있었어요. 여러 해 동안 행복한 결혼 생활을 한 후 나의 남편이 먼저 세상을 떠났죠. 크리스마스가 가까워지자 마음은 더욱 슬퍼졌어요. 그때까지 혼자 크리스마스를 맞이한 적이 없었기 때문에 도리어 무서웠던 거죠. 혹 친구 중에 크리스마스를 함께 지내자고 나를 초대한 사람도 있었으나, 도무지 유쾌한 마음으로 응할 수가 없었습니다. 또 어떤 모임에 가더라도 오히려 흥이 깨질 것만 같아 친절한 초대를 거절하였습니다.

크리스마스 저녁이 가까워지자 더욱 자신이 불쌍하단 생각이 들었습니다. 나는 크리스마스 전날 오후 3시에 사무실을 나와서, 슬픔과 우울을 떨쳐 버리려고 정처 없이 길을 걸었습니다. 거리는 활기차고 행복한 사람들로 가득차 있었어요. 오히려 과거에 행복했던 추억이 되살아나면서, 혼자서 쓸쓸하고 텅 빈 아파트로 돌아갈 생각을 하니 견딜 수가 없었어요. 마음이 어지러워 어쩔 줄을 몰랐고 흐르는 눈물을 억제할 수가 없었습니다.

약 한 시간쯤 거리를 걸어가다가 문득 버스 종점에 다다랐다는 사실을 깨달았습니다. 전에 남편과 내가 호기심으로 가끔 낯선 버스를 타고 다니던 생각이 떠올라서, 나는 버스정거장에서 첫 번째 만난 버스를 잡아탔습니다. 허드슨 강을 건너 얼마 가노라니 차장이 '아주머니, 종점이에요. 내리세요.'라고 소리쳤습니다. 나는 차에서 내렸는데, 그 동네가 어딘지 전혀 알지 못하였습니다. 고요하고 평화스러운 조그마한 동네였습니다. 나는 집으로 가는 다음 버스를 기다리는 동안 주변 주택가를 둘러보기로 했어요.

어떤 교회 앞을 지나려는데, 그 안에서 〈고요한 밤 거룩한 밤〉의 아름다운 음악 소리가 들려왔습니다. 선율을 따라 교회 안으로 들어서니, 텅 빈 교회 안에는 오르간을 치는 사람만 있었어요. 저는 소리 없이 가만히 의자 한쪽에 앉았습니다. 화려하게 장식해 놓은 크리스마스 트리에서 비추는 불빛은 마치 무수한 별이 달빛 속에 헤엄치고 있는 것 같았습니다. 아침부터 종일 아무것도 먹지 않은 나는 은은하게 흐르는 음악 소리를 듣자, 소리에 취하여 사르르 졸음이 몰려왔습니다. 피로하고 고단한 나는 그만 잠이 들어버리고 말았죠.

얼마 후 내가 잠에서 깨어났을 때 나는 잠시 동안 거기가 어느 곳인지 알아차리지 못했습니다. 나는 문득 무서움이 엄습해왔지요. 크리스마스 트리를 구경하러 들어온 것으로 보이는 아이 두 명이 있었어요. 그 중에 한 아이가 나를 가리키며 '저기 산타클로스 할아버지가 저 아주머니를 여기로 데려왔나 봐.'하고 말했어요. 그 아이들도 내가 잠을 깼을 때 놀랐던 것이에요. 나는 아이들에게 "괜찮아. 나는 나쁜 사람이 아니야."라고 말했습니다. 그들은 옷이 더러웠어요. 부모가 있는지 물어보니, 어머니와 아버지 모두 없다고 했습니다. 나보다도 더 불쌍한 두 어린아이를 보았지요. 나는 자신의 슬픔과 연민했던 마음이 부끄러웠습니다.

그래서 나는 아이들에게 크리스마스 트리를 구경시켜 주고 백화점으로 데리고 가서 과자와 약간의 선물을 사주었어요. 그러자 신기하게도 나의 쓸쓸한 마음은 감쪽같이 사라져버렸습니다. 이 두 명의 고아로 말미암아 나는 여러 달 동안 경험해보지 못하였던 진정한 행복감을 느꼈습니다. 그들과 이야기하는 동안 내가 얼마나 행복했던 사람이었는가를 깨달았습니다.

나는 어린 시절에 부모의 사랑 속에서 언제나 크리스마스를 유쾌하게 지낼 수 있었던 것을 하느님께 감사드렸습니다. 내가 그 고아들을 도와준 것보다 그들은 훨씬 더 많이 나를 도와주었어요. 뿐만 아니라 이 경험은 내 자신을 행복하게 만들려면 남을 행복하게 해줘야 한다는 것을 가르쳐주었지요.

또 행복이 전염된다는 것과 남에게 무언가를 베푸는 것으로써, 내가 무언가를 얻을 수 있다는 것을 깨달았습니다. 남을 돕고 사랑을 줌으로써, 나의 걱정과 슬픔과 자기연민의 감정을 정복하여 새로운 사람으로 태어나는 느낌을 받았습니다. 이제 새로운 사람으로 거듭났어요. 그리고 여태까지 새로운 인간으로 살아올 수 있었습니다."

우리가 만일 남을 위해 베푸는 생활을 하려고 생각했다면, 지금 당장 그것을 실천에 옮겨야 할 것이다. 세월은 매우 빠르게 흘러간다. 우리는 모두 단 한 번 쏜살같이 흘러가는 인생을 살고 있다. 그러므로 내가 해야 할 일이나, 베풀어야 할 어떠한 친절도 지금 당장 실행해야 한다. 어떻게 그것을 주저하거나 게을리해서는 안 된다. 한 번 지나간 인생의 길에 다시 서지는 못하기 때문이다.

그러므로 걱정 근심을 없애고 평화와 행복을 소원하는 사람들을 위한 제 7의 법칙이 여기에 있다.

다른 사람에게 흥미를 가짐으로써 자기 자신을 잊으라!
날마다 남의 얼굴에 기쁜 웃음을 가져올 수 있는 좋은 일을 하라!

DALE CARNEGIE

12
성공적인
대화와 테크닉

- 대화를 잘 하는 기초 상식

- 매력적인 대화법

- 상대방을 설득하기 위한 대화법

- 효과적인 대화법

- 세일즈에 있어서의 대화법

DALE CARNEGIE

12. 성공적인 대화와 테크닉

> 맹목적인 찬사는 상대의 능력과 노력을 고무시키기는커녕 반대로 불쾌하게 만든다. 상대가 칭찬이나 격려를 인정하고 기분 좋게 받아들일 수 있을 정도로 하자.

대화를 잘 하는 기초 상식

올바른 대화는 자기 입장을 적절하고 효과적으로 피력하여 원만한 인간 관계를 형성하고 대화의 목적을 달성해야 한다. 그러자면 대화에는 호소력과 설득력이 있어야 한다. 본 장에서는 이러한 대화를 잘 하는 요령에 대해 설명하기로 한다.

1 이야기를 꺼내는 방법

일반적으로 대화는 어떤 목적이나 특정한 화제로 들어가기 전에 대화의 능력을 올리기 위해서는 간단한 인사말이나 자기소개를 하는 것이 좋다.

잘 모르는 상대방과의 대화에서는 더욱 서두를 어떻게 꺼내야 할 것인가가 망설여진다. 그러한 경우 다음의 사항을 실제 대화에 응용하면 편리하다.

첫째, 날씨나 기후에 관한 이야기

둘째, 취미나 기호 등에 관한 이야기

셋째, 시사성 있는 이야기

넷째, 일이나 직업에 관한 이야기

다섯째, 가족, 친구, 친척 등 사람에 관한 이야기

여섯째, 건강, 질병, 의약, 치료법 등에 관한 이야기 등을 화제의 서두로 꺼내면 무난하다.

2 ▶ 화제 선택의 요령

화제는 말하는 사람이나 듣는 사람 모두에게 적합한 목적과 조건이 있는 것이어야 한다. 따라서 화제를 선택할 때에는 사회적 관심도가 높거나 친밀감이 있는 것, 구체적이고 알기 쉬운 것, 상대방의 요구와 필요에 적절한 것이어야 한다.

이러한 화제를 선택하는 요령은 다음과 같다.

❶ 목적에 맞는 화제를 선택하라.

아무리 좋은 내용의 화제라도 목적에 맞지 않는 것은 유용성이 없다. 화제의 선택에서 가장 중요한 것은 목적에 맞는 화제를 선택해야 한다는 것이다.

❷ 구체적인 내용이어야 한다.

화제는 사물을 시각적 영상이 떠오르도록 구체적이고 명확해야 대화의 목적을 효과적으로 달성할 수 있다. 추상적이고 애매모호한 화제는 상대방에게 관심을 끌지 못할 뿐만 아니라 분명한 대답을 기대하기 힘들다.

❸ 생활과 밀접한 관계가 있는 이야기를 화제로 삼으라.

일상생활에서 항상 듣고 보는 이야기나 현실 생활과 밀접한 관련이 있는 이야기를 화제로 삼으면 상대의 관심은 물론 친밀감을 느낀다.

❹ 시사성 있는 문제

진부하거나 구태의연한 이야기는 지루하고 흥미가 없다. 누구나 새로운 문제, 새로운 변화에 대해서는 관심과 흥미가 끌리게 마련이다.

❺ 경험에 관한 이야기

자신의 경험을 화제로 삼으면 듣는 사람에게 신뢰와 관심을 유발시키고, 말하는 사람은 자신 있게 말할 수 있다.

❻ 스릴(thrill) 있는 화제

사람은 누구나 평범하고 일상적인 화제보다는 돌발적이고 아슬아슬한 변화와 손에 땀을 쥐게 하는 모험에 관심과 흥미를 가진다.

❼ 실현 가능한 화제

화제의 선택에서 실현성은 대단히 중요하다. 허황된 공상이나 현실 생활과 거리가 먼 발상은 아무리 좋은 아이디어라도 상대의 관심을 끌지 못한다. 효과적으로 대화를 성공시키려면 비록 쉽지는 않더라도 노력하면 반드시 실현될 수 있는 것을 화제로 선택해야 한다.

❽ 욕망에 호소하는 화제

상대방의 욕망이 무엇인가를 잘 분석하여 그것에 화제의 초점을 맞춘다면 큰 효과를 얻을 수 있다. 인간은 욕망을 충족시키기 위해 노력하고 있다.

이러한 인간행동의 원동력인 욕망에 호소하는 화제를 선택하면 쉽게 목적을 달성할 수 있다.

3 ▶ 대화할 때 주의해야 할 사항

❶ 음식점이나 식탁에서 불쾌하거나 불결한 이야기를 하지 말라..

❷ 음식을 앞에 두고 맛에 불평은 하지 말라.

❸ 공적인 모임에서는 개인적 화제나 사사로운 화제를 이야기해서는 안된다.

❹ 자기 자신의 이야기에만 열을 올리지 말라. 듣는 이로 하여금 거부감을 갖게 하거나 지루한 느낌을 준다.

❺ 자기보다 윗사람과 대화를 할 때는 설교나 교훈적인 이야기는 하지 말라.

❻ 때와 장소에 어울리지 않는 화제를 삼가하라.

❼ 당사자 이외에 다른 사람이 함께 한 자리에서는 상대방을 꾸짖거나 화내지 말라.

4 ▶ 대화의 원리

의사를 효과적으로 표현하는 데는 어떤 원리나 법칙이 있는가. 많은 사람들이 세련되고 훌륭하게 말할 수 있는 방법을 터득하기 위해 노력한다.

다음의 몇 가지 사항을 터득하고 실천하면 당신도 말을 잘 할 수 있을 것이다.

❶ 중요한 부분은 억양을 강하게 하라.

표현이 서툰 사람들은 말의 억양이나 속도에 변화가 없이 단조롭게 지껄이는 사람과 처음부터 끝까지 강한 억양으로 소리를 지르는 사람이다.

❷ 의미상으로 한 어구의 말은 붙여서 말하고, 의미상 또는 호흡에 맞추어 한 어구를 단위로 띄어 말하라.

❸ 단순히 목소리만을 내지 말고, 말하려는 내용을 상상하면서 감정이 깃든 목소리로 성의를 가지고 말하라.

❹ 거리에 따라 음성의 크기를 조절하라.

회화에서 원근법이 입체적 표현의 시각적 효과를 나타내는 것처럼 대화에서도 목소리를 조절할 필요가 있다.

매력적인 대화법

대화의 목적은 단순한 의사표현이나 의사전달의 수단을 얻는 것이 아니라 대화를 통해서 사람됨을 형성한다. 그러므로 한 사람의 대화가 빈약한지, 풍부한지, 애매한지, 분명한지, 정리되어 있는지에 따라서 그 사람의 인격, 실력, 사상, 감정, 인간성 등이 평가된다. 그것은 사람은 자기 마음속에 있는 모든 것을 대화를 통해 표현하기 때문이다.

내용이 제아무리 알차고 훌륭해도 깨뜨려보지 않고서는 알 수 없듯이 인간이란 존재는 곧 그 사람의 언어로밖에 판단할 수가 없다. 정확한 어휘 구사, 요령 있는 언어 표현, 사람의 마음을 끌어당기는 언어의 사용법을 알아야 성공할 수 있다.

화법은 대인관계의 성패를 가늠할 수도 있으며, 그것은 궁극적으로 인생의 성패를 가늠할 수 있는 중요한 것이다. 그러므로 성공하기 위해서는 말하는 법을 배우고 연습을 할 필요가 있다. 그리스의 웅변가 데모스테네스는 그 대표적인 예이다. 처음에 그의 음성은 거칠고 품위가 없었으며 발음도 불명확했다. 그러나 자기의 결점을 깨닫고 강한 의지와 노력으로 자기의 언어를 개발하여 사람을 감동시키는 웅변 방법을 터득했다.

그러면 좋은 화법을 구사하기 위해서는 어떻게 해야 하는가.

▮▮▮ 첫째, 발음을 정확히 하라. 말끝을 얼버무리거나 말마디를 잇따라 발음하지 말고 띄어 말하기를 연습하라.

▮▮▮ 둘째, 적당한 음성과 억양에 주의하라. 그것은 말의 의미를 상대에게 전달하는 데 중요한 관건이 된다.

▮▮▮ 셋째, 좋은 어휘를 선택하라. 언어란 누구나 쉽게 이해하면서도 여러 가지 의미가 함축된 것을 골라 사용하면 좋다. 그러므로 의사소통이 원활한 어휘를 골라야 하며, 이 선택된 어휘에 감정을 실어야 한다.

▮▮▮ 넷째, 묘사적인 언어를 선택하여 말하는 연습을 하라. 그러면 점차 세련된 화법을 지니게 된다.

대화 속에 삽입되는 숫자의 마술은 대단한 힘을 지닌다. 보통 사람들은 숫자에 대한 관념이 희박하며 숫자를 실감하지 못하고 살아가는 것이 사실이다. 숫자를 무시할 수 없다는 것은 잠재적으로 인정하면서도 숫자가 생활화되어 있지 못하다. 이러한 약점을 최대한 이용하는 것이 대화 중에 숫자를 삽입하여 얻어지는 효과이다.

특히 통계 숫자는 믿을 수도 믿지 않을 수도 없는 마력을 지니고 있다. 그러면서도 사회에서 가장 신뢰받는 정보는 숫자 정보이다. 따라서 대화를 할 때 통계 숫자를 잘 섞어서 활용하면 원만한 대화로 성공시킬 수 있다. 즉 이야기 자체에 흥미를 끌고 다음에 숫자의 힘으로 신뢰할 수 있게 만드는 것이다.

3 말의 순서를 뒤바꿔 보라

말의 순서를 뒤바꾸면 강한 인상을 얻게 된다. 우리가 일상 사용하는 말도 단어의 순서를 뒤바뀌어 놓으면 보편적인 고정관념을 벗어나 강한 인상을 준다. 말의 순서는 항상 일정하게 고착된 선입감을 줄 수도 있으므로 고정관념을 탈피하면 새로운 감동을 얻을 수 있는 신선함을 발휘할 수가 있다.

4 시각적 언어를 사용하라

말을 들으면 동작적인 영상이 떠오를 수 있는 시각적 언어를 대화 속에 많이 포함시키면 강한 이미지를 남긴다. 사람은 언어를 전달하고 받아들이는 데 동작의 보조를 받는다. 내용의 전달이 충실하기 위해서는 언어를 동작과 얼마만큼 조화시키느냐에 있다.

촌철살인(寸鐵殺人)이라는 말이 있다. 이것은 '아주 짤막한 한 마디 말로써 사람을 감동시키는 것'을 말한다. 대화에서도 무수히 많은 말 중에서 화제에 벗어나지 않고 핵심을 찌르는 짧은 말일수록 강한 인상을 준다. 대개는 한 가지 한 가지를 수식하여 나열해야만 쉽게 이해가 될 것이라는 생각에 말을 길게 한다. 그러나 장식이 많고 화려한 것일수록 실제 전달된 말의 내용은 충실하지 못하다. 상대의 마음에 강한 암시와 지워지지 않는 말은 아주 짧으면서도 정곡을 찌른 말이다. 짧으면서도 핵심을 찌르는 말을 하는 방법을 배우라.

상대방을 설득하기 위한 대화법

복잡한 인간관계를 조화롭게 융화시켜 나가는 설득의 자세는 사귐에서 필수적이다. 상대를 자기가 의도한 대로 설득하고 유도할 수 있는 사람은 지혜롭고 성공할 수 있는 사람이다. 그러면 설득과 유도를 어떻게 해야 지혜롭게 할 수 있는가?

1   친근감 있고 부드러운 어조로 말하라

상대방을 설득할 때 상대에게 상처를 주거나 비난하는 투로 말하지 마

라. 꾸짖고 야단치고 싶은 충동이 일더라도 뒷일을 생각하고 고려하여 자제하는 자세가 필요하다. 상대를 정답고 부드러운 말투로 감싸주면서 감정에 호소하라. 그러면 반드시 기대 이상의 효과를 얻을 수 있다. 설령 조직 사회에서 유기적인 질서를 위해 꾸짖고 힐책할 경우가 생기면 섣부른 꾸짖음으로 역효과가 발생할 경우를 고려하여 상대의 마음에 상처가 남지 않도록 배려하라.

2 진실된 감정에 호소하라

상대방의 감정에 공감하여 같은 입장이 되어 보는 것이 설득의 기본적 태도이다. 보통 상대가 이론으로 반박하면, 이론으로써 상대를 설득하려 하나 실제는 감정적인 이해가 앞서지 않고서는 설득의 효과를 기대하기 어렵다.

대인관계에서 획기적인 성공을 얻지 못한 사람들의 이야기를 종합해 보면 모두 이론적으로 설득했을 뿐이다. 또한 누구든지 서로 감정의 교류가 가능하도록 상대의 입장이 되어보면 상대에게 감사하는 마음 자세가 생겨나는데 이것이 결여되어 있는 경우가 많다. 설득을 위한 대화가 효과를 거두지 못하는 원인은 상대의 미묘한 감정의 흐름을 이해하지 못하는 데 있다.

3 견해가 대립될 때는 먼저 자신의 잘못을 시인하라

서로의 감정이 강하게 대립될 경우에는 먼저 자신의 잘못을 인정하는 태도를 가지고 상대의 감정에 호소하라. 서로가 모두 자기 입장에만 신경을 쓴 나머지 어느 한쪽도 양보하지 않고 먼저 잘못을 시인하지 않는다면 설득은 성공할 수 없다.

4 ▶ 같은 입장에서 관심을 가지도록 유도하라

상대를 설득시키려면 우선 상대를 자기의 관심사에 집중시켜 같은 입장
에서 관심을 가지도록 유도해야 한다. 상대의 입장과 나의 입장이 동등한 것
임을 강조하고 나의 입장에서 보면 당신도 이해할 것이라는 설득은 가장 효
과적인 테크닉이다.

인간은 이해와 협력의 심리가 작용하게 되면 다른 어떤 욕망의 힘보다도
강하다. 상대에게 자기 헌신의 기회를 줄 수 있도록 솔직하게 협조를 바랄
수 있는 설득자는 성공의 지름길을 가는 사람이다.

5 ▶ 반박할 마음의 여유를 주지 말라

설득이 꼭 필요해서 대화를 할 경우에는 상대방은 듣기가 싫어지므로 그
때의 설득은 항상 고도의 테크닉을 필요로 한다. 이럴 때 상대방은 자기의
입장을 내세워 변명만 하려고 할 것이다. 그러나 상대의 변명을 듣다 보면
설득하고자 하는 자신의 결심이 자꾸만 힘을 잃게 되고 결국은 상대의 변명
을 듣기에만 급급해진다.

따라서 설득할 필요가 있을 때에는 상대가 자기의 입장을 변명할 시간
도 생각할 여유도 주지 마라. 처음부터 끝까지 조리있고 지속적으로 상대
를 휘어잡아서 자기의 페이스 속으로 상대를 붙들어 매야 한다. 따라서 설
득의 말은 짧으면서도 상대에게 반박할 여유를 주지 않는 적극적인 표현을
써야 한다.

6 　자기 자랑을 하게 하라

설득의 효과를 달성하려면 먼저 상대방에게 충분히 말하도록 한다. 상대방의 이야기 속에 잘못이 있거나 반대하고 싶은 충동이 일어나도 우선 참도록 하라. 그리고 상대에게 자기 자랑을 하게 만드는 재치가 설득을 유리하게 발전시킨다.

인간은 누구나 상대보다 뛰어난 점이 있을 경우에는 자신감이 생겨 우월한 기분에 잠기게 되므로 이런 순간을 포착하여 설득하면 쉽게 설득의 효과를 이룰 수 있다. 그러므로 상대에게 우월감을 인정해 주고, 자기 자랑을 하게 만들어 충분히 자랑하게 만든 후 설득의 말문을 열면 결과는 좋아진다.

효과적인 대화법

1 　경쟁심리를 자극하라

인간은 경쟁의 욕구가 있고 또 경쟁심리가 작용하여 승리하고자 하는 집념이 생기는 것이다. 상대의 능력을 신장시키기 위해서는 경쟁심리를 자극하여 의욕을 불러일으켜라.

2   감각적인 언어를 사용하라

대화의 묘미는 자신의 감각을 상대방의 감각에 접촉시켜 전달하는 데 있다. 감각이 풍부한 젊은층 사람들이 감각을 자극하는 말을 익히듯이 감각적 언어를 적절히 구사할 줄 아는 사람은 대화의 성공적 효과를 거둘 수 있다. 지적인 것보다 감정이 앞서는 것은 인간의 속성이다. 보다 친밀한 관계로 이끌기 위해서는 감각적 언어의 활용은 큰 효과를 가져다 준다.

3   말과 표정을 일치시켜라

말과 표정을 일치시키면 상대방에게 신뢰와 친근감을 준다. 말에는 진실성이 담겨있는 것 같으나 무관심하고 무덤덤하면 상대에게 호감을 줄 수 없다. 대화 속에 진실성이 어느 정도인지를 짐작할 수 있는 척도는 말하는 태도와 표정에 달려 있다. 말과 표정이 다른 이야기를 상대의 의혹을 사게 될 여지가 있다. 그러므로 자연스런 표정과 몸짓으로 대화의 내용에 어울리는 태도를 취하면 상대의 마음을 쉽게 붙잡을 수 있다.

4   공명심을 자극하라

상대에게 협조나 동의를 얻고자 하면 상대의 공명심을 자극하여 마음을 사로잡아라. 인간은 명분을 내세운 궤변에는 약하다. 명분은 항상 인간들에게 희망적인 꿈을 갖게 하고 공명심을 자극하여 새로운 체계를 열망하게 만드는 힘을 가지고 있다. 그것은 도전적이고 용기를 필요로 하는 사람에겐 기폭제가 된다. 어떠한 문제라도 그럴듯한 명분을 내세워 상대를 매혹시키면 쉽게 협조를 얻을 수 있다.

5 긍정의 답을 선택하도록 유도하라

세일즈맨이 상품을 들고 모 회사를 방문한다. 사장은 세일즈맨이 열심히 지껄이는 말을 듣는 둥 마는 둥 하고 있다가 "그럼 어느 것으로 할까요?" 하는 물음에 얼떨결에 대답하여 생각에도 없던 상품을 사고 말았다.

협력과 동의를 얻기 위해서는 상대방이 거절하지 못하고 선택하도록 유도하라. 상대가 거절할 것이라는 전제를 가지고 묻지 말고, 상대가 협력해 줄 것을 전제로 하는 질문을 하라.

가령, 바쁘다는 핑계로 만나기를 거절하는 사람에게는 "시간 좀 내주십시오."라기보다는 "몇 시에 만나는 게 좋을까요?"라고 묻는 것이 바로 그것이다. Yes냐, No냐를 선택하라고 하여 상대의 도피심리를 막는 것이다. 상대의 협력과 동의를 구하려면 도피할 수 있는, 즉 거절할 수 있는 여지를 최대한 줄여야 한다.

6 맞장구를 쳐라

대화를 잘 하기 위해서는 상대방이 지닌 정보를 더 많이 얻어내고, 상대방의 의도를 알아내야 한다. 그러기 위해서는 상대가 말문을 열었을 때 지속적으로 자기의 정보를 이쪽의 의도대로 털어놓을 수 있도록 노력해야 한다. 즉, 상대가 말을 쉽게 할 수 있도록 맞장구를 치라는 것이다. 그러면 상대방은 이러한 심리적 배려에 감사하여 자기가 하고 싶은 이야기를 다하게 된다.

상대의 말에 맞장구를 쳐주면 한마디의 말로 백 마디 이상의 효과를 거둘 수 있다. 서로의 인격이 존중되고 있다는 의식의 공감대가 이루어지고 이야기하기를 꺼리던 상대도 허심탄회하게 자기를 표현할 것이다.

7 동류의식(同類意識)을 자극하라

상대를 설득하는 데는 같은 분야, 같은 지역, 같은 성격 등을 지니고 있다는 동류의식을 강조하면 의외로 설득 효과가 크다. 자기를 이해해 주고 신뢰하는 정도가 높으면 인식이 우선 깊고, 공동체적 입장이기 때문에 불신의 마음이 생길 우려가 적어진다.

가족애, 동포애, 조국애 등은 모두 동류의식에서 나온다. 대인관계에 있어서도 마찬가지이다. 비록 같은 집단 내의 사람이 아니라는 외형적 전제가 따를 때라도 이와 같은 인상을 상대에게 심어주는 노력은 설득할 때 성공하기 쉽다.

8 지나친 칭찬은 삼가라

누구나 자기의 장점을 인정해 주고 추켜세워 주면 행복한 기분에 사로잡히게 된다. 그러나 그 정도가 지나치면 아첨이나 아부하는 것같이 들리며, 나아가 불안한 기분에 사로잡히게 된다. 상대의 진심을 의심하게 된다. 그것은 심리적 불신을 유발한다. 또한 맹목적인 찬사는 상대의 능력과 노력을 고무시키기는커녕 반대로 불쾌하게 만든다. 상대가 칭찬이나 격려를 인정하고 기분 좋게 받아들일 수 있을 정도로 하라.

세일즈에 있어서의 대화법

세일즈맨에게 대화는 상품의 내용 이상의 영향력을 발휘하여 판매와 직결된다. 대화의 방법이 세련되지 못한 세일즈맨은 고객의 흥미를 끌지 못함은 당연하다. 그러면 어떤 방법으로 대화를 해야 하는가?

1 ▶ 열의와 개성이 있어야 한다

서투른 말의 내용이라도 이야기에 진실성이 있고 박력이 있으면 구매자의 마음을 끈다. 아무리 세련되고 능숙한 말을 해도 열의가 없으면 인정받지 못한다. 그리고 누구나 세일즈맨이라면 연상할 수 있는 상투적인 이야기는 결코 고객을 사로잡지 못한다. 따라서 독특한 분위기를 풍기며 신선하고 흥미롭게 대화를 전개해 나가야 한다.

2 ▶ 질문을 많이 하라

판매를 권유하기 전에 우선 고객이 마음의 문을 열도록 질문을 많이 하라. 처음부터 물건 판매를 권유하면 고객은 흥미를 느끼기 전에 이질감을 느껴 회피하려고 한다. 고객의 구매심리를 자극하여 구매의 충동을 불러일으키려면 먼저 인간적인 관심으로 고객의 마음을 사로잡아라. 그리하여 상대방의 거부심리를 무산시켜 버리거나 억제하라.

3 ▶ 새롭다는 이미지를 강조하라

새로운 것은 언제나 주목을 받게 마련이다. 새롭다는 말은 상품에서 가장 중요한 이미지 메이킹이다. 고객들은 새로 나왔다는 호기심에 마음이 끌린다. 고객의 흥미를 돋우는 데 내용만으로 설득하고자 하는 것은 무리다.

무엇보다 새롭게 탄생했다는 신선감을 부각시켜라. '새로운 기술', '새로운 맛', '뉴(New) 비지니스', '새롭고 산뜻한 상품'이란 말들은 모두 고객의 호기심을 일으키기에 충분하다.

4 ▶ 필요성을 자극하라

아무리 값싼 물건이라도 필요하지 않으면 사지 않는다는 것이 기본적 상식이다. 반면에 '꼭 필요한 것'은 누구라도 외면하지 않는다. 유능한 세일즈맨은 고객의 잠재적 '필요심리'를 발견하고 눈뜨게 하는 사람이다. 어떤 상품이라도 고객에게 필요의 가치가 있다는 것을 주지시키면 관심을 끌 수 있다.

따라서 세일즈맨은 자기가 팔고 있는 상품에 대해 어떤 효용가치를 지니고 있는지, 그것이 고객에게 어떠한 도움을 주는지 전문가적인 기분으로 상세히 설명하고 필요심리를 자극할 수 있는 분위기를 조성해야 한다.